中等职业教育课程改革"十四五"规划教材
中职会计专业课程改革系列教材

会计信息化基础

主　编○罗光德
副主编○黄爱华

立信会计出版社
LIXIN ACCOUNTING PUBLISHING HOUSE

图书在版编目(CIP)数据

会计信息化基础 / 罗光德主编. —上海：立信会
计出版社，2021.2
ISBN 978 - 7 - 5429 - 6685 - 8

Ⅰ. ①会… Ⅱ. ①罗… Ⅲ. ①会计信息-财务管理系
统-高等学校-教材 Ⅳ. ①F232

中国版本图书馆 CIP 数据核字(2021)第 021735 号

策划编辑　　王斯龙
责任编辑　　王斯龙
封面设计　　南房间

会计信息化基础

Kuaiji Xinxihua Jichu

出版发行	立信会计出版社		
地　址	上海市中山西路 2230 号	邮政编码	200235
电　话	(021)64411389	传　真	(021)64411325
网　址	www.lixinaph.com	电子邮箱	lixinaph2019@126.com
网上书店	http://lixin.jd.com	http://lxkjcbs.tmall.com	
经　销	各地新华书店		

印　刷	上海天地海设计印刷有限公司
开　本	787 毫米×1092 毫米　　1/16
印　张	14.25
字　数	354 千字
版　次	2021 年 2 月第 1 版
印　次	2021 年 2 月第 1 次
印　数	1—3 100
书　号	ISBN 978 - 7 - 5429 - 6685 - 8/F
定　价	40.00 元

如有印订差错，请与本社联系调换

前　　言

　　本书是按照财政部发布的现行会计准则体系、企业会计信息化工作规范和新税制下的国家税收法等规定,在近几年会计教学改革实践的基础上,根据江西省商务学校会计电算化课程标准编写而成的,旨在提高学生会计信息化基础应用能力和软件实操能力。

　　本书基于畅捷通信息技术股份有限公司 T3 平台(简称用友 T3、畅捷通 T3、T3),为财务篇,与《会计实务信息化处理》(财务业务一体化篇)构成完整的会计信息化逻辑体系。本书按照"项目教学法"要求,以小型制造企业的典型财务业务为背景,从账套建立开始,完成证账表业务处理流程,符合行动导向教学要求,力求情境创设真实、任务要求明确、指导过程详细。

　　本书注重信息系统与经营环境的契合,先从会计实务角度阐述做账原理,再从会计软件角度阐述会计业务处理,使学员领会信息系统的高效和逻辑,为培养信息化会计人才夯实基础。

　　本书的主要内容包括会计信息化概论、系统管理、基础设置、总账管理、出纳管理、报表管理、工资管理和固定资产管理等八个学习单元。每个学习单元分为核算实务回顾、信息化概述和实务操作三节,实务操作包括若干个学习任务和子任务,详细全面地展现了购销存处理的全貌和细节。

　　对本书的学习,建议安排 120 学时,第 1 单元 2 学时,第 2 单元 6 学时,第 3 单元 10 学时,第 4 单元 48 学时,第 5 单元 4 学时,第 6 单元 8 学时,第 7 单元 24 学时,第 8 单元 18 学时。

　　本书由江西省商务学校副校长罗光德任主编,商务管理系副主任黄爱华任副主编,周丽、蔡文新、彭艳霞和黄玉兰参与编写。罗光德负责整个教材框架的搭建、第 1 单元会计信息化概论的编写和总体审稿,黄爱华负责教材讲解案例和课后案例的开发、学习目标、知识导图和情境导入的编写,周丽负责第 4 至第 8 单元典型业务核算回顾部分、第 7 单元工资和第 8 单元固定资产实务操作的编写,蔡文新负责第 2 至第 8 单元各概述部分的编写,黄玉兰和彭艳霞负责第 2 单元系统管理、第 3 单元基础设置、第 4 单元总账管理、第 5 单元出纳管理、第 6 单元会计报表实务操作的编写。

　　本书是全国中等职业学校会计及会计电算化专业通用教材,可作为职业院校中职组会计技能大赛的指导书,还可作为会计人员继续教育的教材,同时也是广大财经管理工作者自学会计实务的工具书。

　　限于作者的水平和实践经验,且时间仓促,书中难免存在疏漏和不妥之处,敬请批评指正。

编　者
2021 年 1 月

目　录

第1单元　会计信息化概论

知识目标

1. 能复述会计电算化、会计信息化、财务数字化、会计智能化、会计信息系统、会计软件、ERP概念
2. 能认识会计信息技术发展阶段
3. 能描述 T3 软件及功能模块
4. 能理解会计信息化工作规范

知识导图

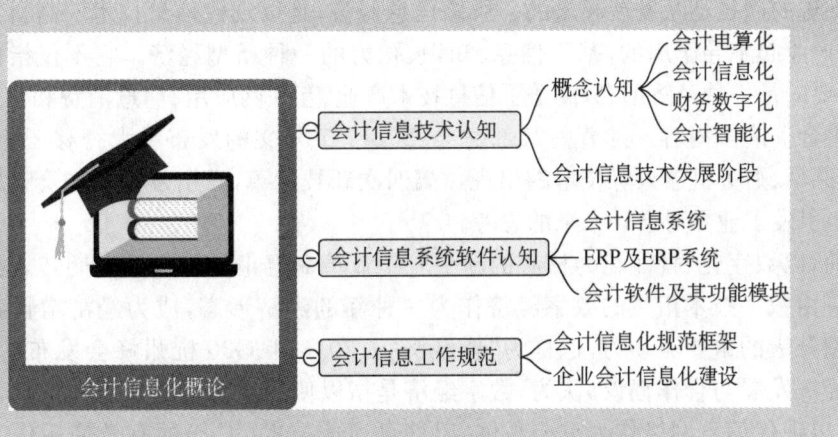

情景导入

北海信达科技有限公司(简称信达科技)属于制造业,从事软硬件及相关产品生产及销售,开发杀毒软件,将复印纸、光盘加工生产成百问 ERP 多媒体课件、工商管理案例集、ERP 模拟体验光盘和 ERP 普及教程。信达科技地址北海市定海区中关村大街126号,法人代表汪涵,联系电话001-62766666,传真 001-62766622,邮编220001,企业税务登记号110018473287215。信达科技共有员工 20 多人,设立企管办(包含 1 名出纳文员)、采购部、销售部、生产部和仓储部等部门,为中小微企业。

该公司产品质量可靠,营销措施得力,销售量在当地排名第一,让同行羡慕。自 2010 年创办以来,账务处理一直由代账行业代理,因作为软件企业,有一定的保密要求,该公司于 2019 年已成立财务部,拟自行集中核算。信达科技的汪总经理带领财务经理郑通,参加了一些会计研讨会议,了解大数据、人工智能、云计算、移动互联网等技术对会计领域的冲击。要有效地解决效率、成本和财税之间的关系,就需要解决信息化平台问题,有效实现业务财务一体化融合。贺敏作为一名新晋财务人员,接受的任务是调研市场中的财务软件平台,为有效解决公司业财融合、财务核算、分析和决策等一系列问题,提出适合企业的最佳软件平台要求。

财务软件平台有通用软件和专业软件,请问,该公司适合通用软件还是专用软件? 市场中常见的商品化通用财务软件有哪些? 功能模块如何? 请你为贺敏提供一些软件平台选用的考量因素。

1.1　会计信息技术认知

信息技术、网络技术的快速发展使当今世界进入了全面信息化的信息经济时代。信息经济作为信息革命在经济领域的伟大成果,是通过产业信息化和信息产业化两个相互联系和彼此促进的途径不断发展起来的。所谓信息经济,是以现代信息技术等高科技为物质基础,信息产业起主导作用的,基于信息、知识、智力的一种新型经济。它不仅指信息技术产业,更重要的是一种经济形态,涵盖了信息技术产业、互联网应用、信息消费和信息化与工业化深度融合等诸多内容。随着财政部财会〔2014〕27 号文的发布和大智移云物区、业财融合、财务共享、财务机器人等技术的出现,"第四次新技术革命"引发推动的会计转型在一定程度上也引发了业界对会计未来的思考。

当前,以数字化、智能化为核心的新一轮工业革命也正处于由导入期转入拓展期的关键阶段。由数字技术衍生的数字经济作为一种新的经济形态,成为经济增长新的动力源泉和转型升级的重要驱动力,也称为"新经济"。2016 年 G20 杭州峰会发布的《二十国集团数字经济发展与合作倡议》认为,数字经济是指以使用数字化的知识和信息作为关键生产要素、以现代信息网络作为重要载体、以信息通信技术(ICT)的有效使用作为提升效率和优化经济结构的重要推动力的一系列经济活动。移动互联网、云计算、大数据、人工智能、物联网、区块链等技术的突破与融合发展最终促进了数字经济的快速发展。其中,人工智能作为社会发展和技术创新的产物,正成为新一轮科技创新和产业变革的核心驱动力,对世界经济、社会进步和人民生活产生深刻影响。为了跟上数字化技术发展的步伐,各行各业都在推进新技术、新方法的应用,数字化、智能化对会计、审计也产生了重大影响。

会计的发展经历了会计手工、会计电算化、会计信息化阶段,现正在向财务数字化转型,最终转向会计智能化,那么究竟什么是会计电算化、会计信息化、财务数字化和会计智能化呢?

1.1.1 概念认知

1. 会计电算化

会计电算化有狭义和广义之分。狭义的会计电算化是指以电子计算机为主体的电子信息技术在会计工作中的应用;广义的会计电算化是指与实现电算化有关的所有工作,包括会计软件的开发应用及其软件市场的培育、会计电算化人才的培训、会计电算化的宏观规划和管理、会计电算化制度建设等。

会计电算化是会计信息化的初级阶段,是会计信息化的基础工作。

2. 会计信息化

会计信息化是指企业利用计算机、网络通信等现代信息技术手段开展会计核算,以及利用上述技术手段将会计核算与其他经营管理活动有机结合的过程。

相对于会计电算化而言,会计信息化是一次质的飞跃。现代信息技术手段能够实时便捷地获取、加工、传递、存储和应用会计信息,为企业经营管理、控制决策和经济运行提供充足、实时、全方位的信息。

3. 财务数字化

财务数字化,是指在企业数字化转型升级中,运用当代数字技术(云计算、大数据、人工智能、物联网等),以适应、支撑和推动企业整体层面的数字化创新变革为目标,秉承连接、协同、共享的数字化变革理念,整合利用各类相关的社会化的数字化资源,对企业的财务会计工作的组织模式、资源配置、标准体系、工作流程进行优化重构的过程。财务数字化是继电算化、信息化后的第三个由技术驱动的财务发展阶段。

人们对"数字化""智能化"的内涵与关系的理解不尽相同,造成了实际应用中的混乱。有学者认为,将许多复杂多变的信息转变为可以度量的数字、数据,再基于这些数字、数据建立起适当的数字化模型,把它们转变为一系列二进制代码并引入计算机内部,进行统一处理,这就是数字化的基本过程。财务数字化是数字技术将财务中的信息转化为数字、数据的过程,也是信息科技(Information Technology, IT)向数据科技(Data Technology,DT)转化的过程。

财务数字化转型是企业在财务领域运用云计算、大数据等技术来重构财务组织、再造业务流程,提升财务数据质量和财务运营效率,更好地赋能业务、支持管理、辅助经营和支撑决策。财务数字化转型的关键在于保证数据的真实性、完整性、实时性和有效性。智能财务是一种新型的财务管理模式,它基于先进的财务管理理论、工具和方法,借助智能机器(包括智能软件和智能硬件)和人类财务专家共同组成的人机一体化混合智能系统,通过人和机器的有机合作,完成企业复杂的财务管理活动,并在管理中不断扩大、延伸和逐步取代部分人类财务专家的活动。

4. 会计智能化

会计智能化是把电子计算机和现代数据处理技术应用到会计工作中,让电子计算机代替人工记账、算账和报账,以及部分代替人脑完成对会计信息的分析、预测、决策的过程,其目的是提高企业财务管理水平和经济效益,最终实现会计工作的现代化。

会计智能化是在一定的整体目标下,关于资产的购置(投资),资本的融通(筹资)和经营中现金流量(营运资金),以及利润分配的管理。会计工作是企业管理的一个组成部分,它是根据财经法规制度,按照财务管理的原则,组织企业财务活动,处理财务关系的一项账务处理工作。简单地说,财务管理是组织企业财务活动,处理财务关系的一项经济管理工作。会计智能化是一个人机相结合的系统,其基本构成包括会计人员、硬件资源、软件资源和信息资源等要素,其核心部分则是功能完善的会计软件资源。很多人会说,会计智能化就是会计电算化。但其实会计智能化是在会计电算化的基础上发展出来的企业管理模式。

关于财务数字化转型与智能财务之间的关系,财务数字化转型是智能财务实现的基础,为智能财务的实现搭建了重要的数据基础、组织基础和技术基础。正如能力与效率的关系一样,最初财务转型的目标并不是实现智能,而是不断优化会计核算效率,体现为会计信息质量的提升与管控能力的增强。基于会计集中核算的财务共享服务中心就是这一时期财务转型的重要工具。随着数字技术的应用,连接、共享、协同、数据中台等理念不断植入财务服务中心,尤其是当财务机器人(RPA)技术不断应用于财务共享时,财务共享服务的效率得到进一步提升,也让我们看到了智能财务的应用雏形。财务数字化转型与智能财务的实现,不仅需要应用信息技术,还需要组织架构、业务流程的再造及集团管控模式的转变,更涉及思维理念与企业文化的转变。

1.1.2　会计信息技术发展阶段

古代会计时期,产生价值的主要因素在于生产,以满足自给自足的目的,而非市场交换,故而会计作为一项"核算工具",是为了获得与生产经营活动相关的计量信息,以满足自身对收支状况及结果的信息需求。

自1494年开始的近代会计时期,随着经济与生产力的发展,特别是资本主义经济关系的萌芽,人们对会计职能的认识逐渐丰富。1494年,卢卡·帕乔利在《数学大全》中第一次完整地描述了"复式记账"方法,开创了世界会计发展的新时代,把古代会计推进到了近代会计的历史阶段。这不仅是会计核算方法的升级,更是人们对会计职能认知升级的开始。尤瓦尔·赫拉利在《人类简史》中感叹,"在过去500年间,人类的力量有了前所未有的惊人增长",新的生产关系、科学技术在这500年间蓬勃发展,而这一发展历程始终伴随着会计职能的演变。

第一次工业革命时期,在资本主义市场经济体制的支配下,以荷兰东印度公司为首的股份公司逐步实现经营权与所有权的分离。所有者不参与公司的日常经营,但需要获得公司经审计的资产负债表来监督公司的经营情况,因此所有者权益也成为管理所关注的目标。人们逐渐意识到会计除了核算职能,还应在监督上发挥作用。此外,投资者也需要获得有关公司的各种信息,以决定是否对其股票进行交易,会计职能逐渐从仅为经营者提供核算信息,发展到为不参与日常经营的所有者和潜在投资者提供信息。在委托代理关系形成的背景下,会计所提供信息的使用群体、信息需求范围和内容都在不断扩大,信息提供成为会计区别于其他行业发挥本质功能的重要体现。

第二次工业革命与第一次工业革命不同的是,自然科学理论在技术方面起到了直接的指导作用,管理学发展成为比较完整的体系,并服务于工业化的进程。同时,技术革命甚至打破了原有的市场体系,让崇尚自由竞争的资本主义社会面临技术专有带来的垄断,出现了很多技术和资本垄断的"巨无霸"企业集团,技术开始成为企业发展的核心推动力。此时,公司这一生产组织形式日趋成熟,并与科学管理理论的发展相辅相成。20 世纪初,科学管理之父泰勒的"劳动定额"和"标准劳动方法"等理论促进了管理的现代化,会计的职能也因此面临着派生的问题。如何强化组织绩效管理、提升组织价值,成为管理层关注的重要问题。会计需要提供管理决策所需要的相关信息,会计"管理"职能的延伸开始凸显,并逐渐产生"财务会计"与"管理会计"的分离。

第三次工业革命是包括电子计算机在内的信息控制技术革命。计算机技术的革命对会计职能的影响更为广泛和直接。电子计算机的应用提升了核算和监督这两项基本职能的规范性和效率。对于核算职能,从会计工具和信息介质来看,计算机的应用实现了会计信息处理、信息储存和运算的电算化,并将一部分纸质的凭证、报告等资料搬到了线上,使得核算更准确,将会计人员从繁琐的手工填制账簿的工作中解放出来,提高了核算工作的规范性。从核算工作的处理流程来看,虽然电算化的会计工作与传统纸质化的会计工作在流程上差别不大,但前者相对高速且自动化的记账、转账和结算、生成报表等功能,大大提高了会计核算工作的效率,提升了核算质量,为会计职能的拓展奠定了基础。对于监督职能,电算化的会计环境使得会计数据更加难以篡改,还可以利用计算机程序处理的标准化特征,对错误信息进行提示和控制,实现会计的自我监督。同时,外部监管者对会计账目的审查更加方便,进一步加强了监督职能。

但现有的会计电算化信息系统并未突破手工会计核算方式的框架,仅仅是手工会计业务流程的高度仿真,即先由会计人员手工收集数据、编制记账凭证,再将记账凭证输入计算机,然后由计算机自动登记账簿生成会计报表。这种业务流程与手工会计业务流程相似,只是将会计业务流程中许多不必要(如编制试算平衡表)和无效的中间环节(如期末账项调整)交由计算机程序完成,其作用的发挥主要是在会计核算环节。当然,在这一阶段企业管理也随着信息技术的发展,从最核心的生产制造环节开始了信息化进程。这主要得益于 20 世纪 50 年代至 80 年代"系统论""控制论""信息论"等系统科学的广泛应用。在上述核算和监督职能得以发挥的情况下,会计职能随着信息化的深入开始扩展,逐渐走向管理和控制。此时,管理会计的作用进一步显现,体现在以内部成本管理与控制为核心的成本控制上,通过运用成本会计、全面预算管理等手段,实现会计的管理和控制职能。

进入 21 世纪,以云计算、大数据、人工智能、物联网等科学技术为标志的第四次工业革命悄然来临,技术环境与会计职能已不再是单纯的技术影响职能的单向联系,信息技术越来越具有"通用目的技术"的特征。通用目的技术是指能够同时被多个部门使用的技术。数字技术功能的发挥需要具体部门的技术和组织进行配套。此时,云会计、财务共享服务中心、管理会计信息化的优势逐渐显露,并将会计基本职能的发挥和延伸职能的扩展推向了新的高度,也逐渐由理论设计变成了现实。在这一阶段,数字化转型和会计职能的转型紧密相连,管理会计信息化已然成为会计信息化发展的主要趋势,其目标在于通过业财一体化在企业管理信息系统中的实现,以财务和业务数据为基础,借助现代信息技术手段,获取、加工、整理、分析和报告信息,为企业开展管理会计活动提供全面、及时、有效的数据支持,最终使得财务管理工作与企业战略目标充分一致,并支撑战略目标的实现。

各阶段发展特征如图 1-1 所示。

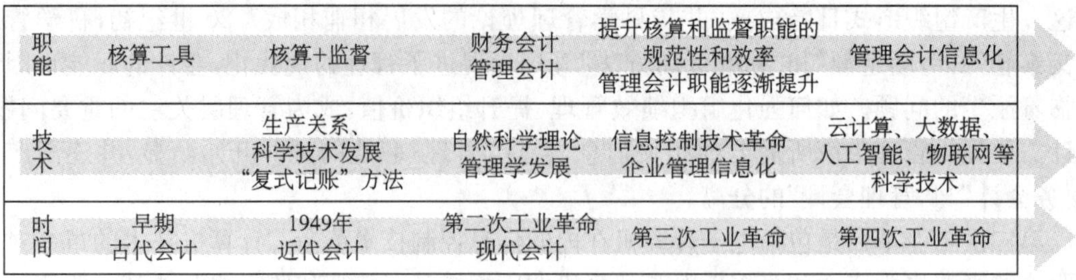

职能	核算工具	核算+监督	财务会计 管理会计	提升核算和监督职能的 规范性和效率 管理会计职能逐渐提升	管理会计信息化
技术		生产关系、 科学技术发展 "复式记账"方法	自然科学理论 管理学发展	信息控制技术革命 企业管理信息化	云计算、大数据、 人工智能、物联网等 科学技术
时间	早期 古代会计	1949年 近代会计	第二次工业革命 现代会计	第三次工业革命	第四次工业革命

图 1-1 会计信息技术发展阶段特征

会计手工与会计电算化两者的关系如表 1-1 所示。

表 1-1 会计手工与会计电算化的关系

区别与联系	会计手工	会计电算化
会计核算工具	算盘、计算器等	电脑
会计信息载体	纸质	磁材料
错账更正方法	划线更正、红冲、蓝字	红冲、蓝字
账务处理流程	记账凭证、科目汇总表、汇总记账凭证等	电脑自动完成
内部控制方式	人与人控制、对账	人机控制
联系	目标一致；账-证-表流程一致；准则制度一致；原理方法一致	

会计电算化与会计信息化两者的关系如表 1-2 所示。

表 1-2 会计电算化与会计信息化的关系

区别与联系	会计电算化	会计信息化
技术手段	传统计算机技术	现代信息技术（计算机、网络、数据库技术）
功能范围	财务部门	企业整体
信息共享程度	信息"孤岛"，财务与业务信息割裂	信息实时共享，财务业务一体化
目标	替代手工做账，解决会计核算问题	为企业经营管理、控制决策和经济运行提供充足、实时、全方位的信息
联系	会计电算化是会计信息化的初级阶段，是会计信息化的基础工作	

会计信息化与财务数字化两者的关系如表 1-3 所示。

表 1-3 会计信息化与财务数字化的关系

区别与联系	会计信息化	财务数字化
应用范围	单个系统或业务，局部优化	全域系统或流程，整体优化
联结	缺少联系和打通，效率低、响应慢	全联结和全打通，效率高、响应快

（续表）

区别与联系	会计信息化	财务数字化
数据	数据孤立分散，没有发挥真正价值	数据整合集中，深入挖掘数据资产价值
思维	管理思维	客户导向思维
战略	竞争战略	共赢战略
联系	数字化并不是对企业以往的信息化推倒重来，而是需要整合优化以往的企业信息化系统，在整合优化的基础上，提升管理和运营水平，用新的技术手段提升企业新的技术能力，以支撑企业适应数字化转型变化带来的新要求	

财务数字化与会计智能化两者的关系如表 1-4 所示。

表 1-4　财务数字化与会计智能化的关系

区别与联系	财务数字化	会计智能化
区别	运用数字技术将财务中的信息转化为数字、数据的过程，也是信息科技（Information Technology，IT）向数据科技（Data Technology，DT）转化的过程。如财务核算、分析、人机协调等	让计算机完成人类心智（Mind）能做的各种事情，包括决策、应用等
联系	数字化是智能化的技术基础，没有数字化所带来的数据化，就不会有智能化。智能化是基于数字化所形成的海量数据，结合计算机的算力，为客户或企业管理提供基于机器学习的算法推荐的最优下一步行动选择。数字化是对企业信息化所产生的数据进行分析后供企业决策或者运营使用，其目标就已经达成。因此，我们可以判断，智能化将是数字化的终极阶段	

1.2　会计信息系统软件认知

1.2.1　会计信息系统

会计信息系统（Accounting Information System，AIS），是指利用信息技术对会计数据进行采集、存储和处理，完成会计核算任务，并提供会计管理、分析与决策相关会计信息的系统，其实质是将会计数据转化为会计信息的系统，是企业管理信息系统的一个重要子系统。

会计信息系统根据信息技术的影响程度可划分为手工会计信息系统、传统自动化会计信息系统和现代会计信息系统。根据其功能和管理层次的高低，可以分为会计核算系统、会计管理系统和会计决策支持系统，三者关系如图 1-2 所示。

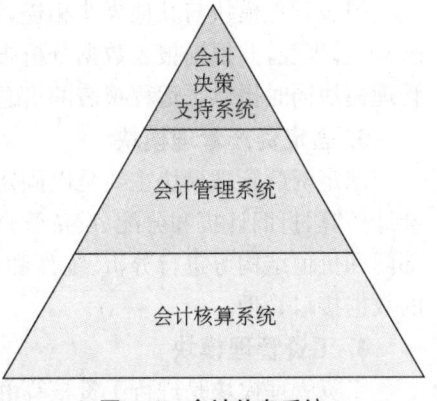

图 1-2　会计信息系统

1.2.2　ERP及ERP系统

企业资源计划（Enterprise Resource Planning，ERP），是指利用信息技术，一方面将企业内部所有资源整合在一起，对开发设计、采购、生产、成本、库存、分销、运输、财务、人力资源、品质管理进行科学规划，另一方面将企业与其外部的供应商、客户等市场要素有机结合，实现对企业的物资资源（物流）、人力资源（人流）、财务资源（财流）和信息资源（信息流）等资源进行一体化管理（即"四流一体化"或"四流合一"），其核心思想是供应链管理，强调对整个供应链的有效管理，提高企业配置和使用资源的效率。

在功能层次上，ERP除了最核心的财务、分销和生产管理等管理功能以外，还集成了人力资源、质量管理、决策支持等企业其他管理功能。会计信息系统已经成为ERP系统的一个子系统。

1.2.3　会计软件及其功能模块

会计软件是指专门用于会计核算、财务管理的计算机软件、软件系统或者其功能模块，包括一组指挥计算机进行会计核算与管理工作的程序、存储数据以及有关资料。会计软件、会计信息系统及ERP系统的关系如图1-3所示。

本书以用友T3为蓝本，完整的会计软件的功能模块（系统）包括：总账模块、报表管理模块、固定资产管理模块、工资管理模块、采购管理模块、销售管理模块、库存管理模块等。

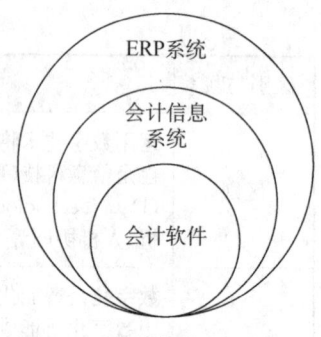

图1-3　会计软件、会计信息系统及ERP系统

1. 总账模块

总账模块是整个平台软件的核心，主要功能是完成会计和财务信息的记录和集取，完成财务监控和控制，进行财务信息的分析和报告。其他模块的业务数据生成凭证后，全部归集到总账进行处理，因此得名。总账模块是以凭证为数据处理起点，通过凭证输入和处理，完成记账、银行对账、结账、账簿查询及打印输出等工作。目前许多商品化的账务处理模块还包括往来款管理、部门核算、项目核算和管理及现金银行管理等一些辅助核算的功能。

2. 报表管理模块

报表管理模块与其他模块相连，可以根据会计核算的数据，生成各种内部报表、外部报表、汇总报表，并根据报表数据分析报表，以及生成各种分析图等。在网络环境下，很多报表管理模块同时提供了远程报表的汇总、数据传输、检索查询和分析处理等功能。

3. 固定资产管理模块

固定资产管理模块主要是以固定资产卡片和固定资产明细账为基础，实现固定资产的会计核算、折旧计提和分配、设备管理等功能，同时提供了固定资产按类别、使用情况、所属部门和价值结构等进行分析、统计和各种条件下的查询、打印功能，以及该模块与其他模块的数据接口管理。

4. 工资管理模块

工资管理模块是进行工资核算和管理的模块，该模块以人力资源管理提供的员工及其工资的基本数据为依据，完成员工工资数据的收集、员工工资的核算、工资发放、工资费用的汇总和分摊、个人所得税计算和按照部门、项目、个人时间等条件进行工资分析、查询和打印输出,以及该模块与其他模块的数据接口管理。

5. 采购管理模块

采购管理模块以采购订单、采购发票、费用单据、应付单据等原始单据为依据,记录采购业务所形成的往来款项,处理应付款项的支付和转账,并对往来业务中合同进行管理,同时提供统计分析、打印和查询输出功能,以及与库存管理、核算等模块进行数据传递的功能。

6. 销售管理模块

销售管理模块以销售订单、销售发票、代垫费用单据、其他应收单据等原始单据为依据,记录销售业务所形成的往来款项,处理应收款项的收回和转账,并对往来业务中合同进行管理,同时提供统计分析、打印和查询输出功能,以及与库存管理、核算等模块进行数据传递的功能。

7. 库存管理模块

库存管理模块以各种出库单、入库单、组装单、调拨单、盘点单等原始单据为依据,记录存货出入库数量,同时提供统计分析、打印和查询输出功能,以及与采购管理、销售管理及核算等模块进行数据传递的功能。

8. 存货核算模块

存货核算模块以供应链模块产生的入库单、出库单、采购发票等核算单据为依据,核算存货的出入库和库存金额、余额,确认采购成本,分配采购费用,确认销售收入、成本和费用,并将核算完成的数据,按照需要传递到账务处理模块。

9. 其他管理模块

根据企业管理的实际需要,其他管理模块一般包括领导查询模块、决策支持模块等。领导查询模块可以按照领导的要求从各模块中提取有用的信息并加以处理,以最直观的表格和图形显示,使得管理人员通过该模块及时掌握企业信息;决策支持模块利用现代计算机、通信技术和决策分析方法,通过建立数据库和决策模型,实现向企业决策者提供及时、可靠的财务和业务决策辅助信息。

用友 T3 系列软件是由各个子系统集合而成的系统化的企业管理软件,上述各模块既相互联系又相互独立,有着各自的目标和任务,它们共同构成了会计软件,实现了会计软件的总目标。它们关系如图 1-4 所示。

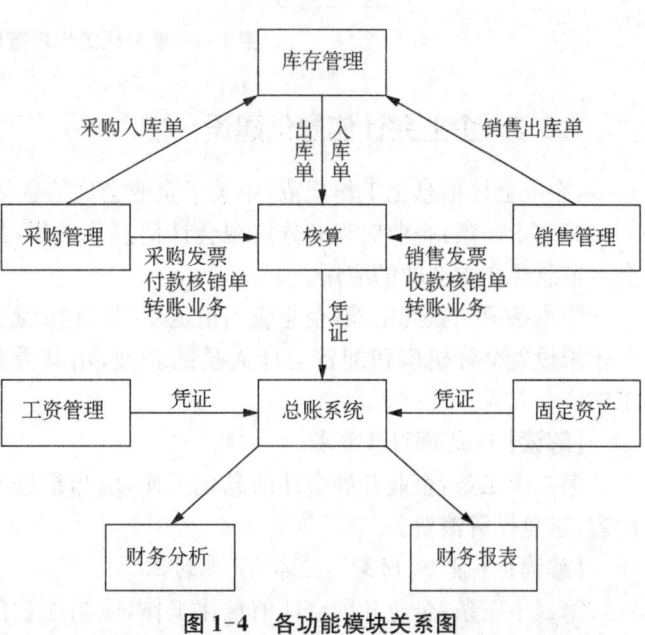

图 1-4　各功能模块关系图

1.3   会计信息化工作规范

1.3.1   会计信息化规范框架

为推动企业会计信息化,节约社会资源,提高会计软件和相关服务质量,规范信息化环境下的会计工作,财政部制定了《企业会计信息化工作规范》。自 2014 年 1 月 6 日起施行。工作规范施行前已经投入使用的会计软件不符合工作规范要求的,应当自工作规范施行之日起 3 年内进行升级完善,达到要求。即自 2017 年 1 月 6 日起,所有软件都应当满足工作规范要求。《企业会计信息化工作规范》共有五章内容,其中二、三、四章是核心内容,分别对软件提供者、软件使用者和软件监督者进行了相关规定。目录如图 1-5 所示。

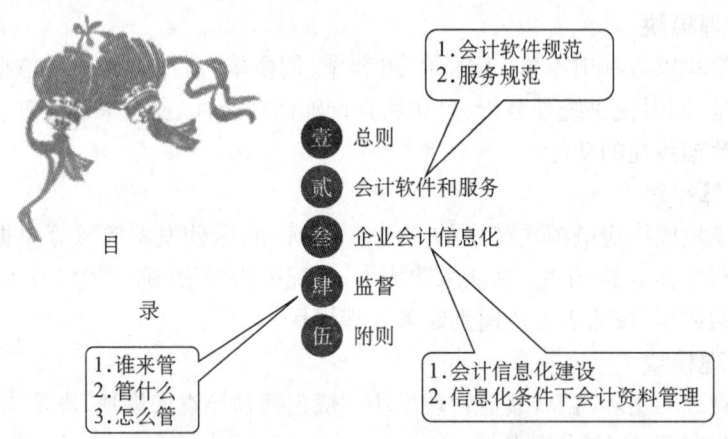

图 1-5   信息化工作规范目录

1.3.2   企业会计信息化建设

《企业会计信息化工作规范》中关于企业会计信息化建设的相关规定如下。

第二十一条:企业应当充分重视会计信息化工作,加强组织领导和人才培养,不断推进会计信息化在本企业的应用。

除本条第三款规定外,企业应当指定专门机构或者岗位负责会计信息化工作。

未设置会计机构和配备会计人员的企业,由其委托的代理记账机构开展会计信息化工作。

【解读】这是原则性要求。

第二十二条:企业开展会计信息化工作,应当根据发展目标和实际需要,合理确定建设内容,避免投资浪费。

【解读】不能"赶时髦",追求"一步到位"。

第二十三条:企业开展会计信息化工作,应当注重信息系统与经营环境的契合,通过信息化推动管理模式、组织架构、业务流程的优化与革新,建立健全适应信息化工作环境的制度体系。

【解读】实践证明,决定会计信息化成败的不是"建"而是"用"。

第二十四条:大型企业、企业集团开展会计信息化工作,应当注重整体规划,统一技术标准、编码规则和系统参数,实现各系统的有机整合,消除信息孤岛。

【解读】技术标准主要是指用于交换的数据格式;编码规则是指企业对各类业务概念的统一定义,又称为数据字典(例如会计科目表);系统参数是指为完成特定业务处理或者控制功能而需要自上而下传递的数据,比如固定资产折旧方法。

第二十五条:企业配备的会计软件应当符合本规范第二章要求——会计软件和服务的规范。

第二十六条:企业配备会计软件,应当根据自身技术力量以及业务需求,考虑软件功能、安全性、稳定性、响应速度、可扩展性等要求,合理选择购买、定制开发、购买与开发相结合等方式。

定制开发包括企业自行开发、委托外部单位开发、企业与外部单位联合开发。

第二十七条:企业通过委托外部单位开发、购买等方式配备会计软件,应当在有关合同中约定操作培训、软件升级、故障解决等服务事项,以及软件供应商对企业信息安全的责任。

第二十八条:企业应当促进会计信息系统与业务信息系统的一体化,通过业务的处理直接驱动会计记账,减少人工操作,提高业务数据与会计数据的一致性,实现企业内部信息资源共享。

第二十九条:企业应当根据实际情况,开展本企业信息系统与银行、供应商、客户等外部单位信息系统的互联,实现外部交易信息的集中自动处理。

【解读】企业互联以及配套的服务模式升级,是互联网创新的一种重要形式。

第三十条:企业进行会计信息系统前端系统的建设和改造,应当安排负责会计信息化工作的专门机构或者岗位参与,充分考虑会计信息系统的数据需求。

【解读】会计是企业经营管理各方面信息汇聚的枢纽,处于信息流的下游。ERP等综合管理软件的出现,更使得会计系统与其他系统"你中有我、我中有你"。

第三十一条:企业应当遵循企业内部控制规范体系要求,加强对会计信息系统规划、设计、开发、运行、维护全过程的控制,将控制过程和控制规则融入会计信息系统,实现对违反控制规则情况的自动防范和监控,提高内部控制水平。

【解读】该条是与企业内部控制规范体系的衔接条款,即《企业内部控制应用指引第18号——信息系统》。

第三十三条:处于会计核算信息化阶段的企业,应当结合自身情况,逐步实现资金管理、资产管理、预算控制、成本管理等财务管理信息化。

处于财务管理信息化阶段的企业,应当结合自身情况,逐步实现财务分析、全面预算管理、风险控制、绩效考核等决策支持信息化。

第三十四条:分公司、子公司数量多、分布广的大型企业、企业集团应当探索利用信息技术促进会计工作的集中,逐步建立财务共享服务中心。

实行会计工作集中的企业以及企业分支机构,应当为外部会计监督机构及时查询和调阅异地储存的会计资料提供必要条件。

【解读】财务共享是指企业(集团)将下属单位相同的财务职能集中,由一个相对独立的财务机构来行使。目前,财富100强企业中,已有超过80%建立了财务共享服务中心。

第三十五条：外商投资企业使用的境外投资者指定的会计软件或者跨国企业集团统一部署的会计软件，应当符合本规范第二章要求。

【解读】必须在根据工作规范要求进行汉化等修改完善后，才能交付使用。

第三十六条：企业会计信息系统数据服务器的部署应当符合国家有关规定。数据服务器部署在境外的，应当在境内保存会计资料备份，备份频率不得低于每月一次。境内备份的会计资料应当能够在境外服务器不能正常工作时，独立满足企业开展会计工作的需要以及外部会计监督的需要。

【解读】财务共享服务模式的运用，可能存在着境内企业的会计资料存放于境外服务器的情况。

第三十七条：企业会计资料中对经济业务事项的描述应当使用中文，可以同时使用外国或者少数民族文字对照。

【解读】这里与对软件界面的汉化要求是一致的。另外，该条规定的本意是保证会计监督人员理解经济业务事项的实质和内容，产品、材料型号以及其他约定俗成的专用词汇可以使用其他语言文字。

第三十八条：企业应当建立电子会计资料备份管理制度，确保会计资料的安全、完整和会计信息系统的持续、稳定运行。

【解读】电子资料相对纸面资料有更多的灭失风险因素，要防范自然灾害、意外事故和人为破坏的影响。

第三十九条：企业不得在非涉密信息系统中存储、处理和传输涉及国家秘密，关系国家经济信息安全的电子会计资料；未经有关主管部门批准，不得将其携带、寄运或者传输至境外。

【解读】企业因在境外发行证券与上市等原因需要公开披露的。

（1）国家秘密：依法报有审批权限的主管部门批准，并报同级保密行政管理部门备案。

（2）国家信息安全：应当依法报国家档案局批准。

第四十条：企业内部生成的会计凭证、账簿和辅助性会计资料，同时满足下列条件的，可以不输出纸面资料：

（1）所记载的事项属于本企业重复发生的日常业务。

（2）由企业信息系统自动生成。

（3）可及时在企业信息系统中以人类可读形式查询和输出。

（4）企业信息系统具有防止相关数据被篡改的有效机制。

（5）企业对相关数据建立了电子备份制度，能有效防范自然灾害、意外事故和人为破坏的影响。

（6）企业对电子和纸面会计资料建立了完善的索引体系。

第四十一条：企业获得的需要外部单位或者个人证明的原始凭证和其他会计资料，同时满足下列条件的，可以不输出纸面资料：

（1）会计资料附有外部单位或者个人的、符合《中华人民共和国电子签名法》的可靠的电子签名。

（2）电子签名经符合《中华人民共和国电子签名法》的第三方认证。

（3）满足第四十条第（1）项、第（2）项、第（5）项和第（6）项规定的条件。

【解读】会计资料范围：外部获取资料不等于外部制作的资料，一份会计资料由本企业制作，但经过了外部认可，也属于这里所说的外部获取会计资料，如销售订单。

电子签名：必须可靠且经过第三方认证。

第四十二条：企业会计资料的归档管理，遵循国家有关会计档案管理的规定。

第四十三条：实施企业会计准则通用分类标准的企业，应当按照有关要求向财政部报送XBRL财务报告。

想一想

1. 简述会计手工、会计电算化、会计信息化、会计数字化、会计智能化的关系。

2. 会计信息技术的发展阶段有哪些？

3. 简述会计信息系统、ERP及会计软件的概念。

4. 会计信息化、会计电算化、会计信息系统、ERP及会计软件的关系。

5. T3有哪些功能模块？关系如何？

6. 《会计信息化工作规范》有哪些内容？

第2单元 系统管理

知识目标

1. 能阐述系统管理的功能和主要内容
2. 能描述建账的步骤
3. 能区分系统管理员和账套主管的权限

技能目标

1. 能熟练建立账套
2. 能熟练增加操作员
3. 能熟练为操作员授权
4. 能熟练设置会计期间和会计年度
5. 能备份、修改、删除账套

知识导图

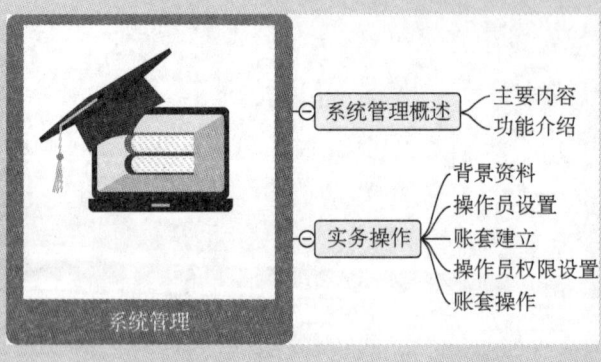

情景导入

  信达科技的财务人员贺敏,经过市场调研,了解到T3管理信息系统是一款面向中小企业的ERP管理软件,致力于为中小企业提供专业、标准、灵活、 易用的信息化产品及专业的服务,是中国最畅销的中小型企业管理软件产品。它全面集成了企业薪资、资产、采购、销售、运营和财务等业务功能,做到通航考虑整体联运的整合特点。T3 管理信息系统的主要功能模块包括总账、往来、现金、项目、税务、财务报表、财务分析、工资、固定资产、采购、销售、库存、核算、票据通、出纳通、老板通等。

　　贺敏同时汇报,该系统平台可以管控 999 个账套,可以启用财务、财务＋薪资＋固定资产、财务＋薪资＋固定资产＋购销存供应链系统等方式,价格不等。若只启用财务系统,对手工数据搬到软件中,效率、成本和智能化管理等方面体现不出优势。该系统软件平台可试用 3 个月。

　　信达科技总经理汪涵随即召开公司决策会议,听取了贺敏的汇报,决定先试用此软件,再决定是否购置,并得到公司决策层的一致同意,同时布置贺敏联系当地供应商,对会计人员进行简单培训和产品介绍。

　　如果你是贺敏,鉴于公司业务特点,运用该软件平台进行公司信息管理,应建议开启哪些模块? 目前已经具有公司的税号、电话、经营地址、经营范围、组织架构、人员等信息,除此之外,还需要哪些信息,请你为贺敏出谋划策,进行系统初始化管理设置。

2.1　系统管理概述

　　畅捷通 T3 版财务管理软件由多个子系统组成,各子系统服务于企业管理的不同层面,它们之间既相对独立,又相互联系,协同运作,共同完成一体化的会计核算与管理工作。为了实现一体化管理应用模式,要求各子系统共享公用的基础信息,拥有相同的账套和年度账,并设置操作员以及对其权限进行集中管理,所有数据共用一个数据库。为了完成全面的系统服务,软件设置了系统管理功能,对 T3 财务管理软件的各个子系统进行统一操作管理和数据维护,从而最终实现财务和业务的一体化管理。

2.1.1　主要内容

　　系统管理是 T3 软件为各个子系统提供的一个公共管理平台,以实现对整个系统的公共任务进行统一管理,其主要内容包括以下四个方面。

1. 账套管理

　　账套是一组相互关联的数据,在 T3 中,可以为多个企业(或企业内部多个独立核算的部门)分别立账,每一个企业的数据都存放在数据库中,各账套间相互独立、互不影响。系统最多允许设立 999 个企业账套。

　　账套管理功能包括建立账套、修改账套、删除账套、备份/恢复账套和启用系统。

2. 年度账管理

　　年度账与账套是两个不同的概念。一个账套中包含了企业所有年度的数据,企业数据按年度划分,即称为年度账。年度账可以作为系统操作的基本单位,因此设置年度账主要是考虑到数据管理的便利性。

　　年度账管理包括年度账的建立、备份、恢复,结转上年度数据和清空年度数据。

3. 操作员及其权限的集中管理

为了保证系统及数据的安全与机密,系统提供了操作员及其权限的集中管理功能。通过对系统操作分工和权限的控制,既可以避免与业务无关人员进入系统,又可以对系统各功能模块的操作进行协调,以保证各司其职,各负其责,流程顺畅。

4. 设立统一的安全机制

为了保证系统运行安全、数据安全,T3 提供了强有力的安全保障机制,如对整个系统运行过程设置监控机制、清除系统运行过程中的异常任务、升级 SQL Server 数据等。

新用户初次登录系统管理,操作流程如图 2-1 所示。

2.1.2　功能介绍

1. 账套管理

账套管理功能包括建立账套、修改账套、备份/恢复账套和启用系统。

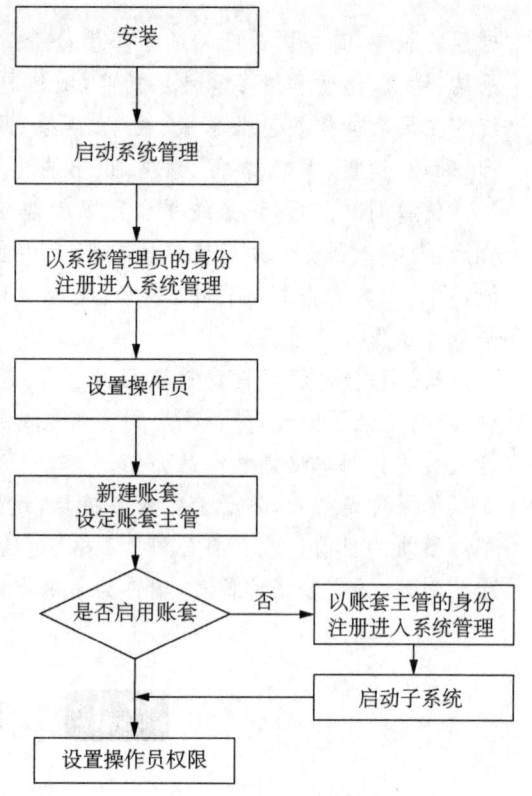

图 2-1　新用户操作流程

1) 建立账套

建立账套应注意以下几个方面:

● 新建账套号必须输入,不能与已存账套号重复。

● 账套名称必须输入,可以是核算单位的简称。

● 账套路径为存储账套数据的路径,必须输入,但可以修改。

● 启用会计期为新建账套启用的时间,必须输入,具体到"月",但不能为计算机系统日期之后。

● 会计期间设置,即系统根据"启用会计期"的设置,自动将启用月份以前的日期的背景色设为蓝色,标识为不可修改的部分;而将启用月份以后的日期(仅限于各月的截止日期,至于各月的初始日期则随上月截止日期的变动而变动)的背景色设置为白色,标识为可以修改的部分。用户可以任意设置。

2) 修改账套

账套主管可以注册系统管理,在【账套】功能中,单击【修改】,系统依次列示已注册登录的账套的账套信息、单位信息、核算信息、基础设置信息。账套主管可以对允许修改的内容进行修改。

3) 备份(或输出)/恢复账套

备份账套是将账套备份到用户指定的位置,如果将"删除当前输出账套"栏目选中,则源账套将被删除。

输出账套是指将所选的账套数据从本系统中卸除。与账套备份类似,不同之处在于,选择输出账套,则没有"删除当前输出账套"选项,输出账套后,电脑系统中仍存有当前输出的账套。

恢复也称引入账套,是指将系统之前备份(或输出)的账套数据恢复(引入)本系统中。备份文件前缀名统一为"UF2KAct",是备份(或输出)账套的逆操作。该功能的增加将有利于集团公司的操作,子公司的账套数据可以定期被引入母公司系统中,便于进行有关账套数据的分析和合并工作。

4)启用系统

新账套创建完成后,系统自动跳转至系统启用界面,用户可以勾选启用的系统和选择启用时间,一并完成创建账套和系统启用。

如果建账完成后,没有启用系统,日后也可以由账套主管注册系统管理,通过执行【账套】|【启用】命令,完成系统启用的设置。

系统启用的约束条件有以下三个方面:

● 各系统的启用会计期间均必须大于等于账套的启用期间。

● 如果总账先启用,则购销存的启用月应大于总账的已结账月。

● 如果总账先启用,则工资、固定资产的启用月必须大于等于总账的未结账月。

2. 年度账管理

在 T3 系统中可以建立多个账套,每个账套中可以存放不同年度的会计数据,每一年度的会计数据称为年度账。采用"账套＋年度账"两级管理,系统结构清晰、含义明确,便于不同年度数据的查询和比较分析。

1)建立年度账

新年度到来时,应先建立新的年度账,再进行与年度账相关的其他操作。

2)年度账的备份和恢复

年度账的备份与恢复和账套的备份与恢复含义基本一致,但两者的数据范围不同,年度账的备份与恢复只是针对账套中某一年度的数据,而非整个账套的数据。系统会用特定的文件名称或扩展名来区分这两种不同的备份文件。

3)结转上年度数据

正常情况下,企业经营是持续不断进行的,每到年末启用新年度账时,就需要将上年度的数据结转至新年度账中,如果启用了多个模块,则需要注意年度数据结转的先后顺序。

4)清空年度数据

如果年度账中错误太多,或者不希望将上年度的余额或其他信息全部转至下一年度,便可使用清空年度数据的功能。"清空"并不是将年度账的数据全部删除,而是要保留一些信息,比如账套基础信息、系统预置的科目、报表等。保留这些信息主要是为了方便用户使用清空后的年度账重新做账。

3. 操作员及其权限的管理

用户以系统管理员的身份进入系统管理功能,执行【权限】|【操作员】命令,对操作员进行增加、删除和修改等操作。需要注意,操作员用户的全名必须输入,操作员 ID 为标识所设置的操作员的唯一编号,必须输入。

只有系统管理员才能设置(或放弃)账套主管,而账套主管只能对所注册的进入账套的操作员进行增加、删除权限等操作。

在用户注册系统管理中,执行【权限】|【权限】命令,系统弹出权限界面,在界面左侧选取某一非账套主管操作员,界面右侧是明细权限选择区,列示了该操作员目前所不具备的明细

权限,鼠标双击"授权"栏授权,如若取消某一明细权限,则点取该明细权限,双击"授权"栏,取消选中标记即可,点击【确定】按钮,完成增加设置。若删除权限,可选择某一操作员,点击【删除】按钮,即可删除该操作员所有权限,或选择某一明细权限,则只删除该明细权限。

4. 系统运行安全管理

1）系统运行监控

以系统管理员身份注册进入系统管理后,在系统管理界面可以看到两部分内容:一部分列示已经登录的子系统,另一部分列示操作员在子系统中正在执行的功能。这两部分的显示是动态的,会随着系统的执行情况而自动变化。用户通过执行【视图】|【刷新】命令,可适时刷新功能列表的内容。

2）上机日志

为了保证系统的安全运行,系统随时对各个产品或模块的每个操作员的上下机时间、操作的具体功能等情况都进行登记,形成上机日志,以便使所有的操作都有所记录、有迹可循。用户通过执行【视图】|【上机日志】命令,即可查看相关的上机日志,也可以过滤或删除不需要的内容。

3）注销当前操作员

如果需要一个新操作员注册登录系统管理,就需要将原来登录的操作员注销,或者操作员因故离开,也应当注销当前操作员。通过执行【系统】|【注销】命令,新用户即可注册进入系统管理。

4）清除系统运行异常

系统运行过程中,死机、网络中断等都有可能造成系统异常。针对系统异常,应及时予以排除,以释放异常任务所占用的系统资源,使系统尽快恢复到正常状态。

5）设置备份计划

用户可以通过执行【系统】|【设置备份计划】命令,设置自动备份计划,系统根据设置定期自动备份数据,以增强系统数据的安全性和处理事务的能力。最好选择在系统不处理日常业务的时间,进行自动备份。

6）升级数据

随着信息技术的发展,应用系统的开发不断融入新的技术和更加先进的管理思想,对原有系统功能的拓展和完善成为必然。为了保证新旧系统中客户数据的一致性和可追溯性,T3 在系统管理中提供了升级 SQL Server 数据的功能,用户可以使用此工具将数据升级到最新版本。

2.2　实务操作

系统管理的主要功能是对用友 T3 管理软件的各个子系统进行统一的操作管理和数据维护。

2.2.1　背景资料

北海信达科技有限公司(简称信达科技),成立于 2019 年 12 月,根据企业工商注册等资

料显示,公司基础信息如下:

公司名称:北海信达科技有限公司

账套编号:606

会计准则:2013 年实施的《小企业会计准则》

建账会计期:2020 年 1 月

社会统一信用代码(纳税人识别号):110018473287215

纳税人类型:一般纳税人

经营地址:北海市定海区中关村大街 126 号

法人代表:汪涵

联系电话:001-62766666

传真:001-62766622

经营范围:该企业属于工业企业,从事软硬件及相关产品生产及销售

开户行:中国工商银行北海分行中关村分理处

开户行银行账号:8316587962

2.2.2　操作员设置

▶ **任务 1　增加操作员**

【案例资料】

北海信达科技有限公司账套操作员如表 2-1 所示。

表 2-1　操作员信息表

操作员编号	操作员姓名	操作员口令	岗位
1	郑　通	01	账套主管
2	贺　敏	02	会计
3	孙　娟	03	出纳
4	魏大鹏	04	采购员
5	李明亮	05	销售一部销售员
6	孟　倩	06	销售二部销售员
7	潘小小	07	仓管
8	王　浩	08	生产人员

【操作指引】

(1) 注册登录信息门户,双击桌面上的系统管理图标,进入"系统管理"窗口,执行【系统】|【注册】命令,以用户名 admin(默认口令为空)登录,打开"系统管理"窗口。

(2) 在"系统管理"窗口中,执行【权限】|【操作员】|【增加】命令,根据资料增加操作员信息,相关界面如图 2-2 所示。

【关键知识点】

● 由于第一次运行 T3 软件时还没有建立核算单位的账套,因此,在建立账套前应由系

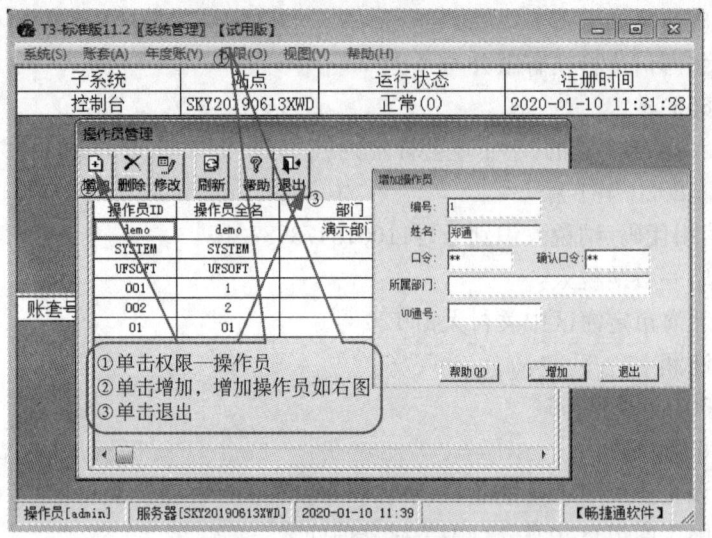

图 2-2　增加操作员界面

统默认的管理员 admin 登录。系统管理员负责整个系统的总体控制和维护工作,可以管理该系统中所有的账套。系统管理员可以进行账套的建立、恢复和备份,设置操作员、指定账套主管,并可以设置和修改操作员的密码及其权限等。

● 系统管理员 admin 没有密码,即密码为空。在实际工作中,为了保证系统的安全,必须为系统管理员设置密码。

● 操作员编号在系统中必须唯一。所设置的操作员一旦被使用,就不能删除。

▶ 任务2　修改操作员

【案例资料】

将操作员"李明亮"修改为"田晓宾"。

【操作指引】

以系统管理员 admin 的身份注册进入"系统管理"窗口,执行【权限】|【操作员】命令,打开"操作员管理"窗口,选中操作员"李明亮"所在行,单击【修改】按钮,将操作员"李明亮"修改为"田晓宾",相关界面如图 2-3 所示。

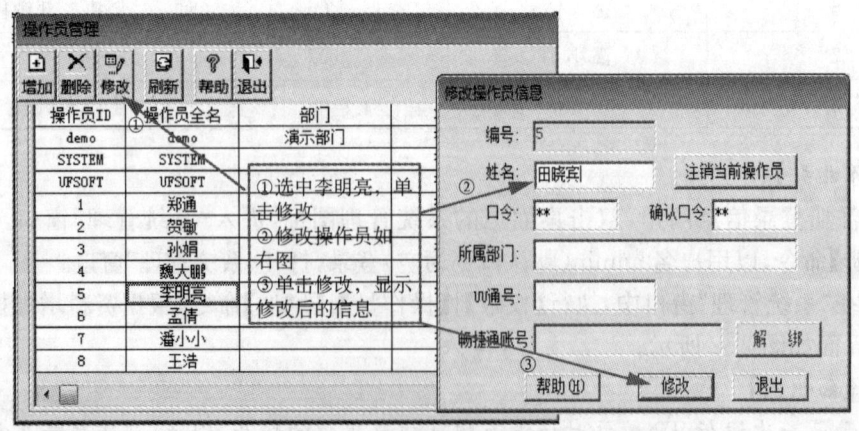

图 2-3　修改操作员界面

【关键知识点】

● 在系统中所设置的操作员在未被使用前,可以进行修改和删除,操作员信息一旦保存,则编号不能修改,操作员的姓名、口令及所属部门可以修改。

● 只有系统管理员有权修改和删除操作员信息。

▶ 任务3　删除操作员

【案例资料】

将操作员"王浩"删除。

【操作指引】

以系统管理员 admin 的身份注册进入"系统管理"窗口,执行【权限】|【操作员】命令,打开"操作员管理"窗口,选中操作员"王浩"所在行,单击【删除】按钮,将操作员"王浩"删除,相关界面如图 2-4 所示。

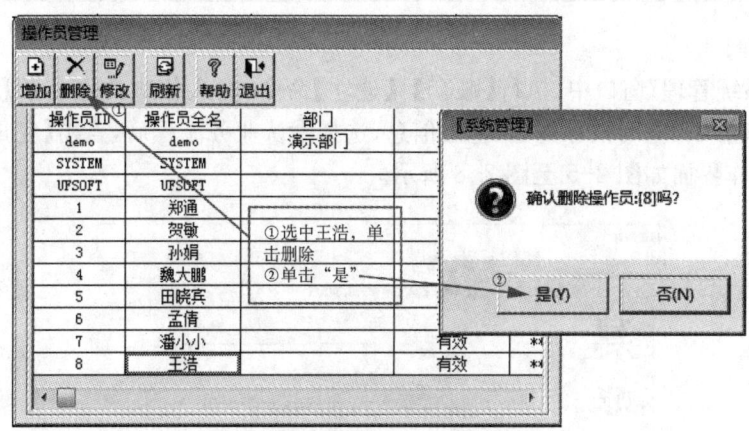

图 2-4　删除管理员界面

2.2.3　账套建立

▶ 任务1　建立账套

【案例资料】

北海信达科技有限公司建账信息如表 2-2 所示。

表 2-2　建账信息表

摘要	内容
账套号	606
公司名称(账套名)	北海信达科技有限公司(简称信达科技)
启用期间	2020 年 1 月
地址	北海市定海区中关村大街 126 号
法人代表	汪涵
联系电话	001-62766666
传真	001-62766622

（续表）

摘要	内容
邮编	220001
企业税务登记号	110018473287215
经营范围	该企业属于工业企业，从事软硬件及相关产品生产及销售
行业性质	2013年小企业会计准则
基础信息要求	客户、存货分类；有外币核算
编码方案	科目编码级次4222，客户分类编码级次122，部门编码级次122，结算方式级次12
精确度	核算时换算率和单价小数设置5位小数，其他数字精确到两位小数
启用	总账、购销存、核算
账套主管	郑通

【操作指引】

（1）在"系统管理"窗口中，执行【账套】|【建立】命令，输入相应的账套信息，单击【下一步】按钮，依次输入相应的核算类型、基础信息，选择默认业务流程后，点击【完成】按钮，创建账套。相关操作界面如图2-5至图2-8所示。

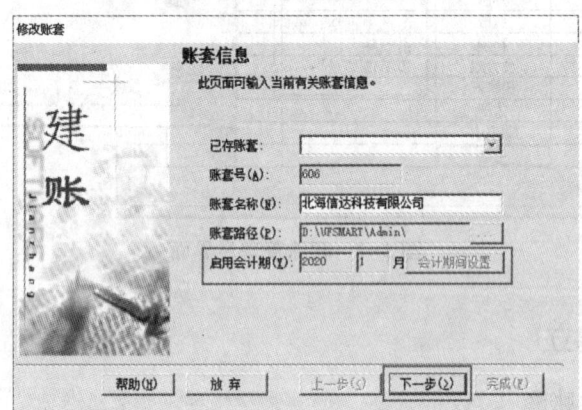

图2-5   建立账套—账套信息界面

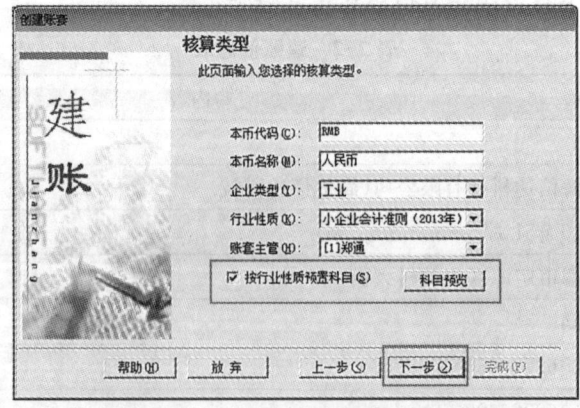

图2-6   建立账套—核算类型界面

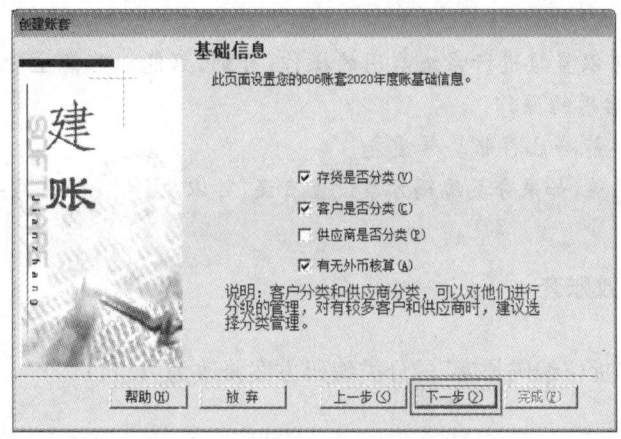

图 2-7　建立账套—基础信息界面

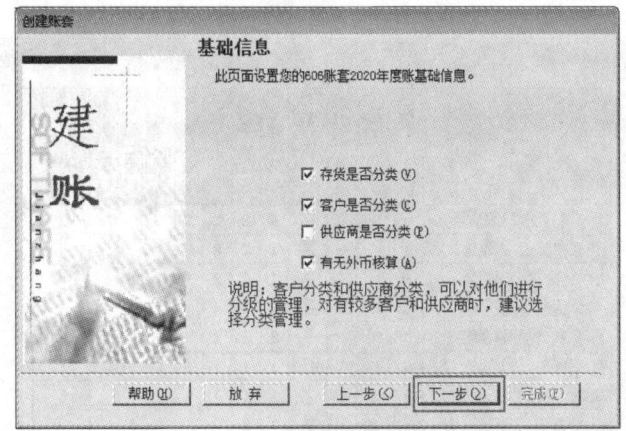

图 2-8　建立账套—业务流程界面

（2）打开"分类编码方案"窗口。设置科目编码级次"4222"，客户分类编码级次"122"，部门编码级次"122"，结算方式编码级次"12"，设置数据精确度定义后，单击【确认】按钮，确定创建账套并启用账套。相关界面如图 2-9、图 2-10 所示。

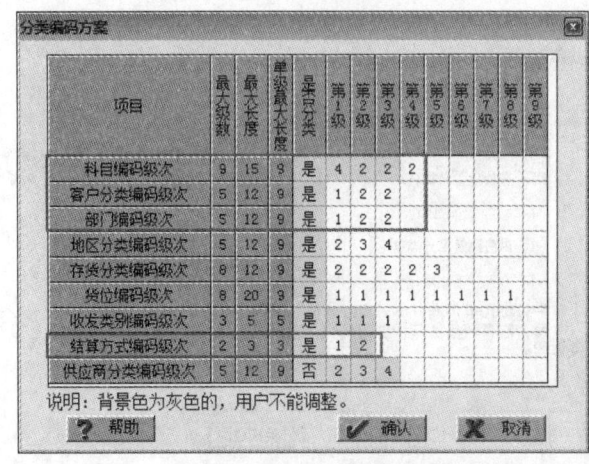

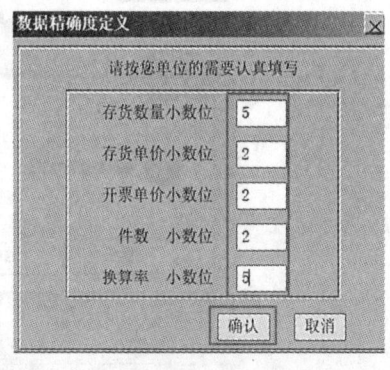

图 2-9　建立账套—分类编码方案界面　　　　**图 2-10　建立账套—数据精确度定义界面**

【关键知识点】

● 建立账套后可以直接进行系统启用的操作,否则,只能以账套主管的身份注册系统管理后进行相应系统启用的操作。

● 新建账套号不能与已存账套号重复。

● 在系统未使用前,如果分类编码方案设置有误,可以执行系统中的【基础设置】命令进行修改。

▶ 任务2　修改账套

【案例资料】

将606账套中"货位编码长度"的分类编码方案修改为"111111"。

【操作指引】

在"系统管理"窗口中,以账套主管郑通的身份进入信达科技账套,执行【账套】|【修改】命令,修改货位编码长度,相关界面如图2-11、图2-12所示。

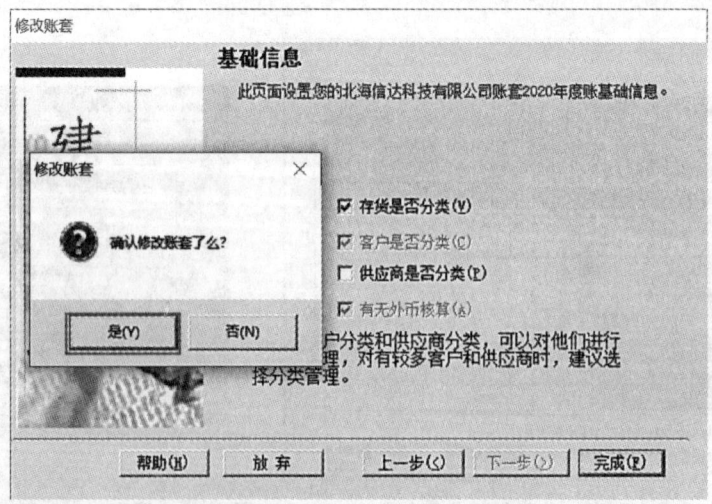

项目	最大级数	最大长度	单级最大长度	是否分类	第1级	第2级	第3级	第4级	第5级	第6级	第7级	第8级	第9级
科目编码级次	9	15	9	是	4	2	2	2					
客户分类编码级次	5	12	9	是	1	2	2						
部门编码级次	5	12	9	是	1	2	2						
地区分类编码级次	5	12	9	是	2	3	4						
存货分类编码级次	8	12	9	是	2	2	2	2	3				
货位编码级次	8	20	9	是	1	1	1	1	1	1			
收发类别编码级次	3	5	5	是	1	1	1						
结算方式编码级次	2	3	3	是	1	2							
供应商分类编码级次	5	12	9	否	2								

说明:背景色为灰色的,用户不能调整。

图2-11　修改账套—分类编码方案界面

图2-12　修改账套—基础信息界面

【关键知识点】

● 只有账套主管才有权使用账套修改功能。如果要修改某一账套的信息,首先应在启动系统管理后,以账套主管的身份登录注册系统管理,并选择要修改的账套。

● 分类编码方案和数据精确度定义的修改不仅可以在系统管理中修改,还可以在基础设置中修改。

2.2.4　操作员权限设置

▶ 任务 1　增加操作员权限

【案例资料】设置操作员权限,相关权限资料如表 2-3 所示。

表 2-3　操作员权限表

操作员编号	操作员姓名	拥有权限模块
1	郑　通	全部
2	贺　敏	公用目录设置、总账、财务报表、固定资产、工资、老板通—销售信息中心
3	孙　娟	现金管理、总账—出纳签字、现金流量
4	魏大鹏	公用目录设置、采购、应付、库存及核算
5	田晓宾	公用目录设置、销售、应收、库存及核算
6	孟　倩	公用目录设置、销售、应收、库存及核算
7	潘小小	公用目录设置、库存及核算、工资

【操作指引】

以系统管理员 admin 身份登录进入"系统管理"窗口,执行【权限】|【权限】命令,选中相应操作员,单击【增加】按钮,增加相应的权限,相关界面如图 2-13 所示。

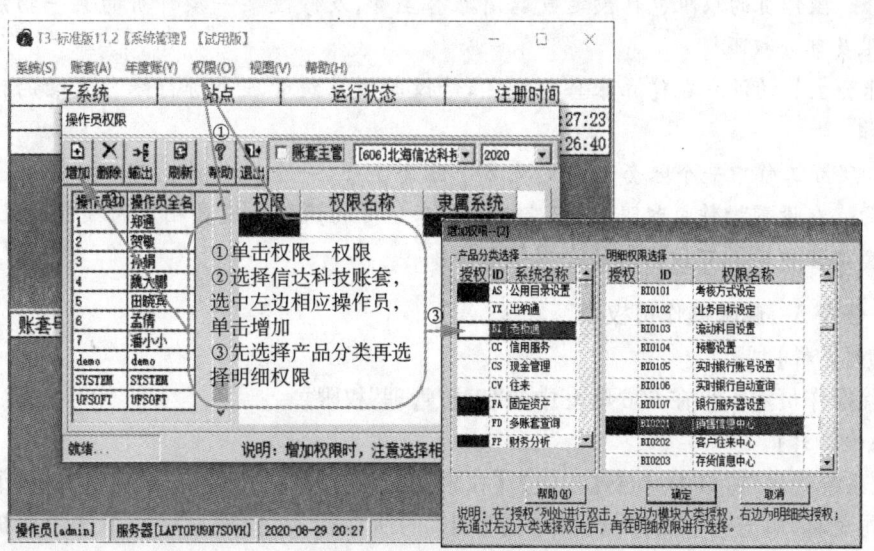

图 2-13　增加操作员权限界面

【关键知识点】

● 系统管理员可以指定某账套的账套主管,还可以对各个账套的操作员进行权限设置。而账套主管只可以对所管辖账套的操作员进行权限指定。

▶ 任务2　修改操作员权限

【案例资料】

取消操作员贺敏在606账套中的"老板通—销售信息中心"权限。

【操作指引】

在"系统管理"窗口中,执行【权限】|【权限】命令,打开"操作员权限"窗口,选择北海信达科技公司账套,单击选中操作员区中"贺敏"的所在行,在权限显示区中选中要被取消的"BT0201 销售信息中心"权限,单击【删除】按钮,相关界面如图2-14所示。

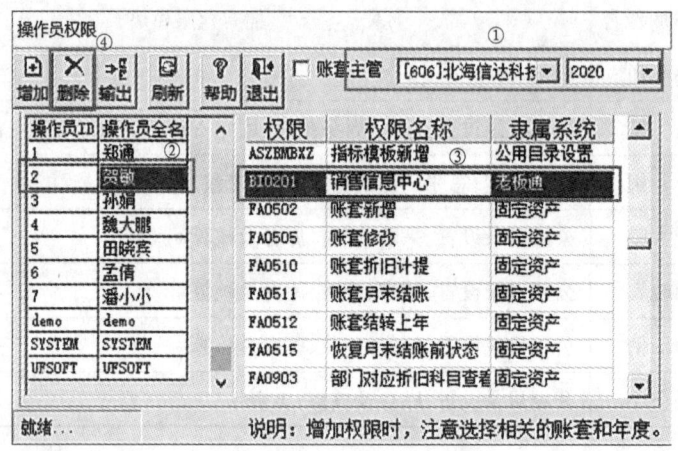

图 2-14　修改操作员权限界面

【关键知识点】

● 修改操作员的权限包括设定或取消账套主管,及修改某一操作员的某一功能模块的所有权限及部分权限。

● 账套主管的设立在建立账套时指定,修改时由系统管理员进行账套主管的设定与放弃的操作。

● 在实际工作中一个账套可以定义多个账套主管,一个操作员也可以担任多个账套的账套主管。在设置操作员权限时,只需对非账套主管的操作员设置相应的操作权限,而系统默认账套主管自动拥有该账套的全部权限。

▶ 任务3　删除操作员权限

【案例资料】

删除操作员潘小小在606账套中的"工资管理"权限。

【操作指引】

在"系统管理"窗口中,执行【权限】|【权限】命令,打开"操作员权限"窗口,选择北海信达科技公司账套,单击选中操作员区中"潘小小"的所在行,在权限显示区中选中要被删除的"工资建账向导"权限,单击【删除】按钮,相关界面如图2-15所示。

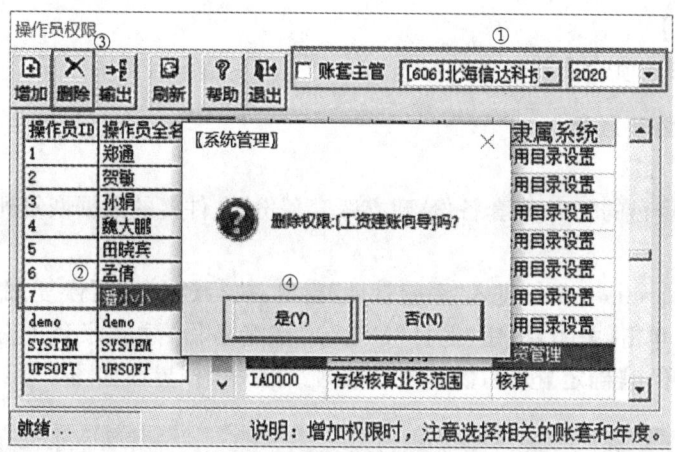

图 2-15　删除操作员权限界面

2.2.5　账套操作

▶ 任务 1　备份账套

【案例资料】

将 606 账套备份至"D：\606 账套备份\建立账套备份"。

【操作指引】

(1) 在 D 盘中建立"606 账套备份\建立账套备份"文件夹。以系统管理员 admin 身份进入"系统管理"窗口，执行【账套】|【备份】命令，选择"账套号"下拉列表框中的"[606]北海信达科技有限公司"，单击【确认】按钮，经过压缩进程，选择"D：\606 账套备份\建立账套备份"，单击【确定】按钮，完成账套备份。相关操作界面，如图 2-16 所示。

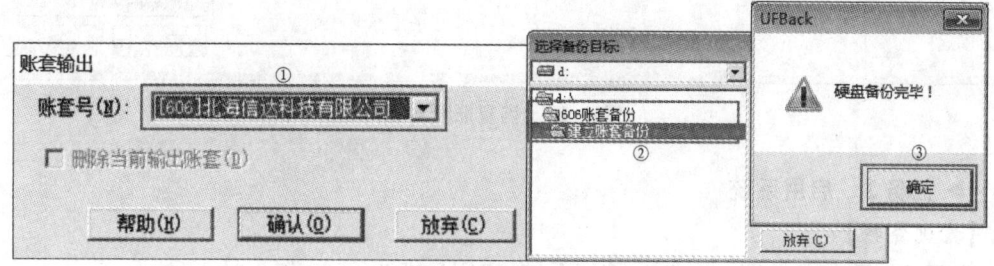

图 2-16　备份账套界面

(2) 如果要删除账套，则选择"账套号"下拉列表框中的"[606]北海信达科技有限公司"，并勾选"删除当前输出账套"复选框，单击【确认】按钮，删除账套。相关操作界面如图 2-17 所示。

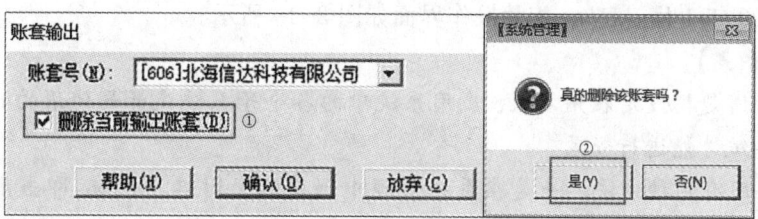

图 2-17　删除账套界面

【关键知识点】

● 只有系统管理员才有权限备份账套。

▶ 任务2　恢复账套

【案例资料】

将已备份至 D 盘的"606 账套备份\建立账套备份"文件夹的数据恢复到系统中。

【操作指引】

以系统管理员 admin 身份进入"系统管理"窗口,执行【账套】|【恢复】命令,弹出建议使用安全通的提示,单击【关闭】按钮,选择"D:\606 账套备份\建立账套备份"中的数据文件"UF2KAct.lst",单击【确定】按钮,恢复账套数据。相关操作界面如图 2-18 所示。

图 2-18　恢复账套界面

▶ 任务3　启用系统

【案例资料】

启用 606 账套的总账、购销存、核算系统,启用日期为 2020 年 1 月 1 日。

【操作指引】

进入"系统管理"窗口,执行【系统】|【注册】命令,以账套主管郑通的身份进入北海信达科技有限公司账套,执行【账套】|【启用】命令,勾选"总账""购销存管理""核算"复选框,在日期中选择"2020 年 1 月 1 日"。相关操作界面如图 2-19 所示。

【关键知识点】

● 系统启用是指设定在用友 T3 应用系统中的各个子系统先开始使用的日期。只有用启用后的子系统才能进行登录。

● 系统启用有两种方法。一是在系统管理中创建账套时启用系统,即当用户创建一个新的账套完成后,系统弹出提示信息对话框,系统管理员可以选择立即进行系统启用设置;

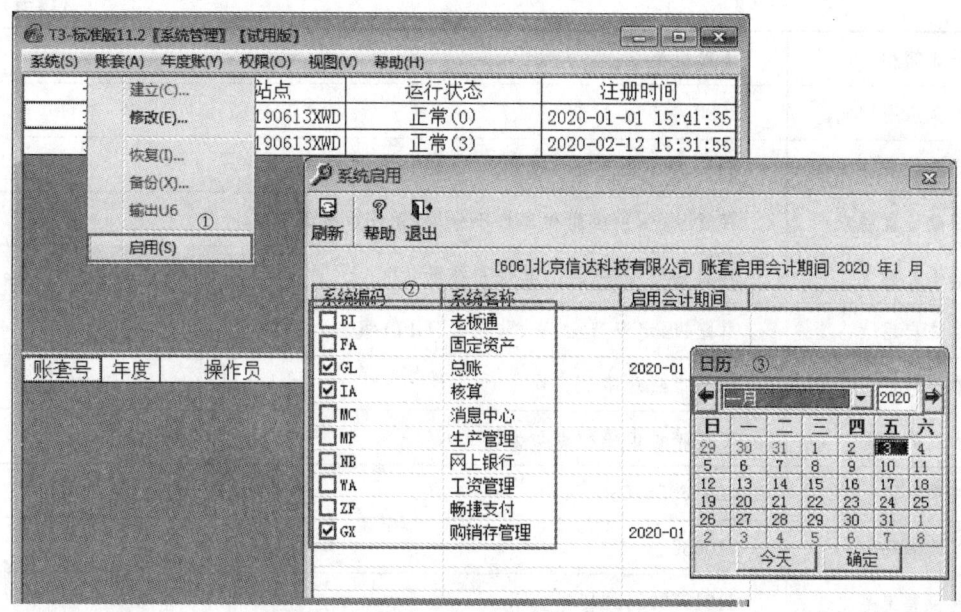

图 2-19　启用系统界面

二是在账套建立完成后,由账套主管在系统管理中,执行【账套】|【启用】功能中进行系统启用的设置。

 练一练

江西丰瑞机械厂的基本信息如下:

(1) 操作员及权限信息,如表 2-4 所示。

表 2-4　操作员及权限表

编号	姓名	权限	备注
k1	李　飞	账套主管	无密码
k2	李　嘉	会计:公共目录设置、总账(除出纳签字和凭证审核)、固定资产、工资、购销存、应收、应付、核算	
k3	王孙成	出纳:现金管理、出纳签字	

(2) 建账信息,如表 2-5 所示。

表 2-5　建账信息表

账套号	456
账套名	江西丰瑞机械厂
企业名称	江西丰瑞机械厂

(续表)

企业简称	丰瑞机械
账套启用期间	2020 年 6 月 1 日
行业性质	2013 年小企业会计准则
基础设置要求	存货分类,供应商和客户不分类,无外币核算
编码方案	科目编码 4-2-2-2,其他系统默认
系统启用	总账、固定资产、工资、购销存、UFO 报表
单位地址	南昌市建章路 213 号
生产的产品	变速箱锥齿轮和传动齿轮
联系电话	029-83557688
邮政编码	710036
纳税登记号	610197693123456

要求:

(1) 根据资料,增加操作员。

(2) 根据资料,建立账套。

(3) 根据资料,设置操作员权限。

 **想一想**

1. 在系统管理功能中账套主管的权限有哪些?

2. 是不是每次在建立账套时均应先设置操作员?

3. 应为哪些操作员设置操作权限?

4. 账套备份分别可以完成什么操作内容?

5. 如果在建立账套时将"供应商"或"客户"的分类设置错误,怎么办?

6. 何谓"编码方案",如果在建立账套时将其错误设置该怎么办?

第3单元 基础管理

知识目标

1. 能阐述基础设置的功能和主要内容
2. 能区分供应商和客户
3. 能识别辅助核算和明细核算
4. 能评价各项基础设置的特点

技能目标

1. 能修改基础编码方案和数据精度
2. 能熟练设置机构的部门和职员档案
3. 能熟练设置存货分类和存货档案
4. 能熟练设置会计科目、凭证类别、项目目录和外币种类
5. 能熟练设置存货分类和存货档案
6. 能熟练设置付款方式、收付结算和开户银行
7. 能设置常用摘要

知识导图

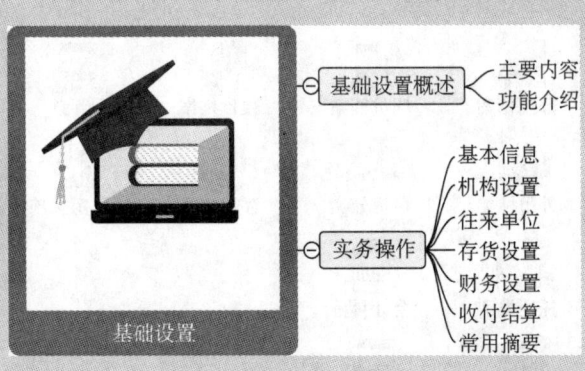

情景导入

北海信达科技有限公司经过前期调研和公司管理层的决策,决定试用期先行启用总账、往来、现金、项目、税务、财务报表、工资、固定资产等财务模块。

为了便于公司进行分级核算、统计和管理,系统可以对基础数据编码进行分级设置,可分级设置的内容有:科目编码、存货分类编码、地区分类编码、客户分类编码、供应商分类编码、部门编码、成本对象编码、收发类别编码和结算方式编码。编码级次和各级编码长度的设置将决定用户单位如何编制基础数据的编号,进而构成用户分级核算、统计和管理的基础。由于各用户企业对数量、单价的核算精度要求不一致,为了适应各用户企业的不同需求,系统提供了自定义数据精度的功能。在系统管理部分需要设置的数据精度主要有:存货数量小数位、存货单价小数位、开票单价小数位、件数小数位数和换算率小数位数。具体要求是只能输入 0 至 6 之间的整数,系统默认值为 2。

如果把系统管理的账套建立比喻为建房子,那么基础设置就是对房子进行居家住宿前的装修装饰。企业可以根据自己的需要,在软件平台可供选择的范围内进行个性化定制。比如建立账套时设置存货(客户、供应商)不需分类,则在此不能进行存货分类(客户分类、供应商分类)的编码方案设置;比如科目设置,可以借助软件提供的外币核算、数量核算辅助核算(部门、客户、供应商、个人往来、项目)和受控系统等进行快捷便利设置;比如,根据企业业务特点进行单据格式设置等。

鉴于公司业务特点,运用该软件平台进行公司信息管理,请你为贺敏出谋划策,量身定制企业的基础设置内容。

3.1 基础设置概述

基础设置是系统在进行日常业务处理之前,将手工会计数据移植到计算机中的一系列准备工作,是使用财务管理软件的基础。基础设置的主要内容如图 3-1 所示。

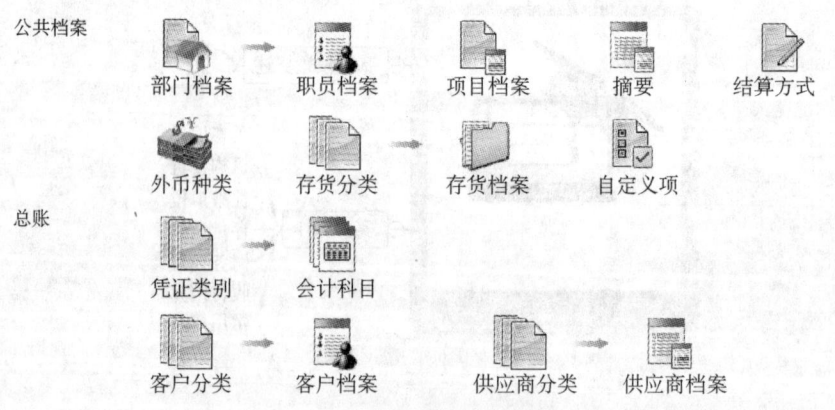

图 3-1 基础设置主要内容

3.1.1 主要内容

基础档案是会计信息系统运行所必需的基础数据,T3 财务管理软件需要的基础数据不仅涉及财务核算,也涉及业务处理,因此,数据收集、整理和输入的工作量很大。基础设置主要涉及的内容如表 3-1 所示。

表 3-1 基础设置主要内容

档案分类	档案目录	档案用途	备注
机构设置	部门档案	设置与企业财务核算和管理有关的部门	先要设置部门编码方案
	职员档案	设置企业职员信息	先要设置部门档案
往来单位	客户分类	便于进行业务数据的统计、分析	先确定客户分类,然后确定编码方案
	客户档案	便于进行客户管理和业务数据的输入、统计、分析	需建立好客户分类档案
	供应商分类	便于进行业务数据的统计、分析	先确定供应商分类,然后确定编码方案
	供应商档案	便于进行供应商管理和业务数据的输入、统计、分析	建立供应商分类档案
	地区分类	针对客户、供应商所属地区进行分类,便于进行业务数据的统计、分析	
存货	存货分类	便于进行企业存货的输入、统计、分析	先确定对存货分类,然后确定编码方案
	存货档案	便于存货核算、统计、分析和实物管理	需确定存货目录
财务	会计科目	设置企业核算的会计科目	先设置科目编码方案和外币种类
	凭证类别	设置企业核算的凭证类别	
	项目目录	设置企业需要对其进行核算和管理的对象、目录	可将存货、成本计算、现金流量直接作为核算的项目目录
	外币种类	略	
收付结算	结算方式	设置资金收付业务中用到的结算方式	
	付款条件	设置企业与往来单位协议规定的收、付款折扣优惠条件	
	开户银行	设置企业在收付结算中对应的开户银行信息	

3.1.2 功能介绍

1. 机构设置

1) 部门档案

按照已经定义好的部门编码级次规则,输入部门编号及其信息。最多可分 5 级,编码总

长 12 位,部门档案包含部门编码、名称、负责人、部门属性等信息。需要注意:

- 部门编号、部门名称必须输入。
- 部门编号必须符合部门编码级次规则。
- 如果输入某几条信息后,不单击【保存】按钮,而直接单击【放弃】或【增加】按钮,即表示放弃此次增加。
- 基础档案中的任一字段禁用以下字符:﹡ _ ％´ | ?〈 〉＆ ; ?［］。

2)职员档案

主要用于记录本企业职员信息,包括职员编号、名称、所属部门及职员属性等。需要注意:

- 职员编号必须唯一。
- 职员编号和职员名称必须输入。

2. 往来单位

1)客户分类

如果需要对客户进行分类管理,可以通过本功能建立客户分类体系。可将客户按行业、地区等进行划分,客户信息是建立在最末级客户分类之下。已被引用的客户分类不能被删除,不需要对客户进行分类管理的用户可以不使用本功能。需要注意:

- 客户分类编码必须唯一。
- 客户分类名称可以是汉字或英文字母,但不能为空。

2)客户档案

在销售管理等业务中需要处理的客户的档案资料,应先行在本功能中设定,平时如有变动应及时在此进行调整。需要注意:

- 客户编号必须唯一,客户编号可以用数字或字符表示,最多可输入 20 位数字或字符。
- 客户名称可以是汉字或英文字母,最多由 49 个汉字或 98 个字符组成。客户名称用于销售发票的打印。
- 客户简称可以是汉字或英文字母,最多可写 30 个汉字或 60 个字符。客户简称用于业务单据和账表的屏幕显示。
- 客户编号、名称、简称中可以包含下列字符:﹡()＋－.\〉〈 /＃＄,其他特殊符号禁止使用。

3)供应商分类

如果需要对供应商进行分类管理,可以通过本功能建立供应商分类体系。可将供应商按行业、地区等进行划分,供应商信息是建立在最末级供应商分类之下。已被引用的供应商分类不能被删除,不需要对供应商进行分类管理的用户可以不使用本功能。同客户分类一样,供应商分类编码也必须唯一,供应商分类名称可以是汉字或英文字母,但不能为空和重复。

4)供应商档案

建立供应商档案主要是为企业的采购管理、库存管理、应付账管理服务的。在填制采购入库单、采购发票和进行采购结算、应付款结算和有关供货单位统计时都会用到供货单位信息,因此必须先设立供应商档案,以便减少工作差错。注意事项可参照客户档案,此处不再赘述。

5）地区分类

如果用户需要对供应商或客户按地区分类统计,就应该建立地区分类体系。同样,地区分类编码必须唯一,地区分类名称可以是汉字或英文字母,但不能为空和重复。

3. 存货

1）存货分类

存货分类用于设置存货分类编码、名称及所属经济分类。存货分类最多可分 8 级,编码总长不能超过 12 位,每级级长用户可自由定义。同样,存货分类编码必须唯一,且必须按级次的先后次序建立。

2）存货档案

为便于对存货进行管理,需要设置存货档案。值得注意的是,随同发货单或发票一起开具的应税劳务等也应设置在存货档案中。

4. 财务

1）外币种类

本功能是专为外币核算服务的,可以对本账套所使用的外币进行定义;在填制凭证中所用的汇率应预先在此定义,以便制单时调用,减少录入汇率的次数和差错。对于使用固定汇率(即使用月初或年初汇率)作为记账汇率的用户,在填制每月的凭证前,应预先在此录入该月的记账汇率,否则在填制该月外币凭证时,将会出现汇率为零的错误;对于使用变动汇率(即使用当日汇率)作为记账汇率的用户,在填制该天的凭证前,应预先在此录入当天的记账汇率。

2）凭证类别

在手工核算环境下,用户为了便于分类、统计和登账,一般对记账凭证进行分类。通过本功能,用户可以根据需要对凭证类别进行设置。设置完成后,在使用前,用户仍可修改。系统提供了以下几种常用凭证分类方式:

(1) 记账凭证。

(2) 收款、付款、转账凭证。

(3) 现金、银行、转账凭证。

(4) 现金收款、现金付款、银行收款、银行付款、转账凭证。

(5) 自定义凭证类别。

在会计信息化环境下,系统自动记账,各类查询和统计多以科目编码为检索条件,因此,凭证分类的意义已不复存在,为简化起见,多采用单一凭证类别。

3）会计科目

本功能完成对会计科目的设立和管理,用户可以根据业务的需要方便地增加、删除、修改、查询、打印会计科目。

(1) 科目级次:以数字表示,如"1"代表一级科目,"2"代表二级科目。级次由系统根据科目编码自动定义。

(2) 科目编码:必须唯一,科目编码必须按其级次的先后次序建立。科目编码只能由数字、英文字母及减号(—)、正斜杠(\)表示,其他字符禁止使用。

(3) 科目名称:分为中文名称和英文名称,可以是汉字、英文字母或数字,可以是减号(—)、正斜杠(\),但不能输入其他字符。科目中文名称最多可输入 10 个汉字,科目英文名称最多可输入 100 个英文字母。科目中文名称和英文名称不能同时为空。

（4）科目类型：行业性质为企业时，科目类型包括资产、负债、所有者权益、成本和损益类。没有成本类的企业可不设成本类。行业性质为行政单位或事业单位时，按新会计制度科目类型设置。

（5）辅助核算：也叫辅助账类，用于说明本科目是否有其他核算要求，系统除完成一般的总账、明细账核算外，还提供了部门核算、个人往来核算、客户往来核算、供应商往来核算、项目核算等专项核算功能。需要注意：

● 一个科目可同时设置两种专项核算，如管理费用可以同时设置部门核算和项目核算。

● 个人往来核算不能与其他专项一同设置，客户与供应商核算不能一同设置。

● 辅助账类必须设在末级科目上，但为了查询或出账方便，有些科目也可以在末级和上级设账类。但若只在上级科目设账类，其末级科目没有设该账类，系统将不处理。对已有数据的会计科目修改其辅助账类，很可能会造成总账与辅助账对账不平。

（6）其他核算：用于说明本科目是否有其他要求，如银行账、日记账等。一般情况下，现金科目要设为日记账；银行存款科目要设为银行账和日记账。需要注意：

● 外币核算：用于设定该科目是否有外币核算，以及核算的外币名称。一个科目只能核算一种外币。

● 数量核算：用于设定该科目是否有数量核算，以及数量计量单位。计量单位可以是任何汉字或字符，如：千克、件、吨等。

● 指定科目：在查询现金、银行存款日记账前，必须先指定现金、银行存款总账科目。具体操作是执行【编辑】|【指定科目】命令，指定现金、银行总账科目，供出纳管理使用。指定的现金流量科目供 UFO 生成现金流量表时取数函数使用，所以在录入凭证时，对指定的现金流量科目系统自动弹出窗口要求指定当前录入分录的现金流量项目。

如果科目已被制单或已录入期初余额，则不能删除、修改该科目。如要修改该科目必须先删除有该科目的凭证，并将该科目及其下级科目余额清零，再行修改。

4）项目目录

本功能用于项目大类的设置及项目目录和分类的维护。用户可以在此增加或修改项目大类、项目核算科目、项目分类、项目栏目结构以及项目目录。

在各类辅助核算中，项目是最不好理解的一个概念，项目可以是在建工程、对外投资、技术改造、在产品成本、课题、合同订单等，总之，可以把需要单独计算成本或收入的对象均视为项目。可以将具有相同特性的一类项目定义为一个项目大类。为了便于管理，对每个项目大类可以明细分类，再在最末级明细分类下建立具体的项目档案。为了在业务发生时能将数据准确归入对应的项目，需要在项目和已设置为项目辅助核算的科目间建立对应关系。用户可以按以下步骤定义项目目录：

（1）设置科目：在【会计科目】功能中，根据需要对产成品、生产成本、商品采购、库存商品、在建工程、科研课题、科研成本等科目设置项目核算的辅助账类。

（2）定义项目大类：在【项目目录】功能中定义项目大类，包括指定项目大类名称、定义项目级次和定义项目栏目。

（3）指定核算科目：在【项目目录】功能中指定核算科目，如将产成品、生产成本等科目指定为生产成本项目大类的科目;将在建工程科目指定为在建工程项目大类的科目。

（4）定义项目分类及项目:在【项目目录】功能中定义项目分类及项目,如在建工程的项目大类下的明细分类及项目。

5. 收付结算

1）结算方式

设置结算方式的目的:一是为了提高银行对账的效率;二是在根据业务自动生成凭证时可以识别相关的科目。T3 中需要设置的结算方式与财务上的结算方式基本一致,如现金结算、支票结算等。手工核算时,一般设有支票登记簿,因业务借用支票时,需要在支票登记簿上签字,报销支票时再注明报销日期。在软件中同样提供了票据管理功能,如果某种结算方式需要进行票据管理,只需要勾选"票据管理方式"复选框即可。

2）付款条件

付款条件也叫现金折扣,是指企业为了鼓励客户偿还贷款而允诺在一定期限内给予的折扣优惠。付款条件通常可表示为"5/10,2/20,n/30",表示客户在 10 天内付款,可得到 5% 的折扣,即按货款的 95% 支付;在 20 天内付款,可得到 2% 的折扣,按货款的 98% 支付;在 30 天内付款,则须全额支付货款;在 30 天以后偿还货款,则不仅要全额支付货款,还可能要支付延期付款利息或违约金。

付款条件主要在采购订单、销售订单、采购结算、销售结算、客户目录、供应商目录中引用。系统最多同时支持 4 个时间段的折扣。

3）开户银行

本功能用于设置用户在收付结算时使用的开户银行信息,本系统支持多个开户银行及账号。

此外,系统还提供了常用摘要功能,该功能是将经常发生的业务摘要设置为常用摘要,输入常用摘要库,或在单据或凭证的输入同时存入常用摘要库,便于日后业务处理时随时调用,大大提高了业务处理的效率。对基础设置其他内容,如单据设计、购销存设置等,本教材不再叙述,参见用友 T3 财务业务一体化有关教材。

3.2　实　务　操　作

3.2.1　基本信息

【案例资料】

查看编码方案和数据精确度。

【操作指引】

1 日,以账套主管郑通的身份登录 T3,执行【基础设置】|【基本信息】命令,查看编码方案和数据精确度,相关界面如图 3-2 所示。

【关键知识点】

● 账套的编码方案和数据精度的修改不仅可以在"系统管理"中,还可以在"T3-企业管理信息化软件教育专版"中修改。

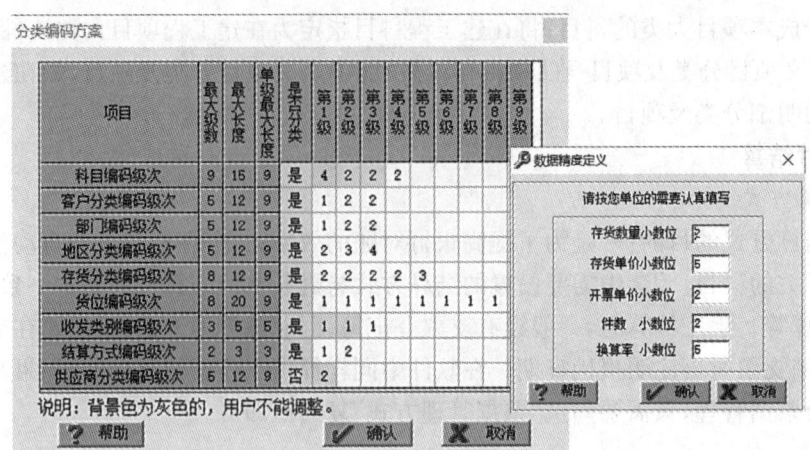

图 3-2　查看编码方案和数据精确度界面

3.2.2　机构设置

▶ **任务 1　增加部门档案和职员档案**

【**案例资料**】

资料 1：增加部门档案，相关信息如表 3-2 所示。

表 3-2　部门档案表

序号	编码	名称	负责人	序号	编码	名称	负责人
1	1	企管办	汪涵	5	401	销售一部	田晓宾
2	2	财务部	郑通	6	402	销售二部	孟倩
3	3	采购部	魏大鹏	7	5	生产部	刘东
4	4	销售部		8	6	仓储部	潘小小

资料 2：增加职员档案，相关信息如表 3-3 所示。

表 3-3　职员档案表

序号	职员编码	职员名称	所属部门	职员属性
1	1	汪涵	企管办	总经理
2	2	郑通	财务部	部门经理
3	3	贺敏	财务部	会计
4	4	孙娟	财务部	出纳
5	5	魏大鹏	采购部	部门经理
6	6	田晓宾	销售一部	部门经理
7	7	孟倩	销售二部	部门经理
8	8	刘东	生产部	部门经理
9	9	潘小小	仓管部	仓库主管

【操作指引】

指引 1：增加部门档案

1 日，以账套主管郑通的身份登录 T3，执行【基础设置】|【机构设置】|【部门档案】命令，分别录入部门档案信息，相关界面如图 3-3 所示。

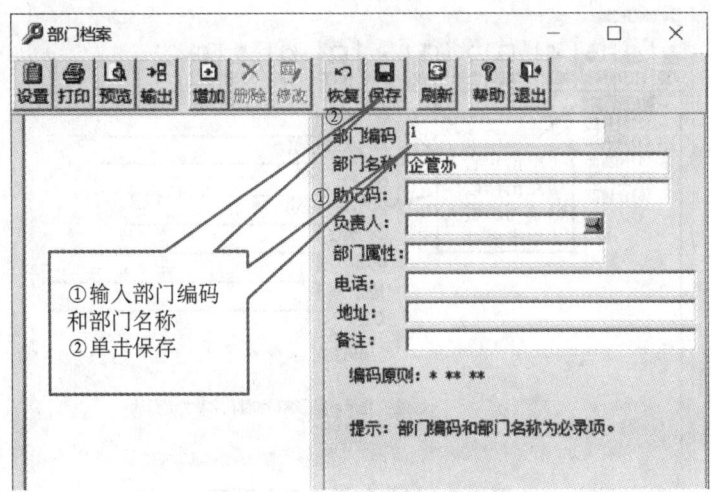

图 3-3　增加部门档案界面

【关键知识点】

● 由于在设置部门档案时还未设置职员档案，因此部门档案中的负责人应在设置职员档案后，再回到设置部门档案中，使用"修改"功能补充设置。

指引 2：增加职员档案

1 日，以账套主管郑通的身份登录 T3，执行【基础设置】|【机构设置】|【职员档案】命令，输入职员档案信息，相关界面如图 3-4 所示。

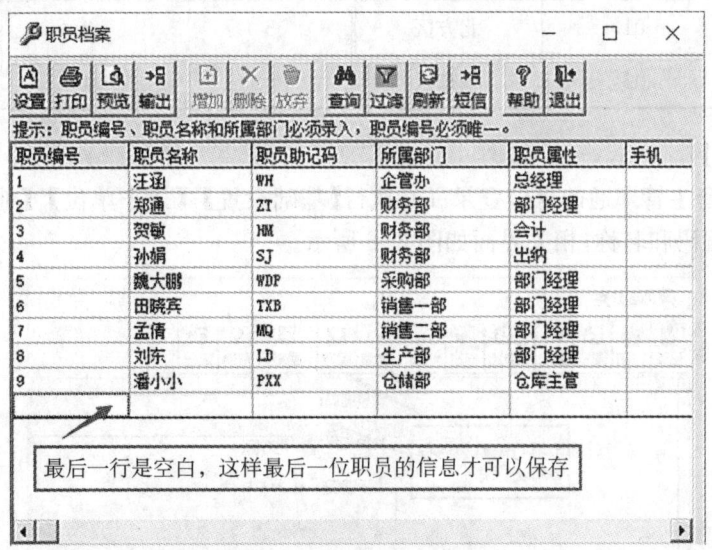

图 3-4　增加职员档案界面

指引 3:增加部门负责人

1 日,以账套主管郑通的身份登录 T3,执行【基础设置】|【机构设置】|【部门档案】命令,选择相应部门,单击【修改】按钮,在负责人处输入"汪涵",再单击【保存】按钮,相关界面如图 3-5所示。

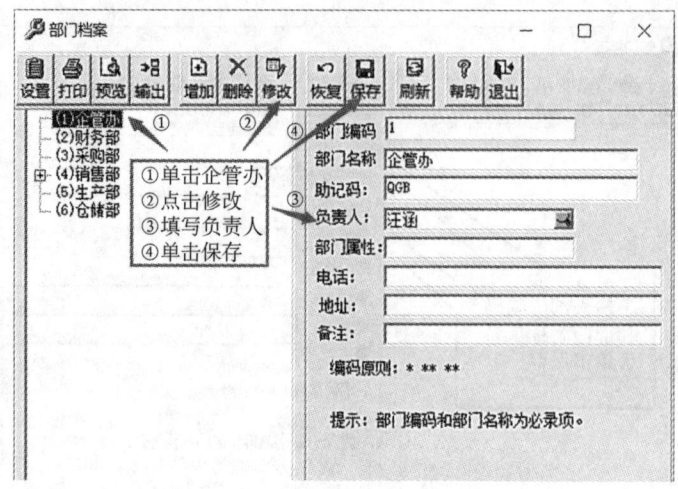

图 3-5 增加部门负责人界面

3.2.3 往来单位

▶ **任务 1 增加地区分类**

【案例资料】增加地区分类,相关信息如表 3-4 所示。

表 3-4 地区分类信息表

序号	地区编码	地区名称	序号	地区编码	地区名称
1	01	北方区	3	03	中南区
2	02	华东区	4	04	西部区

【操作指引】

1 日,以账套主管郑通的身份登录 T3,执行【基础设置】|【往来单位】|【地区分类】命令,分别录入地区编码和名称,相关界面如图 3-6 所示。

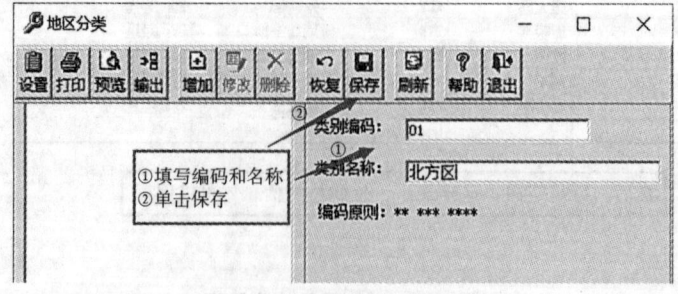

图 3-6 增加地区分类界面

▶ 任务2 增加客户分类和客户档案

资料1:增加客户分类,相关信息如表3-5所示。

表3-5 客户分类档案表

序号	分类编码	分类名称
1	1	批发商
2	2	代理商
3	3	零散客

资料2:增加客户档案,相关信息如表3-6所示。

表3-6 客户档案表

客户编码	客户名称	客户简称	客户分类编码	地区编码	纳税人登记号	开户银行	银行账号	分管部门	分管业务员
001	方圆管理软件学院	软件学院	1	01	1513246758944512	工行北海分行	11015892349	销售一部	田晓宾
002	远方系统集团公司	远方公司	3	02	34942983391011412	工行上海分行	22100032341	销售二部	孟倩
003	津津图书城	津津图书	2	01	1203243242342113	工行天津分行	10210499852	销售二部	孟倩

【操作指引】

指引1:增加客户分类

1日,以账套主管郑通的身份登录T3,执行【基础设置】|【往来单位】|【客户分类】命令,分别增加客户分类,相关界面如图3-7所示。

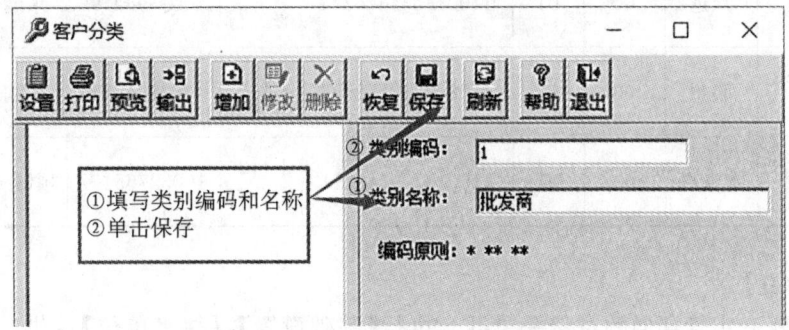

图3-7 增加客户分类界面

指引2:增加客户档案

1日,以账套主管郑通的身份登录T3,执行【基础设置】|【往来单位】|【客户档案】命令,选择客户分类,单击【增加】按钮,分别录入客户基本信息和其他信息,相关界面如图3-8所示。

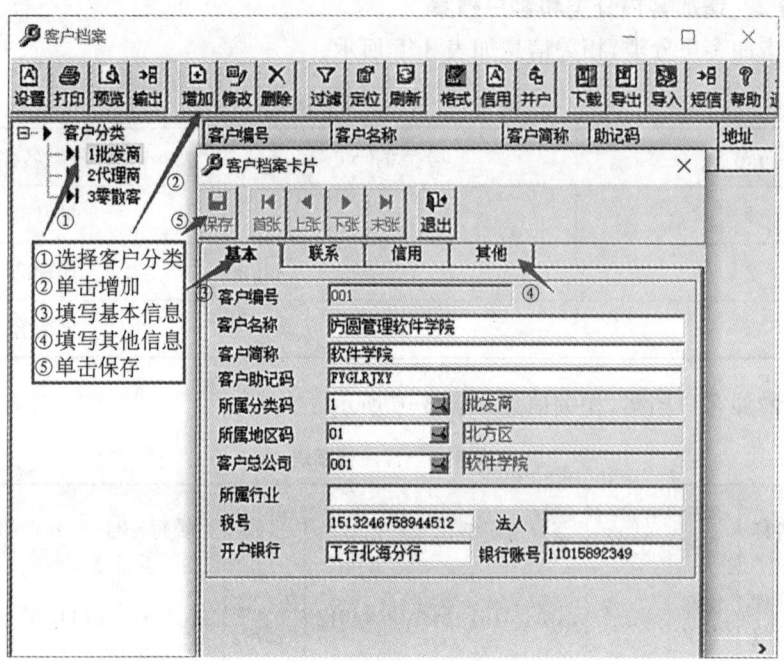

图 3-8 增加客户档案界面

▶ 任务 3 增加供应商档案

【案例资料】

增加供应商档案,相关信息如表 3-7 所示。

表 3-7 供应商档案表

供应商编码	供应商名称	供应商简称	所属分类编码	地区编码	纳税人登记号	开户银行	银行账号	分管部门	分管业务员
001	众远印刷厂	众远	00	01	110018534875344	工行北海分行	10543982199	采购部	魏大鹏
002	联想软件	联想	00	02	110843543722553	工行北海分行	43828943234	采购部	魏大鹏
003	国家水电局	水电局	00	01	110019201463211	工行北海分行	10032765197	财务部	贺敏

【操作指引】

1 日,以账套主管郑通的身份登录 T3,执行【基础设置】|【往来单位】|【供应商档案】命令,选择供应商分类,单击【增加】按钮,在供应商档案卡片窗口中分别录入供应商基本信息和其他信息,相关界面如图 3-9 所示。

【关键知识点】

● 供应商和客户分类编码应该符合基础设置中分类编码方案的要求。

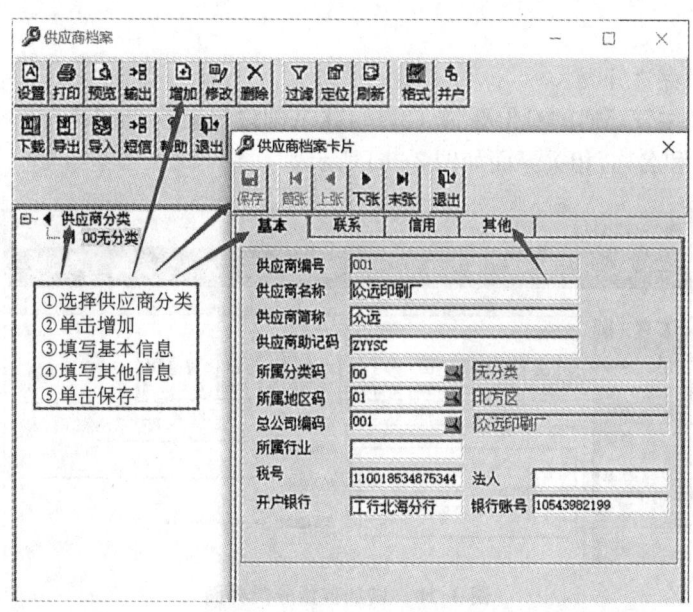

图 3-9 增加供应商档案界面

3.2.4 存货设置

▶ **任务 1 增加存货分类和存货档案**

【案例资料】

增加存货分类，如表 3-8 所示。

表 3-8 存货分类

存货类别编码	01	02	03
存货类别名称	原材料	产成品	其他

增加存货档案，如表 3-9 所示。

表 3-9 存货档案

存货编码	存货名称	计量单位	所属分类	税率	存货属性	参考成本	启用日期
1001	光盘	张	01	13%	外购、生产耗用	2.00	2020-01-01
1002	复印纸	包	01	13%	外购、生产耗用	15.00	2020-01-01
2001	杀毒软件	套	02	13%	外购、销售	150.00	2020-01-01
2002	百问 ERP 多媒体课件	套	02	13%	外购、销售	80.00	2020-01-01
2003	工商管理案例集	册	02	13%	外购、销售	38.00	2020-01-01
2004	ERP 模拟体验光盘	套	02	13%	自制、销售	90.00	2020-01-01
2005	ERP 普及教程	册	02	13%	自制、销售	30.00	2020-01-01
3001	运费	元	03	9%	劳务		2020-01-01

【操作指引】

指引1:增加存货分类

1日,以账套主管郑通的身份登录 T3,执行【基础设置】|【存货】|【存货分类】命令,分别录入存货的编码和名称,相关界面如图 3-10 所示。

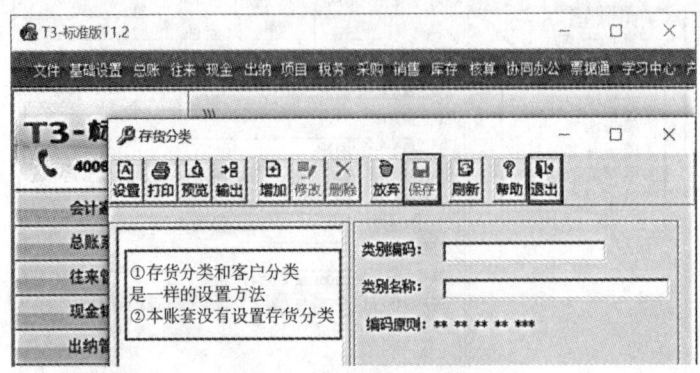

图 3-10　增加存货分类界面

指引2:增加存货档案

1日,以账套主管郑通的身份登录 T3,执行【基础设置】|【存货】|【存货档案】命令,选择存货大类,单击【增加】按钮,在存货档案卡片窗口中,分别录入存货基本信息和其他信息,相关界面如图 3-11 所示。

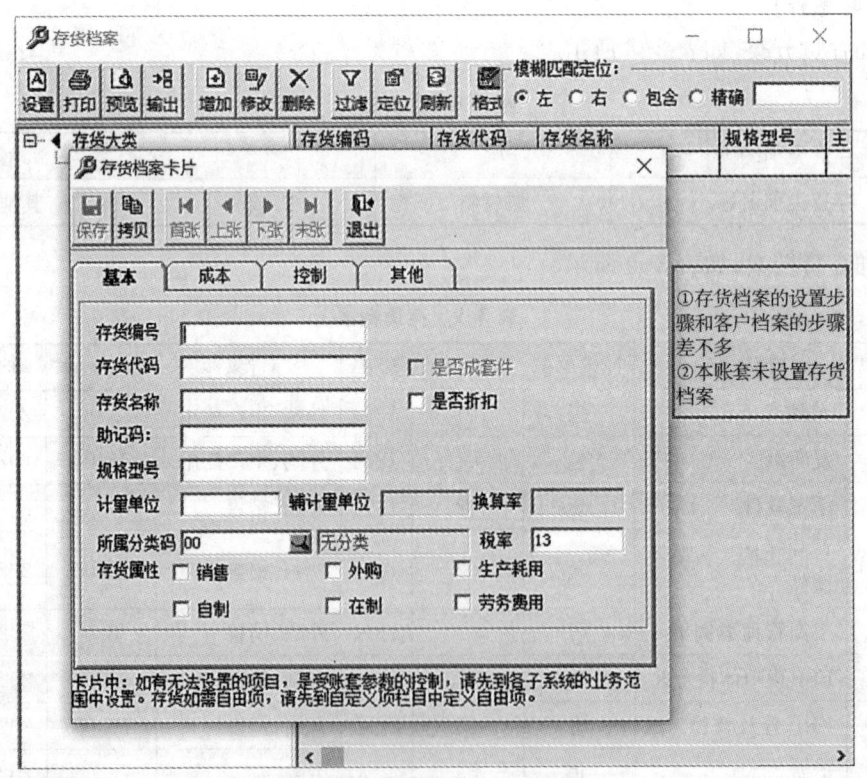

图 3-11　增加存货档案界面

3.2.5 财务设置

▶ 任务 1 增加、修改会计科目

【案例资料】

增加并修改会计科目，相关信息如表 3-10 所示。

表 3-10 会计科目表

科目名称	辅助核算	方向
库存现金(1001)[修改辅助核算]	日记账	借
银行存款(1002)[修改辅助核算]	日记账、银行账	借
工行存款(100201)[增加]	日记账、银行账	借
中行存款(100202)[增加]	日记账、银行账 美元/外币金额式	借
定额备用金(101201)[增加]	部门核算	借
银行汇票存款(101202)[增加]		
应收票据(1121)[修改辅助核算]	客户往来(不受控)	借
应收账款(1122)[修改辅助核算]	客户往来	借
预付账款(1123)[修改辅助核算]	供应商往来	借
应收个人款(122101)[增加]	个人往来	借
在途物资(1402)		借
原材料(1403)		借
光盘(140301)[增加]	数量核算:张/数量金额式	借
复印纸(140302)[增加]	数量核算:包/数量金额式	借
材料成本差异(1404)		借
库存商品(1405)		借
杀毒软件(140501)[增加]	数量核算:套/数量金额式	借
百问 ERP 多媒体课件(140502)[增加]	数量核算:套/数量金额式	借
工商管理案例集(140503)[增加]	数量核算:册/数量金额式	借
ERP 模拟体验光盘(140504)[增加]	数量核算:张/数量金额式	借
ERP 普及教程(140505)[增加]	数量核算:册/数量金额式	借
应付票据(2201)[修改辅助核算]	供应商往来(不受控)	贷
应付账款(2202)		贷
应付账款(220201)采购款[增加]	供应商往来	贷
应付账款(220202)估价款[增加]	供应商往来(不受控)	贷
220203 水电费[增加]	供应商往来(不受控)	贷
预收账款(2203)[修改辅助核算]	客户往来	贷

（续表）

科目名称	辅助核算	方向
应交增值税（222101）		贷
进项税额（22210101）		贷
已交税金（22210102）［增加］		贷
销项税额（22210106）		贷
地方教育附加（222119）［增加］		
社会保险（224101）［增加］		贷
住房公积金（224102）［增加］		贷
生产成本（4001）		借
直接材料（400101）［增加］	项目核算	借
直接人工（400102）［增加］	项目核算	借
制造费用（400103）［增加］	项目核算	借
工资（410101）［增加］		借
折旧费（410102）［增加］		借
其他（410103）［增加］		借
杀毒软件（500101）［增加］	数量核算：套/数量金额式	贷
百问 ERP 多媒体课件（500102）［增加］	数量核算：套/数量金额式	贷
工商管理案例集（500103）［增加］	数量核算：册/数量金额式	贷
ERP 模拟体验光盘（500104）［增加］	数量核算：张/数量金额式	贷
ERP 普及教程（500105）［增加］	数量核算：册/数量金额式	贷
接受捐赠（530105）［增加］		贷
杀毒软件（540101）［增加］	数量核算：套/数量金额式	借
百问 ERP 多媒体课件（540102）［增加］	数量核算：套/数量金额式	借
工商管理案例集（540103）［增加］	数量核算：册/数量金额式	借
ERP 模拟体验光盘（540104）［增加］	数量核算：张/数量金额式	借
ERP 普及教程（540105）［增加］	数量核算：册/数量金额式	借
其他（560108）［增加］		借
招待费（560202）［修改辅助核算］	部门核算	借
工资（560209）［修改辅助核算］	部门核算	借
折旧费（560210）［修改辅助核算］	部门核算	借
办公费（560212）［增加］	部门核算	借
差旅费（560213）［增加］	部门核算	借
其他（560214）［增加］		借
其他（571106）［增加］		借

【操作指引】

指引 1：修改会计科目

1 日，以账套主管郑通的身份登录 T3，执行【基础设置】|【财务】|【会计科目】命令，双击选中要修改的会计科目，单击【修改】按钮，对会计科目进行相应的修改，修改完成后单击【确定】按钮，相关界面如图 3-12 所示。

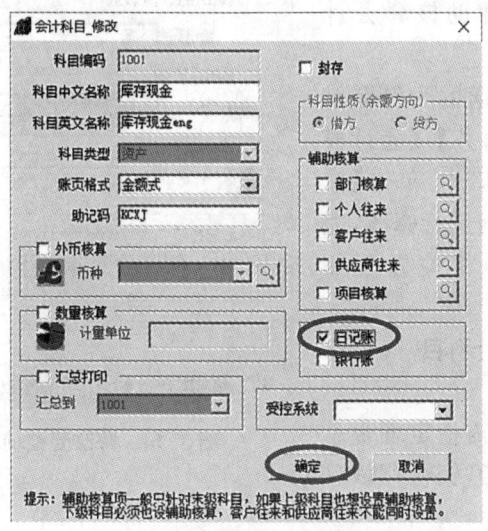

图 3-12　修改会计科目界面

指引 2：增加会计科目

1 日，以账套主管郑通的身份登录 T3，执行【基础设置】|【财务】|【会计科目】命令，在会计科目窗口中，单击【增加】按钮，增加会计科目信息，完成后单击【确定】按钮，相关界面如图 3-13 所示。

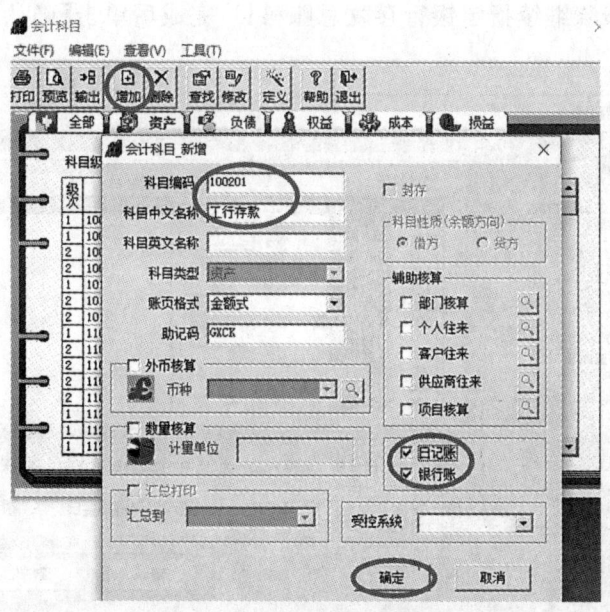

图 3-13　增加会计科目界面

【关键知识点】

● 会计科目设置的进入方法有以下两种:①执行【基础设置】|【财务】|【会计科目】命令;②执行【总账】|【会计科目】命令。

指引3:修改受控辅助核算会计科目

1日,以账套主管郑通的身份登录T3,执行【基础设置】|【财务】|【会计科目】命令,在会计科目窗口中,单击【修改】按钮,对相关会计科目进行修改,完成后单击【确定】按钮,相关界面如图3-14所示。

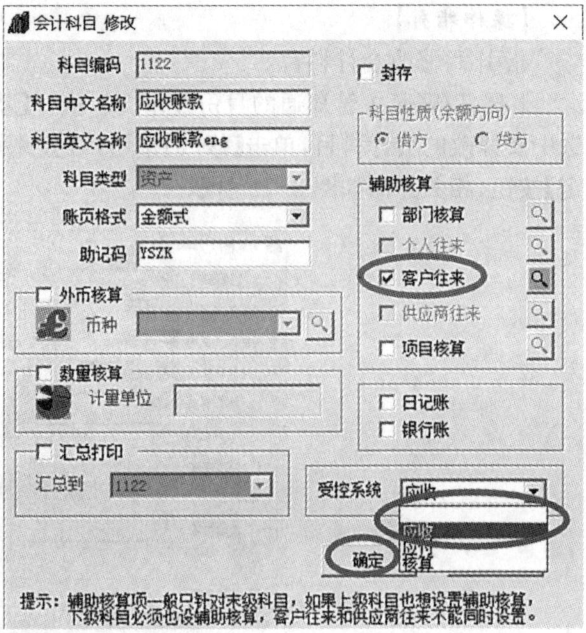

▶ 任务2 指定会计科目

【案例资料】

根据公司的规定,现需指定现金总账科目为库存现金(1001),银行存款总账科目为银行存款(1002)。

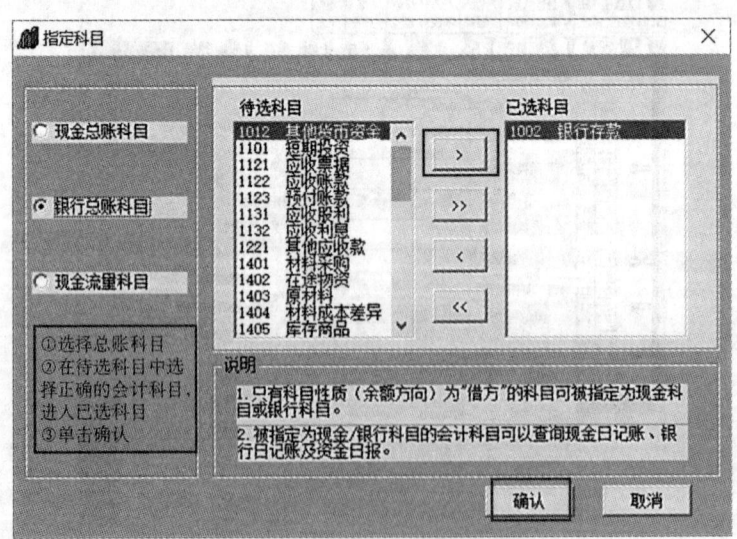

图3-14 修改受控辅助核算会计科目界面

【操作指引】

(1) 1日,以账套主管郑通的身份登录T3,执行【基础设置】|【财务】|【会计科目】命令,打开会计科目窗口。

(2) 执行【编辑】|【指定科目】命令,在指定科目窗口中,选中"现金总账科目"单选框,同时将待选科目中的【库存现金】移到已选科目中。

(3) 根据上述步骤继续指定银行存款总账科目,完成后单击【确认】按钮,相关界面如图3-15所示。

图3-15 指定会计科目界面

【关键知识点】

● 只有指定现金总账科目和银行总账科目才能进行出纳签字,才能查询现金日记账和银行存款日记账。

● 若想完成出纳签字的操作还应在总账系统的选项中设置"出纳凭证必须经由出纳签字"。

▶ 任务 3　预置凭证类别

【案例资料】

根据公司的规定,使用的凭证类别为记账凭证。

【操作指引】

1 日,以账套主管郑通的身份登录 T3,执行【基础设置】|【财务】|【凭证类别】命令,在凭证类别预置窗口中,选中"记账凭证"单选框,单击【确定】按钮,相关界面如图 3-16 所示。

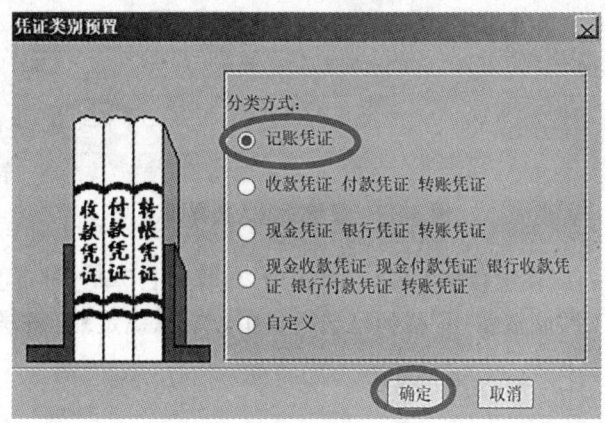

图 3-16　预置凭证类别界面

▶ 任务 4　设置项目目录

【案例资料】

增加项目目录,相关信息如表 3-11 所示。

表 3-11　项目类别

项目设置步骤	设置内容
项目大类	成本对象
核算科目	直接材料(400011) 直接人工(400012) 制造费用(400013)
项目分类	1. 自行开发项目 2. 委托开发项目
项目目录	101——ERP 模拟体验光盘　　　　类别:1 102——ERP 普及教程　　　　　　类别:1

【操作指引】

(1) 设置项目大类。1 日,以账套主管郑通的身份登录 T3,执行【基础设置】|【财务】|

【项目目录】命令,在项目档案窗口中,单击【增加】按钮,选中"成本对象"单选框,再依次单击
【下一步】|【下一步】|【完成】按钮,相关界面如图 3-17 所示。

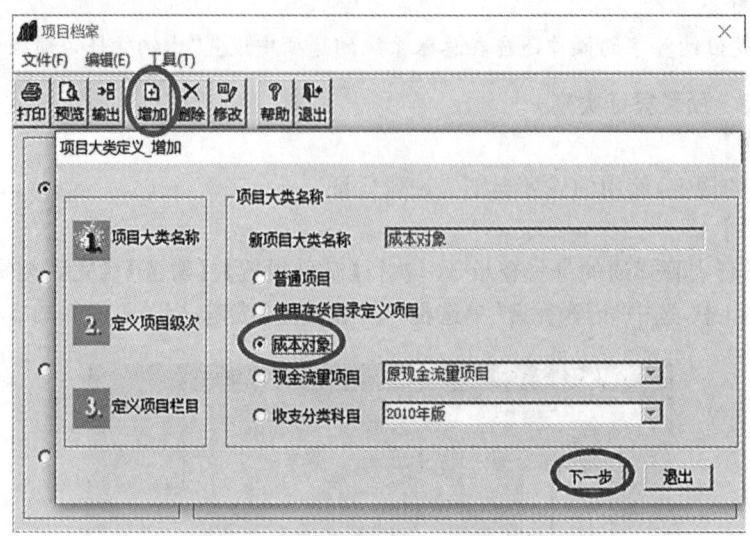

图 3-17　设置项目大类界面

(2) 设置核算科目。在项目档案窗口中,选中"核算科目"单选框,同时把待选科目中的
"直接材料""直接人工""制造费用"移到已选科目中,单击【确定】按钮,相关界面如图 3-18
所示。

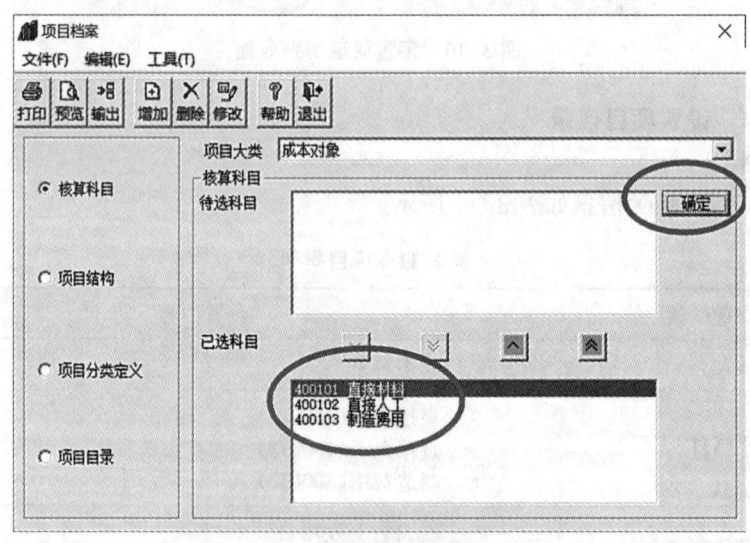

图 3-18　设置核算科目界面

(3) 设置项目分类。在项目档案窗口中,选中"项目分类定义"单选框,同时分别输入分
类编码和分类名称,相关界面如图 3-19 所示。

(4) 设置项目目录。在项目档案窗口中,选中"项目目录"单选框,单击【维护】按钮,在
项目目录维护窗口中,单击【增加】按钮,分别输入项目信息,相关界面如图 3-20 所示。

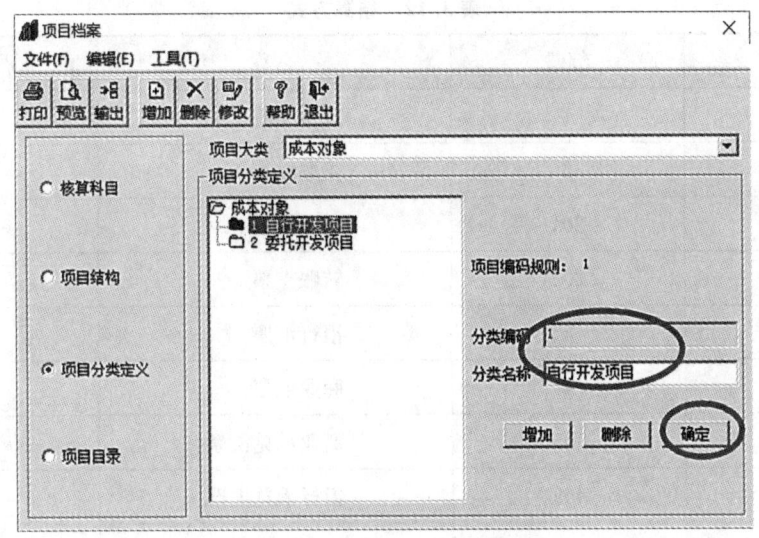

图 3-19 设置项目分类界面

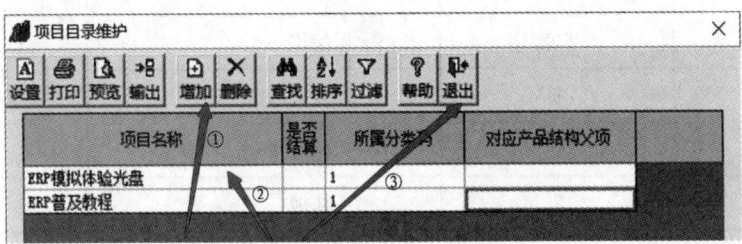

图 3-20 设置项目目录界面

▶ 任务 5 设置外币种类

【案例资料】

根据公司的业务设置外币信息,其中币符为 USD;币名为美元;汇率为浮动汇率,2020 年 1 月初汇率为 6.8。

【操作指引】

1 日,以账套主管郑通的身份登录 T3,执行【基础设置】|【财务】|【外币种类】命令,在外币设置窗口中,输入相关外币信息,相关信息如图 3-21 所示。

3.2.6 收付结算

▶ 任务 1 增加结算方式

【案例资料】

增加收付结算方式,相关信息如表 3-12 所示。

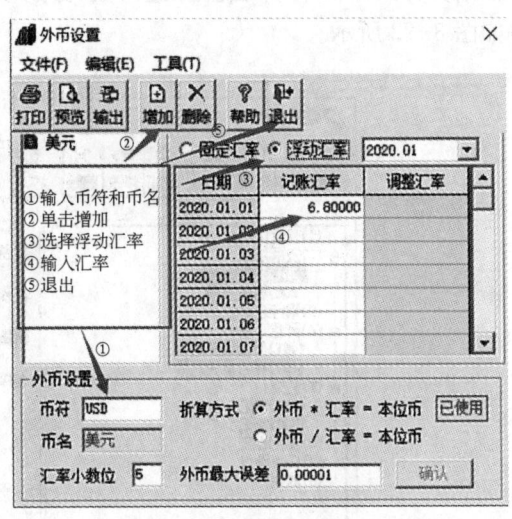

图 3-21 设置外币种类界面

表 3-12   结算方式

序号	编码	名称	票据管理
1	1	现金结算	否
2	2	支票结算	否
3	201	现金支票	是
4	202	转账支票	是
5	3	银行汇票	否
6	4	商业汇票	否
7	401	商业承兑汇票	否
8	402	银行承兑汇票	否
10	5	汇兑	否
11	501	电汇	否
12	502	信汇	否
13	6	委托收款	否
14	7	托收承付	否
15	8	其他	否

【操作指引】

1 日,以账套主管郑通的身份登录 T3,执行【基础设置】|【收付结算】|【结算方式】命令,在结算方式窗口中,单击【增加】按钮,分别录入结算的编码、名称和票据管理方式,相关界面如图 3-22 所示。

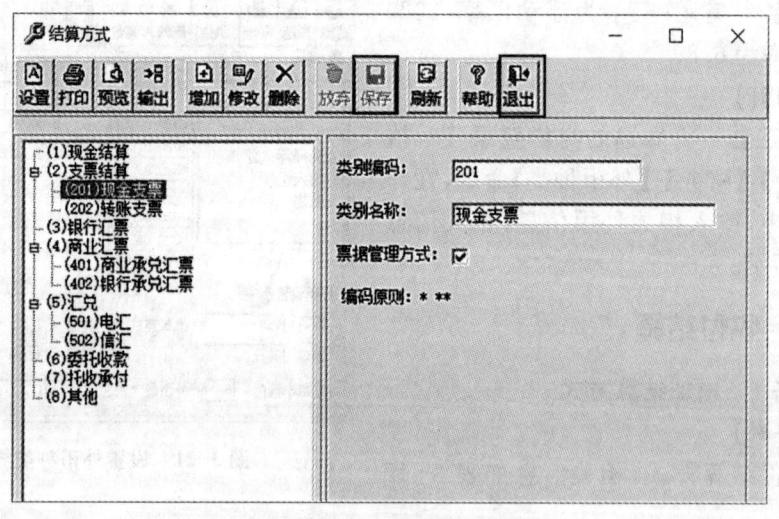

图 3-22   增加结算方式界面

▶ **任务 2　增加付款条件**

【案例资料】

增加付款条件,相关信息如表 3-13 所示。

表 3-13　付款条件

序号	付款条件编码	信用天数	优惠天数 1	优惠率 1	优惠天数 2	优惠率 2	优惠天数 3	优惠率 3
1	01	30	5	2				
2	02	60	5	4	15	2	30	1
3	03	90	5	4	20	2	45	1

【操作指引】

1 日,以账套主管郑通的身份登录 T3,执行【基础设置】|【收付结算】|【付款条件】命令,分别录入付款条件的信息,相关界面如图 3-23 所示。

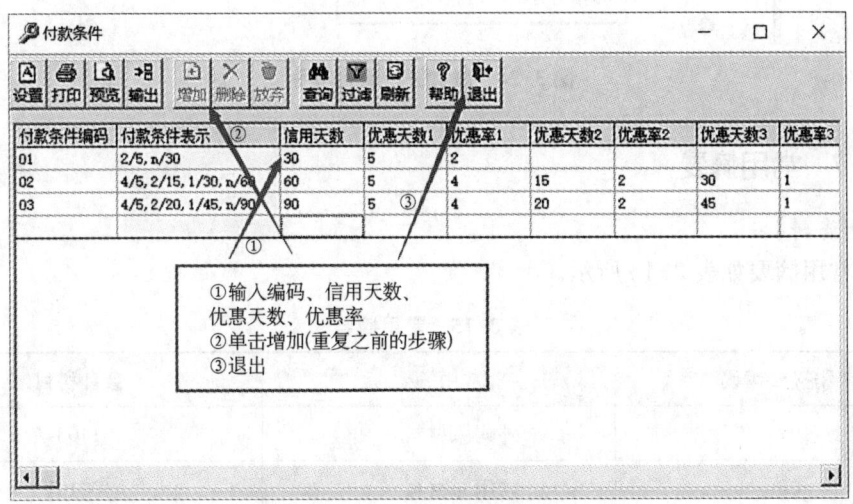

图 3-23　增加付款条件界面

【关键知识点】

● 若没有在增加完付款条件后单击增加或回车,最后一个增加的付款条件就不能保存。

● "2/5,n/30",是一种现金折扣的表示形式,意思为信用天数 30 天,5 天之内付款给予 2% 的折扣,超过 5 天则没有折扣。

▶ **任务 3　增加开户银行**

【案例资料】

增加开户银行,相关信息如表 3-14 所示。

表 3-14　开户银行档案

编码	开户银行	银行账号
01	中国工商银行北海分行中关村分理处	8316587962
02	中国银行北海分行中关村支行	3459789123

【操作指引】

1日,以账套主管郑通的身份登录T3,执行【基础设置】|【收付结算】|【开户银行】命令,在开户银行窗口中,分别录入开户银行的信息,相关界面如图3-24所示。

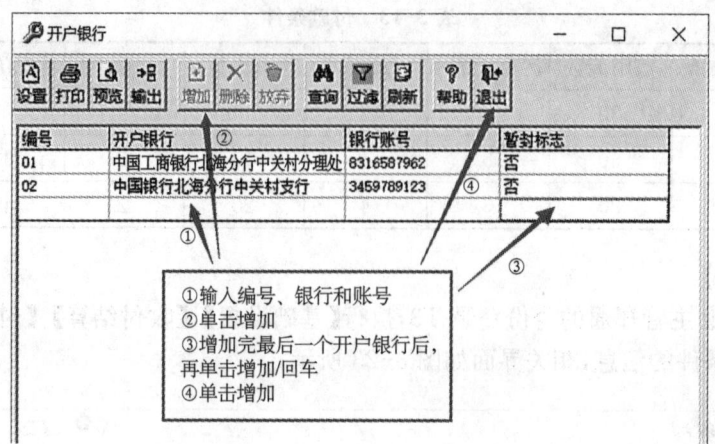

图 3-24　增加开户银行界面

3.2.7　常用摘要

【案例资料】

增加常用摘要如表3-15所示。

表 3-15　常用摘要

常用摘要编码	常用摘要	会计科目
01	外购原材料	1403
02	领用原材料	400101
03	产成品验收入库	1405

【操作指引】

1日,以账套主管郑通的身份登录T3,执行【基础设置】|【常用摘要】命令,填写所需的摘要,相关界面如图3-25所示。

图 3-25　常用摘要界面

【关键知识点】

● 常用摘要针对的是一些典型业务,此功能不是必备项目。

练一练

江西丰瑞机械厂的基础档案如下：

(1) 部门档案如表 3-16 所示。

表 3-16 部门档案

编码	部门	部门属性	负责人
1	厂办	行政管理	王 进
2	财务部	财务管理	李 飞
3	人事部	人事管理	王 凤
4	仓储部	存货保管	王亚南
5	采购部	材料采购	张慧洁
6	销售部	产品销售	王一飞
7	生产车间	生产产品	韩 枫

(2) 职员档案如表 3-17 所示。

表 3-17 职员档案

编码	姓名	部门	职员类别
101	王 进	行政部	管理人员
102	郭小毛	行政部	管理人员
201	李 飞	财务部	管理人员
202	李 嘉	财务部	管理人员
203	王孙成	财务部	管理人员
204	王 勇	财务部	管理人员
205	赵 敏	财务部	管理人员
301	王 凤	人事部	管理人员
401	王亚南	仓储部	管理人员
402	木 柱	仓储部	管理人员
501	张慧洁	采购部	管理人员
502	张 悦	采购部	管理人员
601	王一飞	销售部	管理人员
602	赵 雅	销售部	销售人员

（续表）

编码	姓名	部门	职员类别
603	郭鹏飞	销售部	销售人员
604	张 景	销售部	销售人员
701	陈 晨	生产车间	变速箱生产人员
702	李亚妮	生产车间	变速箱生产人员
703	王泽宁	生产车间	变速箱生产人员
704	王伟嘉	生产车间	变速箱生产人员
705	赵一卓	生产车间	变速箱生产人员
706	李 晨	生产车间	变速箱生产人员
707	王 楠	生产车间	变速箱生产人员
708	鹿小阳	生产车间	变速箱生产人员
709	山 腾	生产车间	变速箱生产人员
710	陈晓晓	生产车间	变速箱生产人员
711	周圆圆	生产车间	变速箱生产人员
712	李 龙	生产车间	变速箱生产人员
713	赵晓亮	生产车间	变速箱生产人员
714	张 龙	生产车间	变速箱生产人员
715	穆 萧	生产车间	传动齿轮生产人员
716	李 颖	生产车间	传动齿轮生产人员
717	郭旭东	生产车间	传动齿轮生产人员
718	赵 亮	生产车间	传动齿轮生产人员
719	郭亚红	生产车间	传动齿轮生产人员
720	霍 李	生产车间	传动齿轮生产人员
721	王 罗	生产车间	传动齿轮生产人员
722	陈 凡	生产车间	传动齿轮生产人员
723	强 赝	生产车间	传动齿轮生产人员
724	朱鸿儒	生产车间	传动齿轮生产人员
725	张梓轩	生产车间	传动齿轮生产人员
726	韩 非	生产车间	传动齿轮生产人员
727	范小浩	生产车间	传动齿轮生产人员

（续表）

编码	姓名	部门	职员类别
728	王小建	生产车间	传动齿轮生产人员
729	韩 枫	生产车间	管理人员
730	李 享	生产车间	管理人员
731	薛子仪	生产车间	管理人员
732	陈 轩	生产车间	管理人员

（3）客户档案如表 3-18 所示。

表 3-18　客户档案

编码	名称	简称	税号	开户行
01	恒兴有限责任公司	恒兴公司	1513246758	工行北京分行 123456789
02	明瑞有限责任公司	明瑞公司	3494298391	工行上海分行 234567891

（4）供应商档案如表 3-19 所示。

表 3-19　供应商档案

编码	名称	简称	税号	开户行
01	金鸿有限责任公司	金鸿公司	1101085348	工行广州分行 987654321
02	顶昌有限责任公司	顶昌公司	1108435437	工行杭州分行 876543219
03	西安电力公司	西安电力	2154214131	工行西安分 654321789

（5）结算方式如表 3-20 所示。

表 3-20　结算方式

编码	名称	编码	名称
1	现金	5	商业汇票
2	支票	6	汇兑
201	现金支票	7	委托收款
202	转账支票	8	托收承付
3	银行汇票	9	其他
4	银行本票		

（6）开户银行：中国工商银行西安三桥支行；账号 1102029988922013365。

（7）凭证类别：记账凭证。

（8）会计科目表如表 3-21 所示。

表 3-21　会计科目表

科目编码	科目名称	辅助核算
1001	库存现金	日记账
1002	银行存款	日记账、银行账
100201	工行存款	日记账、银行账
101201	信用卡存款	
1121	应收票据	客户往来(不受控)
1122	应收账款	客户往来(受控)
1123	预付账款	供应商往来(受控)
122101	应收个人款	个人往来
122102	养老保险(个人)	
122103	医疗保险(个人)	
122104	失业保险(个人)	
1403	原材料	数量核算,存货项目核算
1405	库存商品	数量核算,存货项目核算
1601	固定资产	
1602	累计折旧	
220201	购货款	供应商往来(受控)
220202	其他	供应商往来(不受控)
220203	估价款	
2203	预收账款	客户往来(受控)
221101	工资	
221102	社保(企业)	
221103	工会经费	
221104	职工教育经费	
221105	非货币性福利	
222101	应交增值税	
222102	未交增值税	
222104	应交消费税	
222105	应交资源税	
222106	应交所得税	
222107	应交土地增值税	
222108	应交城市维护建设税	

（续表）

科目编码	科目名称	辅助核算
222109	应交房产税	
222110	应交土地使用税	
222111	应交个人所得税	
222112	应交教育费附加	
222113	应交地方教育附加	
2231	应付利息	
2501	长期借款	
3001	实收资本	
300101	海通有限责任公司	
300102	天宇股份有限责任公司	
3002	资本公积	
300201	资本溢价	
3101	盈余公积	
310101	法定盈余公积	
310102	任意盈余公积	
3103	本年利润	
3104	利润分配	
310401	其他转入	
310402	提取法定盈余公积	
310403	应付普通股股利	
310404	转作资本的普通股利	
310405	未分配利润	
4001	生产成本	成本对象项目核算
410101	物料耗费	
410102	工资	
410103	折旧	
410104	其他	
5001		存货项目核算
5401		存货项目核算
560108	其他	
560208	其他	

（9）项目核算设置如表 3-22 所示。

表 3-22　项目类别

项目大类	预制产品成本	预制存货核算	预制现金流项目
项目分类	1——变速箱锥齿轮	略	略
	2——传动齿轮		
项目目录	11——直接材料		
	12——直接人工		
	13——制造费用		
	21——直接材料		
	22——直接人工		
	23——制造费用		

要求：根据以上信息完善江西丰瑞机械厂账套的基础设置。

想一想

1. 指定会计科目的作用有哪些？
2. 为什么在设置部门档案时不能设置负责人？
3. 在什么情况下不能删除会计科目？

第4单元 总账管理

知识目标

1. 能解释典型业务核算处理
2. 能阐述总账业务处理流程
3. 能描述总账系统的主要内容和功能
4. 能讲解总账初始设置的内容
5. 能讲解总账日常处理的内容
6. 能讲解总账期末处理的内容

技能目标

1. 能熟练设置总账系统参数
2. 能熟练录入总账余额并试算平衡
3. 能熟练录入记账凭证
4. 能熟练修改删除查询凭证
5. 能熟练出纳签字、审核、记账和结账
6. 能熟练月末自定义结转、损益结转、汇兑损益结转，并生成对应的凭证
7. 能进行各种账簿的查询，包括总账、明细账、余额表、多栏账、辅助账、往来账及项目账的查询

知识导图

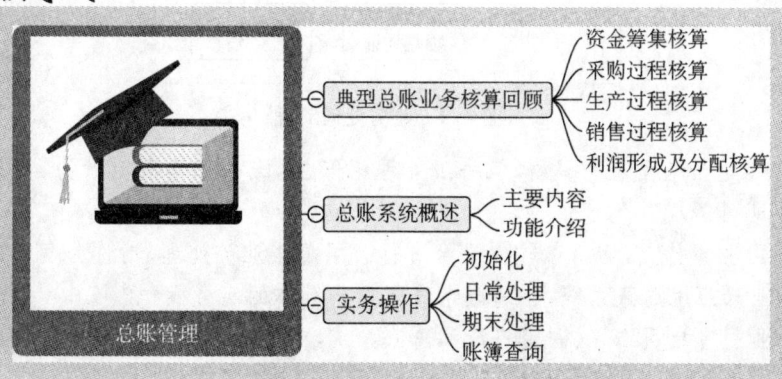

情景导入

　　北海信达科技有限公司经在财务经理郑通的指导下,财务人员贺敏完成了账套建立和基础设置工作,准备工作就绪。下面开始进行日常业务处理,包括资金筹集业务、采购业务、生产业务、销售业务、利润形成及分配和月末处理业务。T3平台软件供应商技术员在培训中介绍道,只有熟练业务及财务核算处理,才能正确地应用软件,明白软件的逻辑关系。总账系统是整个平台软件的核心,主要功能是完成会计和财务信息的记录和集取,完成财务监控和控制,进行财务信息的分析和报告。其他模块的业务数据生成凭证后,全部归集到总账进行处理,因此得名。总账系统也可以进行日常的收付款、报销、转账等业务的凭证制单工作;从建账、日常业务、账簿查询到月末结账等全部的财务处理工作均在总账系统实现。使财务核算自动化、专业化,财务数据精细化,具体包括:

　　(1)填制凭证:记账凭证是本系统日常业务处理的起点,也是所有查询数据的最主要数据来源。日常业务处理从填制凭证开始。

　　(2)审核凭证:有审核权限的人按照财会制度,对制单员填制的记账凭证进行检查核对。

　　(3)凭证记账:凭证经审核签字后,即可用来登记总账、明细账、日记账等各种往来账簿。

　　(4)生成各种月末结转凭证。

　　(5)对生成的结转凭证进行审核记账。

　　(6)本月月度工作全部完成后进行结账操作。

　　(7)进行本月账簿、凭证的打印操作。

　　贺敏脑子里高速运转,回想在学校会计专业学习阶段掌握的财务处理流程,即"票-证-账-表-税"的流程(见图4-1)。

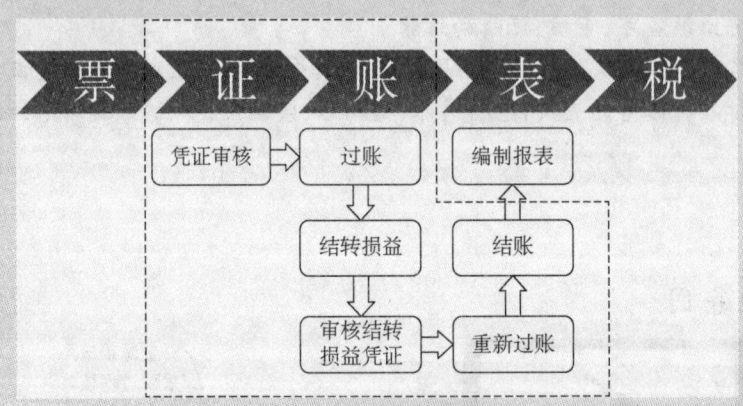

图4-1　账务处理流程

　　看来软件处理流程基本一致,但手工处理记账、结账等工作费时费力,而软件操作不过一个按钮即可解决。

　　鉴于公司业务特点,运用该软件平台进行公司总账业务处理,请你为贺敏出谋划策:

　　(1)企业只启用总账系统,在总账系统有哪些具体的实务操作?

　　(2)企业同时启用工资、固定资产和总账系统,哪些业务可以直接在总账系统处理?

4.1　典型总账业务核算回顾

制造企业的经济业务是最为复杂和全面的,接下来,我们对制造企业的典型业务的账务处理进行回顾。任何一个企业必须拥有一定数量的经营资金作为从事经营活动的物质基础。所以从企业资金筹集业务开始,采购材料物资,将材料物资投入生产,产品完工入库进行销售、最后财务成果形成与分配。

4.1.1　资金筹集核算

1. 账户设置

企业筹集的资金主要有投资者投入和债权人借入。投资者有国家、法人单位、个人和外商,收到投入的资金可以是货币资金、固定资产、无形资产等。从银行取得借款有短期借款和长期借款之分。资金筹集的核算主要涉及的账户有"实收资本""银行存款""固定资产""无形资产""短期借款""长期借款""财务费用"和"应付利息"等。

2. 账务处理

(1) 投入资本的核算。

借:银行存款/固定资产/无形资产
　　贷:实收资本
　　　　资本公积

(2) 借入资本的核算。

借:银行存款
　　贷:短期借款/长期借款

【案例资料】

5 日,收到兴华集团投资资金 10 000 美元,汇率 1 : 6.8。(转账支票号 ZZW001)

【案例解析】

这笔投资者投入资本,一方面使企业的资产——银行存款增加,另一方面使企业的所有者权益——实收资本增加,银行存款增加记"银行存款"账户的借方,实收资本增加记"实收资本"账户的贷方。会计分录如下:

借:银行存款　　　　　　　　　　　　　　　　　　　　　　　　　　68 000
　　贷:实收资本　　　　　　　　　　　　　　　　　　　　　　　　　　68 000

4.1.2　采购过程核算

1. 账户设置

材料采购是企业在供应过程中发生的主要交易或事项,企业以货币资金购买各种原材料作为生产储备,以保证生产需要。从购买材料到验收入库,这一过程需要确认记录的主要内容有:确认计算材料采购的成本,与供货单位办理价款结算,材料验收入库等。采购过程核算主要涉及的账户有"在途物资""原材料""应交税费""应付账款"等。

2. 账务处理

（1）现款交易。

借：在途物资/原材料

应交税费——应交增值税（进项税额）

　　贷：银行存款

（2）欠款交易。

借：在途物资/原材料

应交税费——应交增值税（进项税额）

　　贷：应付账款

（3）预付货款。

借：在途物资/原材料

应交税费——应交增值税（进项税额）

　　贷：预付账款

【案例资料】

（1）8日，采购部魏大鹏采购复印纸200包，每包15元，适用的增值税税率为13％，材料直接入库，货款以银行存款支付。（转账支票号 ZZR001）

（2）14日，采购部魏大鹏从联想购入杀毒软件光盘100套，每套72元，适用的增值税税率为13％，货税款暂欠，商品已验收入库。

【案例解析】

（1）属于现款交易。购入材料并入库，记"原材料"账户的借方；支付增值税进项税额，记"应交税费——应交增值税（进项税额）"账户的借方；以银行存款支付，记"银行存款"账户的贷方。会计分录如下：

借：原材料——复印纸　　　　　　　　　　　　　　　　　　　　3 000

应交税费——应交增值税（进项税额）　　　　　　　　　　390

　　贷：银行存款　　　　　　　　　　　　　　　　　　　　　　3 390

（2）属于欠款交易。购入商品并入库，记"库存商品"账户的借方；支付增值税进项税额，记"应交税费——应交增值税"账户借方；款项尚未支付，记"应付账款"账户的贷方。会计分录如下：

借：库存商品——杀毒软件光盘　　　　　　　　　　　　　　　　7 200

应交税费——应交增值税（进项税额）　　　　　　　　　　936

　　贷：应付账款　　　　　　　　　　　　　　　　　　　　　　8 136

4.1.3　生产过程核算

1. 账户设置

产品生产过程是生产耗费的过程，是连接采购过程和销售过程的中心环节。产品生产过程的主要内容是对生产耗费进行估计和分配以及制造成本的计算与结转。生产过程核算主要涉及的账户有"生产成本""制造费用""管理费用""库存商品"等。

2. 账务处理

(1) 生产领用材料。

借：生产成本
　　贷：原材料

(2) 生产投入人力。

借：生产成本
　　贷：应付职工薪酬

(3) 车间共同耗费。

借：制造费用
　　贷：银行存款/应付职工薪酬/累计折旧

(4) 月末结转制造费用。

借：生产成本
　　贷：制造费用

(5) 产品完工入库。

借：库存商品
　　贷：生产成本

【案例资料】

(1) 20 日,生产部领用光盘 500 张,每张 2 元,用于生产 ERP 模拟体验光盘。领用复印纸 100 包,每包 15 元,其中车间领用 20 包,行政部领用 50 包,销售部领用 30 包。

(2) 31 日,计提本月折旧 3 000 元,其中车间计提 800 元,行政部计提 1 200 元,专设销售机构计提 1 000 元。

(3) 31 日,本月应付水电费 15 000 元,其中车间应负担 10 000 元,行政部应负担 3 000 元,专设销售机构应负担 2 000 元。

【案例解析】

(1) 耗用原材料。其中,为生产产品耗用直接材料,记"生产成本"账户的借方;车间一般耗用,记"制造费用"账户的借方;行政部领用,记"管理费用"账户的借方;销售部领用,记"销售费用"账户的借方;仓库发出材料,原材料减少,记"原材料"账户的贷方。会计分录如下：

借：生产成本　　　　　　　　　　　　　　　　　　　　　　　　　　1 000
　　制造费用　　　　　　　　　　　　　　　　　　　　　　　　　　　300
　　管理费用　　　　　　　　　　　　　　　　　　　　　　　　　　　750
　　销售费用　　　　　　　　　　　　　　　　　　　　　　　　　　　450
　　贷：原材料——ERP 模拟体验光盘　　　　　　　　　　　　　　　1 000
　　　　　　——复印纸　　　　　　　　　　　　　　　　　　　　　1 500

(2) 提取固定资产折旧。其中,车间固定资产提取折旧记"制造费用"账户的借方,行政

部提取折旧记"管理费用"账户的借方,销售部门提取折旧记"销售费用"账户的借方。会计分录如下:

借:制造费用   800
  管理费用   1 200
  销售费用   1 000
  贷:累计折旧   3 000

（3）计算应付水电费。其中,车间负担水电费,记"制造费用"账户的借方,行政部负担水电费,记"管理费用"账户的借方,销售部门负担水电费,记"销售费用"账户的借方。会计分录如下:

借:制造费用   10 000
  管理费用   3 000
  销售费用   2 000
  贷:应付账款   15 000

4.1.4 销售过程核算

1. 账户设置

销售过程是企业资金周转的第三个阶段。在这个阶段中,企业要将生产过程所完成的产品销售出去,收回货币,以补偿生产产品的资金耗费,保证正常再生产的资金需要。销售过程核算主要涉及的账户有"主营业务收入""主营业务成本""税金及附加""销售费用""其他业务收入""其他业务成本"等。

2. 账务处理

（1）实现销售收入。

借:银行存款/应收票据/应收账款/预收账款
  贷:主营业务收入/其他业务收入
    应交税费——应交增值税（销项税额）

（2）结转销售成本。

借:主营业务成本/其他业务成本
  贷:库存商品/原材料

（3）收到货款。

借:银行存款
  贷:应收账款

（4）支付销售费用。

借:销售费用
  贷:银行存款

【案例资料】

（1）2 日,销售一部田晓宾报销业务招待费 1 200 元,以现金支付。

（2）12 日,销售一部田晓宾收到方圆管理软件学院转来一张转账支票,金额 99 600 元,用以偿还前欠货款。（转账支票号 ZZR002）

（3）21 日，销售工商管理案例集商品 20 套，单价 80 元，货款 1 600 元，增值税税额 208 元，收到工行转账支票一张。（支票号 ZZR004，流入：01）

（4）31 日，销售杀毒软件 100 套，货款 40 000 元，增值税税额 5 200 元，收到工行转账支票一张。（支票号 ZZR005）

（5）31 日，销售 ERP 模拟体验光盘 1 000 套，单价 200 元，货款 200 000 元，增值税税额 26 000 元，收到转账支票一张。（支票号 ZZR006）

【案例解析】

（1）销售部门报销业务招待费，记"销售费用"账户的借方；以现金支付，记"库存现金"账户的贷方。会计分录如下：

借：销售费用　　　　　　　　　　　　　　　　　　1 200
　　贷：库存现金　　　　　　　　　　　　　　　　　　　1 200

（2）收到转账支票，记"银行存款"账户的增加；收回前欠货款，记"应收账款"账户的贷方。会计分录如下：

借：银行存款　　　　　　　　　　　　　　　　　　99 600
　　贷：应收账款　　　　　　　　　　　　　　　　　　　99 600

（3）收到转账支票，记"银行存款"账户的借方；销售产品取得收入，记"主营业务收入"账户的贷方；销售产品收取增值税，记"应交税费——应交增值税（销项税额）"账户的贷方。

借：银行存款　　　　　　　　　　　　　　　　　　1 808
　　贷：主营业务收入　　　　　　　　　　　　　　　　　1 600
　　　　应交税费——应交增值税（销项税额）　　　　　　208

（4）收到转账支票，记"银行存款"账户的借方；销售产品取得收入，记"主营业务收入"账户的贷方；销售产品收取增值税，记"应交税费——应交增值税（销项税额）"账户的贷方。会计分录如下：

借：银行存款　　　　　　　　　　　　　　　　　　45 200
　　贷：主营业务收入　　　　　　　　　　　　　　　　　40 000
　　　　应交税费——应交增值税（销项税额）　　　　　　5 200

（5）收到转账支票，记"银行存款"账户的借方；销售产品取得收入，记"主营业务收入"账户的贷方；销售产品收取增值税，记"应交税费——应交增值税（销项税额）"账户的贷方。会计分录如下：

借：银行存款　　　　　　　　　　　　　　　　　　226 000
　　贷：主营业务收入　　　　　　　　　　　　　　　　　200 000
　　　　应交税费——应交增值税（销项税额）　　　　　　26 000

4.1.5　利润形成及分配核算

1. 账户设置

利润是指企业在一定会计期间的经营成果，包括营业利润、利润总额和净利润。

$$\frac{营业}{利润} = \frac{营业}{收入} - \frac{营业}{成本} - \frac{税金及}{附加} - \frac{销售}{费用} - \frac{管理}{费用} - \frac{财务}{费用} + 投资收益$$

$$利润总额 = \frac{营业}{利润} + \frac{营业外}{收入} - \frac{营业外}{支出}$$

$$净利润 = 利润总额 - 所得税费用$$

利润形成及分配核算主要涉及的账户有"本年利润""所得税费用""投资收益""营业外收入""营业外支出""利润分配""盈余公积""应付利润"等。

2. 账务处理

（1）结转本期未交增值税。

借：应交税费——应交增值税——转出未交增值税。
　　贷：应交税费——未交增值税

（2）计提税金及附加（两费一税）。

借：税金及附加
　　贷：应交税费——应交城市维护建设税　　（增值税、消费税×7%）
　　　　　　　　——应交教育费附加　　　　（增值税、消费税×3%）
　　　　　　　　——应交地方教育附加　　　（增值税、消费税×2%）

（3）损益结转。

① 收入结转。

借：主营业务收入
　　其他业务收入
　　投资收益
　　营业外收入
　　贷：本年利润

② 费用结转。

借：本年利润
　　贷：主营业务成本
　　　　其他业务成本
　　　　税金及附加
　　　　管理费用/财务费用/销售费用
　　　　营业外支出

（4）计提所得税费用。

借：所得税费用
　　贷：应交税费——应交所得税

（5）所得税费用转入"本年利润"账户。

借：本年利润
　　贷：所得税费用

（6）结转净利润。

借：本年利润
　　贷：利润分配——未分配利润

（7）提取盈余公积。

借：利润分配——提取法定盈余公积/任意盈余公积
　　　贷：盈余公积

（8）计算支付投资者的利润。

借：利润分配
　　　贷：应付利润

【案例资料】

完成信达科技月末账务处理。

【案例解析】略。

4.2　总账系统概述

总账系统是用友财务管理软件的核心子系统，业务数据在其他子系统生成凭证后，传递到总账系统集中进行处理。总账系统自身也可以进行日常的收款、付款、报销等业务的凭证制单工作，完成从建账、日常业务处理、账簿查询到月末结账等全部的财务处理工作。总账子系统与其他子系统的关系如图 4-2 所示。

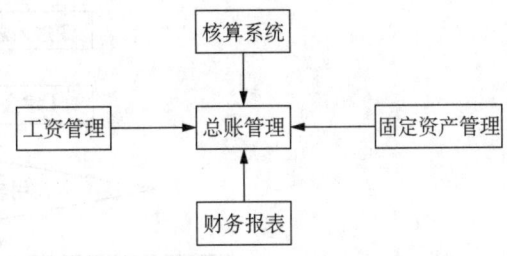

图 4-2　总账子系统与其他子系统的关系

4.2.1　主要内容

总账系统的主要功能有总账系统初始化、凭证管理、现金管理、往来管理、项目管理、账簿管理和月末处理等内容。

1. 总账系统初始化

总账系统初始化是由用户根据自身的行业特点和管理要求，将通用的总账系统设置为适合本企业自身特点的专用总账系统的过程，主要包括选项设置和期初数据输入两项内容。

2. 凭证管理

凭证是记录企业各项经济业务发生的载体，凭证管理是总账管理子系统的核心功能，主要包括填制凭证、出纳签字、审核凭证、记账和查询打印凭证等。

3. 现金管理

现金管理为出纳人员提供了一个集成办公环境，可以完成现金日记账、银行存款日记账的查询和打印，随时产生最新资金日报表，以便进行银行对账并生成银行存款余额调节表。

4. 往来管理

往来管理主要是管理企业和客户、供应商之间的业务往来，包括设置客户、供应商档案和进行客户、供应商往来业务查询等。

5. 项目管理

项目管理是总账管理子系统提供的特别功能,可以方便企业按照特定项目对象进行收入、费用的归集。

6. 账簿管理

总账管理子系统提供了强大的账证查询功能,可以查询打印总账、明细账、日记账、发生额余额表、多栏账、序时账等。不仅可以查询已记账凭证数据,还可以查询包含未记账凭证的账簿数据,并可以轻松实现总账、明细账、日记账的联查。

7. 月末处理

月末处理主要包括自动转账凭证的定义和自动转账凭证的生成,对账和结账等内容。

第一次使用总账系统操作流程如图 4-3 所示。

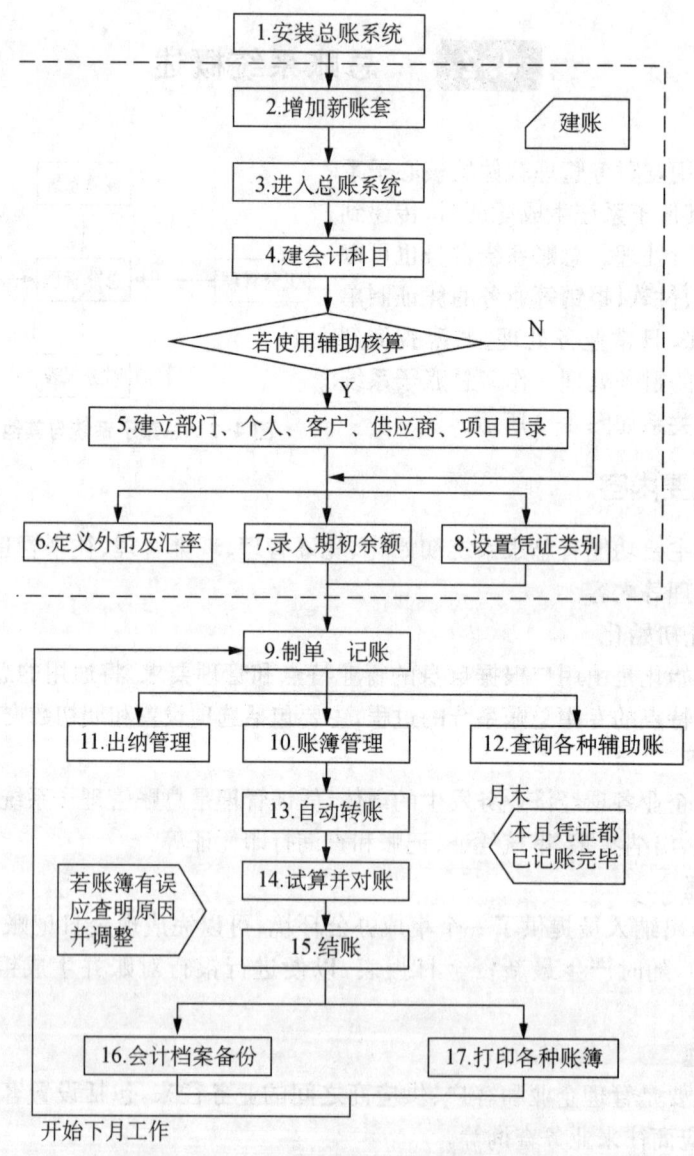

图 4-3 第一次使用总账系统操作流程图

第二年使用系统操作流程如图 4-4 所示。

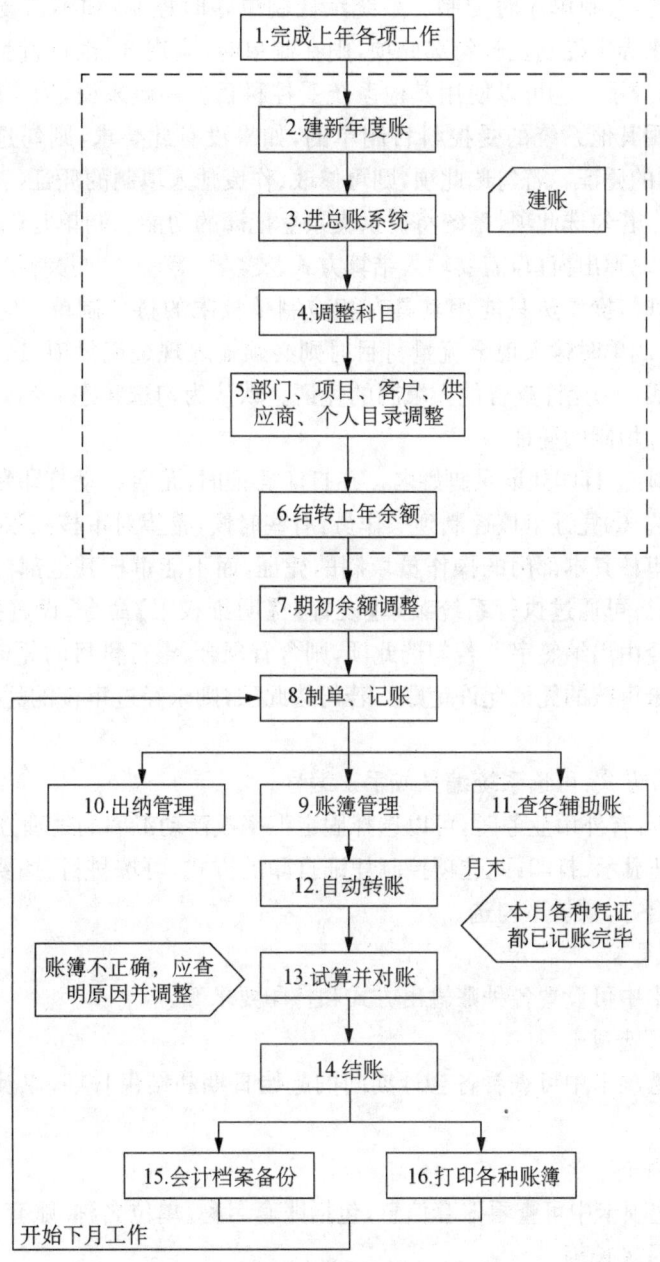

图 4-4　第二年使用系统操作流程图

4.2.2　功能介绍

1. 总账系统选项设置

在使用总账系统前,应先启用总账系统的账套。在启用时,要根据企业的业务特点,对总账系统的选项进行设置,以便总账系统的业务参数适应企业的应用模式和应用流程。T3总账系统参数存放于以下四个选项卡。

1)"凭证"选项卡

(1)制单控制:①制单序时控制。系统默认制单序时控制,如不需要则取消勾选复选框。②资金及往来赤字控制。若勾选此项,则在制单时,当现金、银行科目的最新余额为负数时,系统将予以提示。③可以使用其他系统受控科目。一般来说,为了防止重复制单,总账系统是不能使用其他系统的受控科目制单的,如果没有此要求,则勾选此项。④允许修改、作废他人填制的凭证。若勾选此项,则可修改、作废他人填制的凭证,否则不能修改或作废。⑤支票控制。若勾选此项,系统将提供支票登记簿的功能。制单时,采用支票结算方式的业务,系统会自动弹出窗口,需要输入结算方式、支票号等信息。⑥制单权限控制到科目。若勾选此项,制单时,操作员只能用其具有相应制单权限的科目制单。⑦现金流量项目必录。若勾选此项,制单时输入现金流量科目时则必须输入现金流量项目。便于报表系统取数生成现金流量表。⑧允许查看他人填制的凭证。默认为勾选状态。不勾选时非账套主管只可以查看到本人填制的凭证。

(2)凭证控制:①打印凭证页脚姓名。在打印凭证时,是否自动打印制单人、出纳、审核人、记账人的姓名。②凭证审核控制到操作员:有些时候,希望对审核权限作进一步细化,如只允许某操作员审核其本部门的操作员填制的凭证,而不能审核其他部门操作员填制的凭证,则应勾选此项。可通过执行系统菜单【设置】|【明细权限】命令,设置操作员审核权限。③出纳凭证必须经由出纳签字。若勾选此项,则含有现金、银行科目的凭证必须由出纳签字后才能记账。④未审核的凭证允许记账。若勾选此项,则未经过审核的凭证可以进行记账,一般不选。

(3)凭证编号方式:可选系统编号或手工编号。

(4)外币核算:有外币业务时,可以选择固定汇率或浮动汇率的处理方式。

(5)合并凭证显示、打印:此选项控制凭证打印的方式,可按科目、摘要相同方式合并或按科目相同方式合并,默认不勾选。

2)"账簿"选项卡

在账簿选项卡中可设置各种账输出方式和打印要求等。

3)"会计日历"选项卡

在会计日历选项卡中可查看各会计期间的起始日期和结束日期,以及启用会计年度和启用日期。

4)"其他"选项卡

(1)在其他选项卡中可查看账套信息,包括账套名称、单位名称、账套存放的路径、行业性质和定义的科目级长等。

(2)可以修改数量小数位、单价小数位和本位币精度。

(3)部门排序方式。在查询部门账或参照部门目录时,是按部门编码排序还是按部门名称排序,可在此设置。

(4)个人排序方式。在查询个人账或参照个人目录时,是按个人编码排序还是按个人名称排序,可在此设置。

(5)项目排序方式。在查询项目账或参照项目目录时,是按项目编码排序还是按项目名称排序,可在此设置。

2. 总账系统期初余额输入

总账系统选项参数设置完成后,还需要输入期初余额数据,才能将手工会计处理与电算化会计处理相衔接,顺利过渡至电算化会计处理阶段。

1) 期初数据准备

为了保证会计核算的连续性,应将原有系统中截止到总账启用日的各账户年初余额、累计发生额和期末余额输入系统中。如果是年初建账,则只需要准备各账户上年年末的余额即可。如果是年中建账,则不但要准备各账户启用会计期间上一期的期末余额作为启用会计期间的期初余额,而且还要整理自本年度开始截止到启用会计期间的各账户累计发生数据。

如果科目设置了辅助核算,还需要准备辅助项目的期初余额,比如应收账款设置了客户往来辅助核算,除了需要应收账款总账科目的期初数据,还需要按客户名称整理应收账款详细余额数据。

2) 期初数据输入

输入期初余额时应注意以下几点:

- 末级科目余额可以直接输入。
- 非末级科目的余额由系统根据末级科目数据逐级向上汇总得到。
- 科目有数量和外币核算时,在输入完本位币金额后,还要输入数量和外币金额。

3) 试算平衡

期初余额输入完毕后应进行试算平衡,如果期初余额不平衡,虽然不影响本月凭证的填制和审核,但凭证不能记账,因此,最终还需要查对,使期初余额试算平衡,再进行后续业务处理。凭证一经记账,期初数据便不能再修改。

3. 凭证管理

记账凭证是登记账簿的依据,是总账管理子系统唯一的数据来源,因此,凭证管理是总账子系统最为核心的内容。凭证管理主要包括填制凭证、出纳签字、审核凭证、查询凭证、记账等功能。

记账凭证按其编制来源可分为手工凭证和机制凭证。手工编制记账凭证可直接根据审核无误的原始凭证填制记账凭证(即前台处理),也可以先由人工制单然后集中输入(即后台处理),一般来说,业务量不多、基础较好或使用网络版的用户可采用前台处理方式,而第一年使用或人机并行阶段,则比较适合采用后台处理方式。企业应根据本单位实际情况进行选择。机制凭证是利用总账系统自动转账功能生成的凭证和在其他子系统中生成传递到总账子系统的凭证。

1) 填制凭证

(1)凭证类别。填制凭证时可以直接选择凭证类别,如果在设置凭证类别时设置了凭证的限制类型,则必须符合限制类型的要求,否则系统会给出错误提示。

(2)凭证编号。如果凭证编号方式为"系统编号",则凭证按凭证类别、按月自动顺序编号;如果凭证编号方式为"手工编号",则需要手工输入凭证号,但应注意凭证号的连续性和唯一性。

(3)凭证日期。填制凭证时,日期一般自动取登录系统的业务日期为凭证填制日期,如果选项设置中勾选了"制单序时控制"复选框,则凭证日期应等于或晚于前一张凭证的日期,但不能晚于计算机系统日期。

（4）附单据数。附单据数，即记账凭证所附原始凭证的张数，应附于记账凭证之后。

（5）摘要。摘要将随相应的会计科目出现在明细账和日记账的摘要栏，可以直接输入。如果是常用摘要，则可以直接调用。

（6）会计科目。科目必须输入末级科目。科目可以输入科目编码、中文科目名称、英文科目名称或助记码。如果输入的是银行科目，一般系统会要求输入有关结算方式信息，以便日后进行银行对账；如果输入的科目有外币核算，系统会自动带出已设置的外币汇率，若不符可以在此修改。输入外币金额后系统会自动计算本位币金额；如果科目有数量核算，应输入数量和单价，系统会自动计算金额；如果输入的科目有辅助核算，应输入相应的辅助信息，以便系统生成辅助核算信息。

（7）金额。金额可以是正数或负数（红字），但不能为零。金额方向错误，可以用空格键调整借贷方向，凭证金额应满足"有借必有贷，借贷必相等"的规则，若借贷不平衡，则无法保存。

此外，对于经常发生的业务也可以生成常用凭证，需要填制时，直接调用，从而极大地提高工作效率。

2）修改凭证

电算化条件下，凭证的修改分为无痕修改和有痕修改。

（1）无痕修改。无痕修改，是指系统内不保存任何修改线索和痕迹。对于没有审核和签字的凭证可以直接修改；对于已经审核或签字的凭证应当先取消审核或签字再行修改。显然，这两种情形都没有保留任何审计线索。

（2）有痕修改。有痕修改，是指系统通过保存错误凭证和更正凭证的方式来保留修改痕迹，因而可以留下审计线索。对于已记账的错误凭证，一般应采用有痕修改，具体方式是采用红字更正法或补充登记法。当错误金额大于应记金额时，点击【制单】下的【冲销凭证】功能，生成一张红字冲销凭证，再填制一张正确的凭证，两张凭证均审核/签字、记账即对错误的凭证和账簿记录进行了更正。当错误金额小于应记金额，则对少记金额填制一张凭证，两张凭证均审核/签字、记账即更正了错误的凭证和账簿记录。

如果选项设置中勾选了"不允许修改、作废他人填制的凭证"复选框，则不能修改他人填制的凭证。凭证类别和编号一般不能修改。

外部子系统传过来的凭证不能在总账子系统中进行修改，只能在生成该凭证的系统中进行修改。

3）删除凭证

对于已审核/签字且已记账的凭证，则无法删除，只能由账套主管恢复记账前状态，再进行有痕迹或无痕迹修改。对于未审核/签字的记账凭证，可以点击【制单】下的【作废/恢复】功能，打上"作废"标记，将其作废。作废凭证不能修改，不能审核。在记账时，不对作废凭证作数据处理，相当于一张空凭证。在账簿查询时，也查不到作废凭证的数据。已作废的凭证，通过【作废/恢复】功能，可以恢复为正常凭证。如果要彻底删除已作废的凭证，可点击【制单】下【整理凭证】功能，系统将删除作废凭证并自动整理凭证号。

4）审核凭证

（1）出纳签字。涉及现金和银行存款收支的业务是企业的重要会计事项，应加强管理,出纳人员对制单人填制的涉及现金、银行科目的凭证应认真检查核对其科目金额是否正确,审查认为错误或有异议的凭证,应交与制单人修改后再核对,直至正确签字。需要说明的是,只有在选项设置中,勾选了"出纳凭证必须由出纳签字"复选框,才需要且必须出纳签字。

(2) 审核凭证。审核人按照会计制度规定,对制单人填制的记账凭证进行检查、核对,主要审核记账凭证与原始凭证是否相符,会计分录是否正确等,认为有错误或有异议的凭证,应交由制单人修改后,再审核。审核人必须具有审核权限,如果希望审核权限进一步细化,例如,只允许某操作员审核本部门制单人填制的凭证,而不能审核其他部门制单人填制的凭证,则可通过执行总账【设置】|【明细权限】命令,设置凭证审核权限来完成。

若审核人员发现该凭证有错误,可单击【标错】按钮,对凭证标错,以便制单人对其修改。凭证一经审核,就不能被修改、删除,只有取消审核后才可以修改或删除。

5) 查询凭证

本功能用于查询已记账凭证和未记账凭证。

点击系统主菜单【凭证】下的【查询凭证】功能,在弹出的查询条件窗中选择查询条件,可选择"已记账凭证"或"未记账凭证",也可以同时选择,按科目、摘要、金额等条件进行查询,还可以点击【辅助条件】输入辅助条件进行查询;点击【自定义项】输入自定义项查询条件查询。勾选"现金流量科目"复选框,可查询显示现金流量科目凭证。

6) 记账

记账凭证经审核签字后,便可以记账了,点击【凭证】下的【记账】功能,系统自动进行登记总账、明细账、日记账、部门账、往来账、项目账以及备查账等账簿的操作。记账过程采用向导方式,清晰明了。

记账过程一旦断电或其他原因造成中断后,系统将自动调用"恢复记账前状态"恢复数据,然后可以重新记账。如果记账后发现凭证有错误需要修改,只能由账套主管在【期末】菜单下【对账】窗口中,同时按下" Ctrl＋H"复合键,激活【恢复记账前状态】功能,将系统恢复到月初状态或最近一次记账前状态,修改凭证后,再进行记账。

期初余额试算不平衡,系统将不允许记账。若上月未结账,则本月也不能记账。

7) 账簿查询

用友 T3 财务管理系统具有强大的账簿查询功能,在手工核算条件下,必须根据已审核无误的记账凭证记账之后,才能查询各类账簿数据,电算化系统中,账簿查询条件中可以选择包含未记账凭证,这样,只要凭证保存到系统中,通过输入查询条件,系统就能很快筛选出符合条件的数据并以不同账页形式显示出来,同时可以方便实现账表联查,如查询总账可以联查明细账,查询明细账可以联查总账和记账凭证等。

账簿查询时,可以将常用的查询条件保存在"我的账簿"中方便后续查询。

(1) 基本会计账簿查询。①总账。总账查询不但可以查询各总账科目的年初余额、各月发生额合计和月末余额,还可查询所有明细科目的年初余额、各月发生额合计和月末余额。②发生额及余额表。余额表用于查询统计各级科目的本期发生额、累计发生额和余额等信息。它提供了很强的统计功能,不仅可以查询一个月或几个月的所有总账科目或明细科目的期初余额、本期发生额、累计发生额、期末余额,还可以查询外币金额、数量发生额和余额,以及包含未记账凭证的最新发生额及余额。完全可以替代总账,满足各种查询统计需求。③明细账。明细账用于查询各账户的明细发生情况,可以包含未记账凭证查询。它提供了两种查询格式:按科目范围查询,可输入起止科目范围,为空时,系统默认为所有科目;月份综合明细账查询,是按非末级科目查询,包含非末级科目总账数据及末级科目明细数据,各级科目的数据关系一目了然,如果月份范围放宽,可实现跨月查询。一般显示日期、凭证号、摘要、借方发生、贷方发生额和余额信息。④序时账。序时账用于按时间顺序以流水账的形式反映各账户的信息,一般显示日期、凭证号、科目、摘要、方向、数量、外币和金额信息。⑤日记账。日记账主要用于查询除现金日记账、银行日记账以外的其他日记账,现金日记账、银行日记账在现金管理中查询,可以包含未记账凭证进行查询。一般显示日期、凭证号、摘要、对方科目、借方发生额、贷方发生额和余额等信息。⑥多栏账。多栏账用于查询多栏明细账,系统采用自定义多栏账查询方式,即用户要查询某个多栏账之前,必须先定义其查询格式,然后才能进行查询。系统提供两种定义方式定义多栏账分析栏目:自动编制和手动编制。若自动编制,系统将根据所选核算科目的下级科目自动编制多栏账分析栏目。一般先自动编制,再手动调整,可提高输入效率。

(2) 辅助核算账簿查询。①个人往来。个人往来核算主要实现个人借款、还款管理,以及控制个人借款,清理欠款等功能。可以查询个人往来余额表、明细账、催款单、账龄分析报告和自动核销已清账等辅助核算信息。②部门核算。部门核算主要是为了考核部门收支,及时反映和控制部门支出,并能对各部门的收支情况进行比较、分析,便于部门考核。可以查询各总部门的总账、明细账和部门分析表等。③项目核算。用于生产成本、在建工程、科研课题、合同订单等业务的项目核算。以项目为中心,提供各项目的成本、费用、收入、往来的汇总与明细数据,以及项目计划执行报告等信息,可以查询项目总账、明细账等辅助核算信息。④客户、供应商往来核算。客户、供应商往来核算主要是管理客户、供应商往来款项的发生与清欠情况,便于及时掌握往来款项的最新信息。系统提供了客户、供应商余额表、客户、供应往来明细账、往来两清、往来催款单、账龄分析表的查询功能。

8) 期末处理

在每个会计期末,企业都需要完成一系列特定的工作,包括月末分摊、计提、对应结转、销售成本结转、汇兑损益结转、期间损益结转、对账与试算平衡、结账等工作。系统提供了灵活的自定义转账功能、各种取数公式,可满足各类转账业务需要。

广义的转账包括外部转账和内部转账,外部转账是指将其他子系统自动生成的凭证传入总账子系统,如工资管理子系统生成的工资分配、分摊的凭证,固定资产子系统生成的增减变动、计提折旧凭证,以及核算子系统生成的购销存业务凭证等。内部转账即前述总账子系统内部通过转账凭证定义生成转账凭证。此处的转账仅指内部转账。

(1) 转账凭证定义。T3 总账子系统【期末】菜单下【转账定义】功能中,包括自定义转账、对应结转、销售成本结转、汇兑损益结转和期间损益结转五种类型。

a. 自定义转账设置。可以定义各种类型的转账凭证,适用范围广,如费用的分配、分摊、计提、税金结转等。自定义转账凭证时,应根据系统提供的模板依次输入:转账序号(是转账凭证的唯一代号,只能输入数字 1~9,不是凭证编号,凭证编号在转账生成时自动产生)、转账说明、凭证类别、摘要、借贷方会计科目、辅助项、金额取数公式(可采用系统提供的丰富账务函数,利用公式向导输入,也可手动输入)。

b. 对应结转设置。对应结转不仅可以科目一对一结转,还可以一对多结转。对应结转的科目可以是非末级科目,其下级科目的科目结构必须一致即有相同明细科目,若转出科目有辅助项,转入科目的辅助项可不相同,但不能为空。在对应结转公式模板中须依次输入:编号、凭证类别、摘要、转出科目编号及名称、辅助项及转入科目编码及名称、转入辅助项、结转系数。

本功能只能结转期末余额,如要结转发生额,请通过自定义结转设置。

c. 销售成本结转设置。其中,全月平均法销售成本结转是将月末商品(或产成品)销售数量乘以库存商品(或产成品)的平均单价计算各类商品销售成本并进行结转。

库存商品科目、商品销售收入科目、商品销售成本科目及下级科目的结构必须相同,可以有部门、项目辅助核算,但不能有往来核算。否则,只能通过自定义结转设置。

存货计价采用移动加权平均、先进先出等其他计价方法时,销售成本会随着每次出入库而适时变动的,因此,销售成本结转定义的意义不大。

d. 汇兑损益结转设置。用于期末自动计算外币账户的汇兑损益,并在转账生成中自动生成汇兑损益转账凭证。汇兑损益只处理以下外币账户:外汇存款户、外币现金、外币结算的各项债权、债务,不包括所有者权益类账户,成本类账户和损益类账户。

用户根据企业类型在"汇兑损益入账科目"或者"汇兑损失入账科目、汇兑收益入账科目"两项中进行选择,若执行《小企业会计准则(2013)》,则选择"汇兑损失入账科目、汇兑收益入账科目",再分别选择"财务费用"和"营业外收入"科目;若一般企业,则点选"汇兑损益入账科目",再选择"财务费用"科目。

e. 期间损益结转设置。用于在会计期末将损益类科目的余额结转到"本年利润"科目中,从而及时反映企业盈亏情况。损益类科目有反映收入的"主营业务收入""其他业务收入""投资收益"等;反映成本、费用和税金的"主营业务成本""其他业务成本""税金及附加""管理费用"等。

如果所有损益类科目均参与结转,则在"本年利润科目"中选择"本年利润"入账科目,如果仅结转有发生额的损益类科目,则应在该科目所在行的"本年利润科目"栏填写相应的"本年利润"科目(若为非末级科目,则必须选择末级科目,若设有辅助账类,则必须与对应的损益类科目的辅助账类一致),如果不填,则不结转此损益类科目余额。

特别需要注意:对于业务处理有明显先后顺序的业务,要按业务处理先后顺序来定义转账凭证,便于依次生成转账凭证,这样数据的正确性才有保证。比如应先计提、分摊,再结转损益,在计算并结转所得税后,结转本年利润及利润分配等。否则,即使公式定义正确,也可能取数错误。

(2) 转账凭证生成。转账凭证定义完成之后,每月末只需执行【期末】|【转账生成】命令,选择转账类型,则系统自动生成相应的转账凭证。

同样需要特别提醒,转账凭证应按业务处理顺序依次生成,大致顺序是先将所有凭证审核、记账,再进行账项调整如计提、分摊、计算税金等,其后结转损益、计算所得税并结转、再进行本年利润结转和利润分配等。否则,若某一步转账顺序错误,将导致后续一系列数据错误,需要重新执行。

9) 对账及试算

对账即对账簿数据进行核对,以检查记账是否正确,以及账簿是否平衡,主要包括总账与明细账的核对、总账与辅助账数据的核对。一般来说,在会计电算化系统中,只要记账凭证输入正确,系统自动记账后,各种账簿数据都应该是正确的、借贷平衡的。但由于非法操作、计算机病毒及其他原因存在,也可能使得部分数据被破坏,导致账账不符。为了保证账证相符、账账相符,用户应经常使用本功能进行对账,每月至少一次,一般可在月末结账前进行。

10)结账

根据会计制度的要求,月末必须结账,结账前应做好数据备份。结账要注意以下几点:

(1)上月未结账,则本月不能结账。

(2)上月未结账,则本月不能记账,但可以填制、复核凭证。

(3)本月还有未记账凭证时,则本月不能结账。

(4)已结账月份不能再填制凭证。

(5)总账与明细账、总账与辅助账对账不符,则不能结账。

(6)科目余额试算不平衡时,不能结账。

如果启用的其他子系统本月未结账时,则总账子系统本月不能结账。

4.3　实务操作

在初次启动总账系统时,需要确定反映总账系统核算要求的各种参数,使得通用总账系统适用于本单位的具体核算要求,以达到会计核算和财务管理的目的。总账系统的业务参数将决定总账系统的输入控制、处理方式、数据流向、输出格式等。

4.3.1　初始化

▶ **任务1　设置总账选项**

【案例资料】

设置总账选项,相关信息如表4-1所示。

表4-1　总账参数表

选项卡	参数设置
凭证	支票控制 可以使用应收、应付系统受控科目 出纳凭证必须经出纳签字
其他	数量小数位2、单价小数位设为5位 部门、个人、项目按编码排序

【操作指引】

1日,以操作员贺敏的身份登录T3,执行【总账】|【设置】|【选项】|命令,在选项窗口中,进行勾选或修改,相关界面如图4-5所示。

▶ **任务2　录入期初余额**

在使用总账系统进行日常业务处理之前,应对总账系统的初始数据进行加工整理并录入到系统之中,并确保数据正确,为进行日常业务处理做好充分的准备。

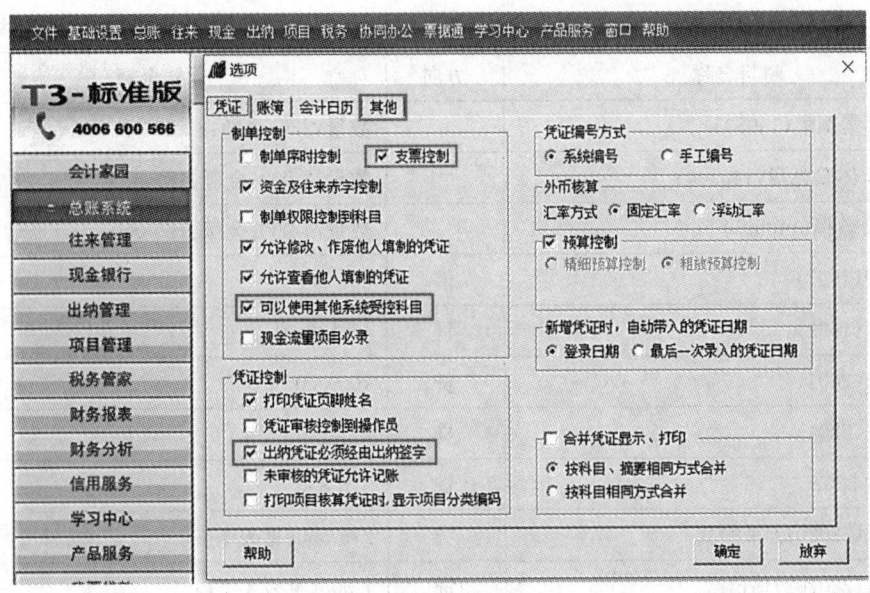

图 4-5　设置选项

【案例资料】

录入期初余额,相关信息如表 4-2 至表 4-6 所示。

表 4-2　科目余额表

科目名称	方向	期初余额/元
库存现金(1001)	借	6 487.7
银行存款(1002)	借	
工行存款(100201)	借	5 211 057.16
中行存款(100202)	借	
应收账款(1122)	借	157 600(见表 4-3)
预付账款(1123)	借	
应收个人款(122101)	借	3 800(见表 4-4)
在途物资(1402)	借	12 000
原材料(1403)	借	11 300
光盘(140301)	借	数量:2 200;金额:4 400
复印纸(140302)增	借	数量:460;金额:6 900
材料成本差异(1404)	借	
库存商品(1405)	借	327 078
杀毒软件(140501)		数量:71;金额 10 650
百问 ERP 多媒体课件(140502)		数量:98;金额:7 840

（续表）

科目名称	方向	期初余额/元
工商管理案例集(140503)		数量:226;金额:8 588
ERP模拟体验光盘(140504)		数量:2 000;金额:180 000
ERP普及教程(140505)		数量:4 000;金额:120 000
固定资产(1601)	借	260 860
累计折旧(1602)	贷	47 120.91
短期借款(2001)	贷	100 000
应付票据(2201)	贷	
应付账款2202	贷	276 850
应付账款(220201)采购款	贷	275 350(见表4-5)
应付账款(220202)估价款	贷	1 500(见表4-5)
应付账款(220203)水电费	贷	
预收账款(2203)	贷	
应交增值税(222101)	贷	−16 800
进项税额(22210101)	贷	−33 800
已交税金(22210102)	贷	
销项税额(22210106)	贷	17 000
住房公积金(224102)	贷	
实收资本(3001)	贷	5 700 200
未分配利润(310415)	贷	−100 022.31
生产成本(4001)	借	17 165.74
直接材料(400101)	借	11 165(见表4-6)
直接人工(400102)	借	4 000.74(见表4-6)
制造费用(400103)	借	2 000(见表4-6)

表4-3 应收账款余额

会计科目：1122 应收账款　　　　　余额：借 157 600 元

日期	单据及编号	客户	业务员	摘要	货物代码	数量	单价	金额/元
2019-10-25	普通发票 B000123	方圆管理软件学院	田晓宾	销售产品	2004	498	200	99 600
2019-11-10	其他应收单	津津图书城	孟倩	销售产品				58 000
合计								157 600

表 4-4　其他应收款余额

会计科目:122101 其他应收款——应收个人款　　　　余额:借 3 800 元

日期	凭证号	部门	个人	摘要	方向	期初余额/元
2019-12-26	记-118	企管办	汪涵	出差借款	借	2 000
2019-12-27	记-156	销售一部	田晓宾	出差借款	借	1 800

表 4-5　应付账款余额

会计科目:　2202 应付账款　　　　余额:贷 276 850 元

日期	单据及编号	供应商	业务员	摘要	货物代码	数量	单价/元	金额/元
2019-10-25	普通发票 A000200	联想	魏大鹏	采购材料	2001	800	150	120 000
2019-11-10	其他付收单	众远印刷厂	魏大鹏	采购材料				155 350
2019-12-24	估价款	众远印刷厂	魏大鹏	采购货到单未到				1 500
合计								276 850

表 4-6　生产成本余额

会计科目:　4001 生产成本　　　　余额:借 17 165.74 元

科目名称	ERP 模拟体验光盘 (期初在产 100 件) 101	ERP 普及教程 (期初在产 500 件) 102
直接材料(400011)	4 500	6 665
直接人工(400012)	1 500	2 500.74
制造费用(400013)	800	1 200
合计	6800	10 365.74

【操作指引】

(1) 录入基本科目余额。1 日,以操作员贺敏的身份登录 T3,对于没有辅助核算的会计科目,执行【总账】|【设置】|【期初余额】命令,在期初余额录入窗口中,直接录入科目金额,相关界面如图 4-6 所示。

图 4-6　录入基本科目余额界面

（2）录入往来科目余额。在期初余额录入窗口中，双击所要录入的会计科目，如"应收账款"科目，相关界面如图 4-7 所示。

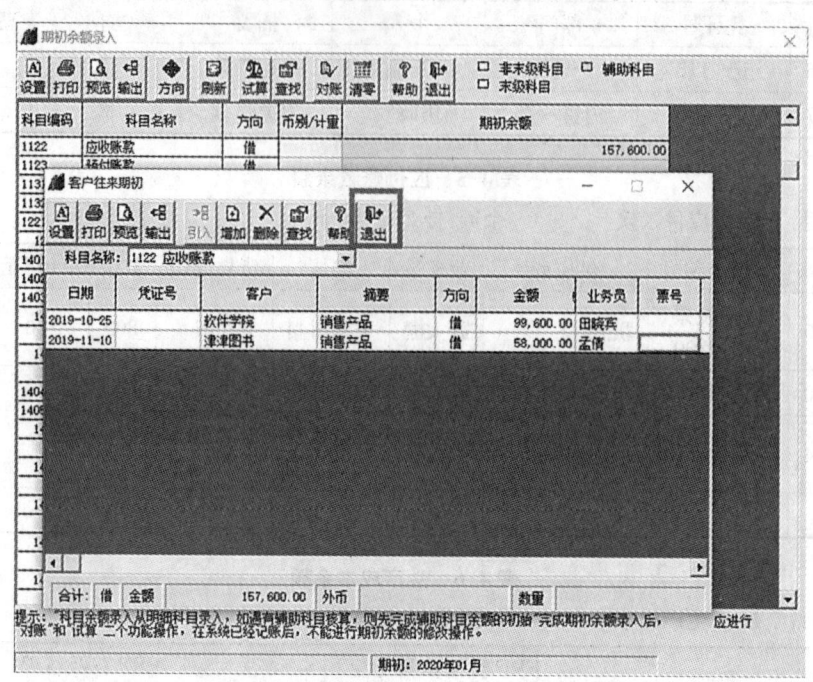

图 4-7　录入往来科目余额界面

（3）试算平衡。在期初余额录入窗口中，单击【试算】按钮（若试算不平衡需检查输入的信息是否准确完整），相关界面如图 4-8 所示。

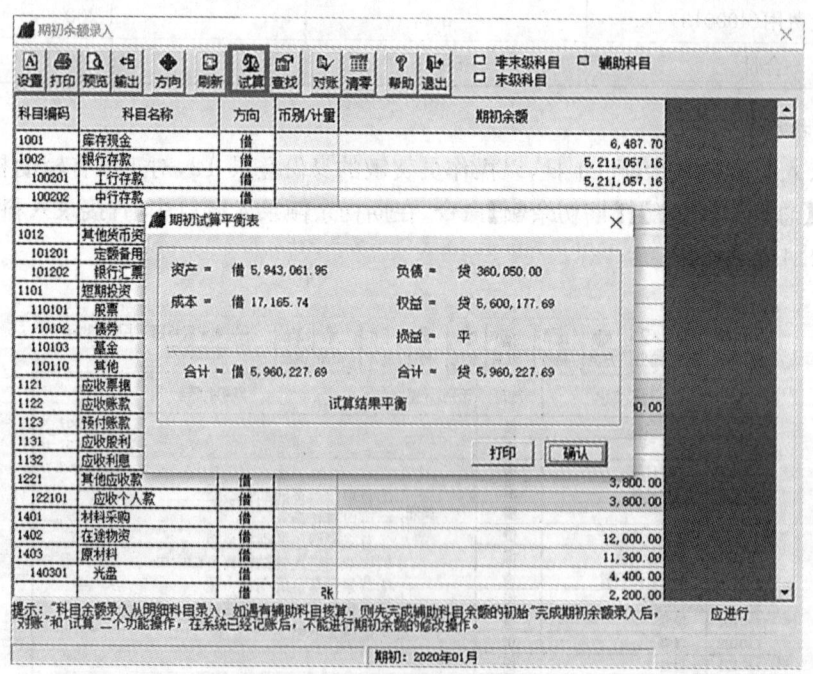

图 4-8　试算平衡界面

【关键知识点】

● 非末级会计科目余额不用录入,系统将根据其下级明细科目自动汇总计算填入。

● 如果某科目为数量、外币核算,应录入期初数量、外币余额,而且必须先录入本币余额,再录入数量外币余额。出现红字余额用负号输入。

● 试算不平衡时,可以通过以下四种方式来查找原因:①分别核对资产、负债、所有者权益、损益类合计与期初余额是否一致;②查看一级科目余额是否与期初余额一致;③查看明细科目余额录入是否正确;④查看科目余额的录入方向是否正确。

● 期初余额试算不平衡,不能记账,但可以填制凭证;如果已经记过账,则不能再录入、修改期初余额,也不能执行"结转上年余额"功能。

4.3.2　日常处理

▶ 任务1　填制凭证

记账凭证是登记账簿的依据,是总账系统的唯一数据来源,填制凭证也是最基础和最频繁的工作。在使用计算机处理账务后,电子账簿的准确与完整完全依赖于记账凭证,因而在实际工作中,必须确保准确、完整地填制记账凭证。

【案例资料1】

1月发生的经济业务:2日,销售一部田晓宾报销业务招待费1 200元,以现金支付。

【操作指引】

2日,以操作员贺敏的身份登录T3,执行【总账】|【填制凭证】命令,在填制凭证窗口中,单击【增加】按钮,分别录入凭证类别、附单据数、摘要、凭证科目、金额直至本张凭证录入完成,如果要继续增加直接点增加就可以;如果不需要继续增加点击保存后退出即可,相关界面如图4-9所示。

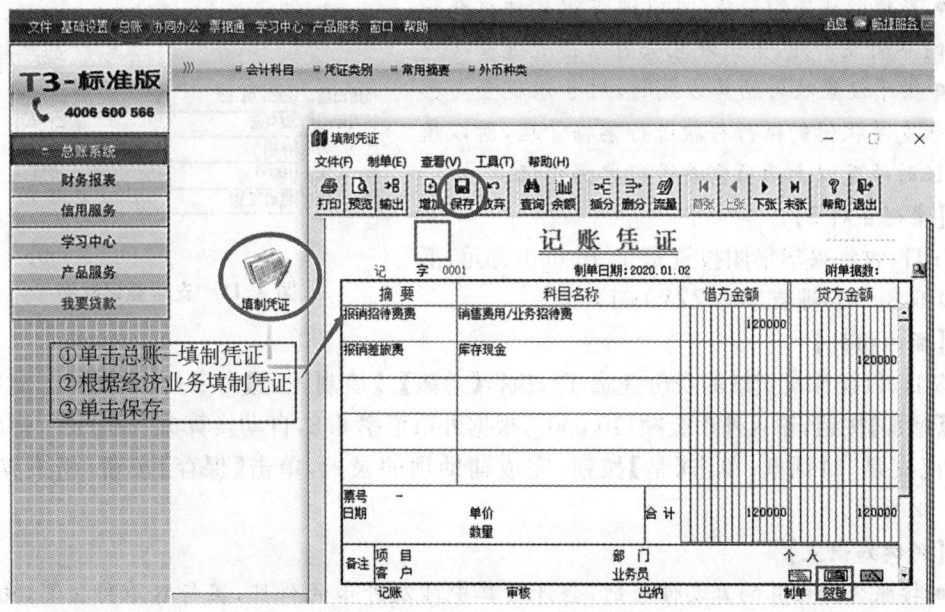

图4-9　填制凭证界面1

【案例资料2】

3日，财务部孙娟从工行提取现金 10 000 元，作为备用金。（现金支票号 XJ001）

【操作指引】

3日，以操作员贺敏的身份登录 T3，执行【总账】|【填制凭证】命令，在填制凭证窗口中，单击【增加】按钮，凭证填制完成后，单击【保存】按钮，相关界面如图 4-10 所示。弹出"是否登记支票"对话框，单击【是】按钮，填制支票登记信息如图 4-11 所示。

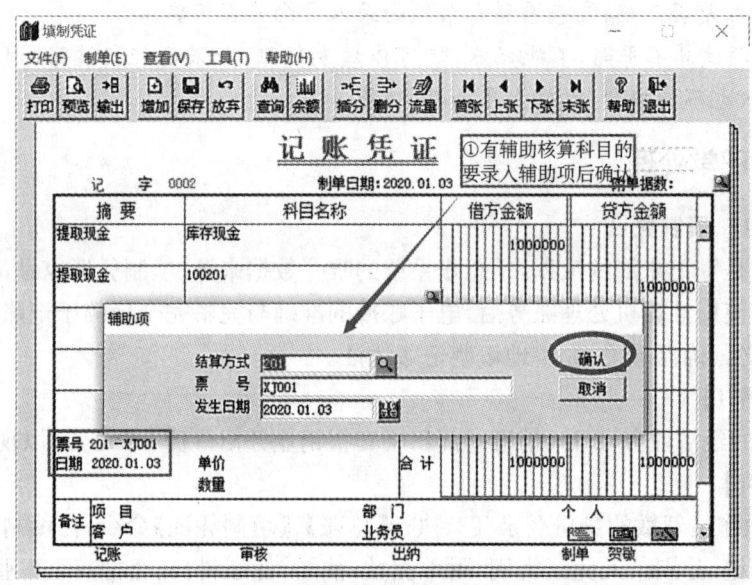

图 4-10　填制凭证界面 2

【关键知识点】

● 当辅助项填制错误，可以通过把鼠标放在辅助项的界面显示处，当出现笔头时双击进行修改。

● 由于设置收付结算方式时，对于以现金支票和转账支票收付的银行存款进行票据管理，所以填制凭证时涉及以上两项需要进行票据登记。

【案例资料3】

5日，收到兴华集团投资资金 10 000 美元，汇率 1:6.8。（转账支票号 ZZW001）

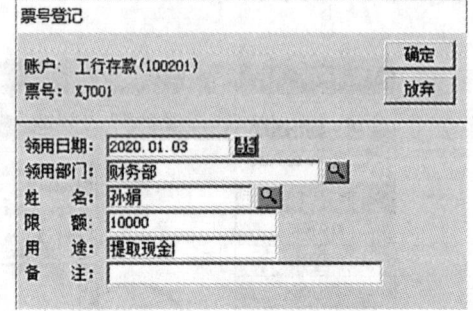

图 4-11　支票登记界面

【操作指引】

5日，以操作员贺敏的身份登录 T3，执行【总账】|【填制凭证】命令；在填制凭证窗口中，点击【增加】按钮，输入外币金额"10 000"，根据外币汇率6.8，自动换算成"68 000"，弹出"是否登记支票"对话框，单击【是】按钮，完成辅助项的录入，单击【保存】按钮，相关界面如图 4-12所示。

【关键知识点】

● 按照会计核算的真实性原则，会计核算中涉及外币的科目，实行双币种核算，由于在第三单元基础设置中已经进行外币种类的设置，所以这里会自动换算。

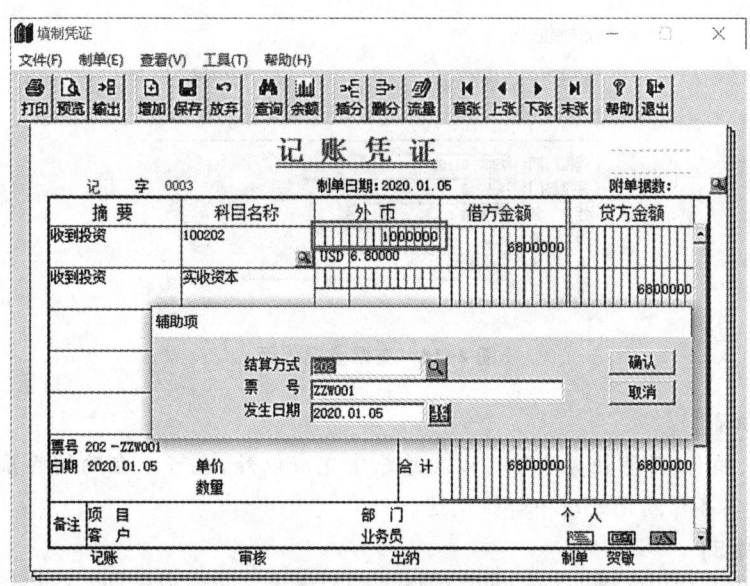

图 4-12 填制凭证界面 3

【案例资料 4】

8 日,采购部魏大鹏采购复印纸 200 包,每包 15 元,适用的增值税税率为 13%,材料直接入库,货款以银行存款支付。(转账支票号 ZZR001)

【操作指引】

8 日,以操作员贺敏的身份登录 T3,执行【总账】|【填制凭证】命令,在填制凭证窗口中,单击【增加】按钮,凭证填制完成后,单击【保存】按钮,相关界面如图 4-13 所示;弹出"是否登记支票"对话框,单击【是】按钮,填制支票登记信息如图 4-14 所示。

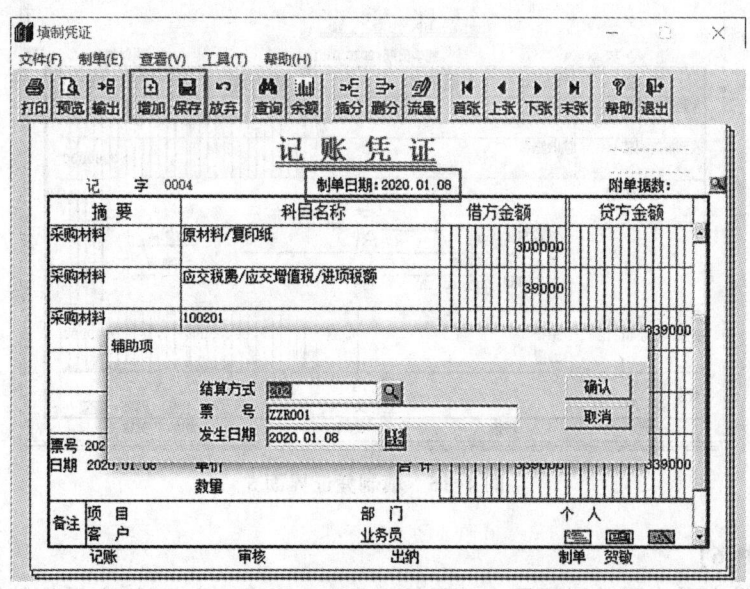

图 4-13 填制凭证界面 4

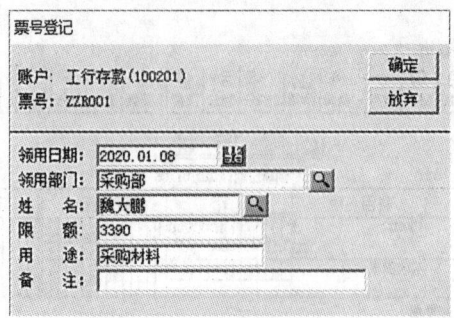

图 4-14　支票登记界面

【关键知识点】

● 此采购、销售、存货业务除了可以在总账中完成以外,也可以在购销存系统完成,此操作步骤在会计实务信息化处理中详细阐述。

【案例资料 5】

12 日,销售一部田晓宾收到方圆管理软件学院转来一张转账支票,金额 99 600 元,用以偿还前欠货款。(转账支票号 ZZR002)

【操作指引】

12 日,以操作员贺敏的身份登录 T3,执行【总账】|【填制凭证】命令,在填制凭证窗口中,单击【增加】按钮,凭证填制完成后,单击【保存】按钮;弹出"是否登记支票"对话框,单击【是】按钮,填制支票登记信息。相关界面如图 4-15 所示。

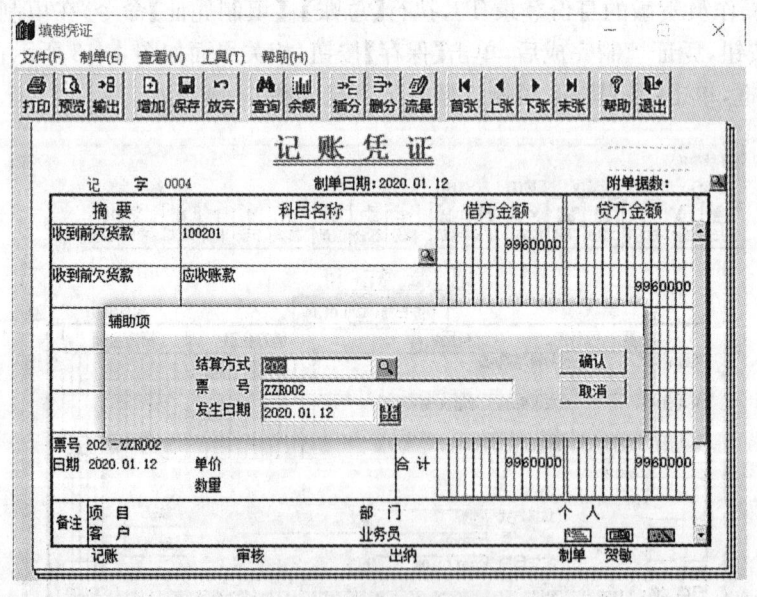

图 4-15　填制凭证界面 5

【案例资料 6】

14 日,采购部魏大鹏从联想购入杀毒软件光盘 100 套,每套 72 元,适用的增值税税率为 13%,货税款暂欠,商品已验收入库。

【操作指引】

14 日,以操作员贺敏的身份登录 T3,执行【总账】|【填制凭证】命令,在填制凭证窗口中,单击【增加】按钮,凭证填制完成后由于应付账款会计科目设置了供应商往来核算,需录入相关辅助项信息,相关界面如图 4-16 所示。

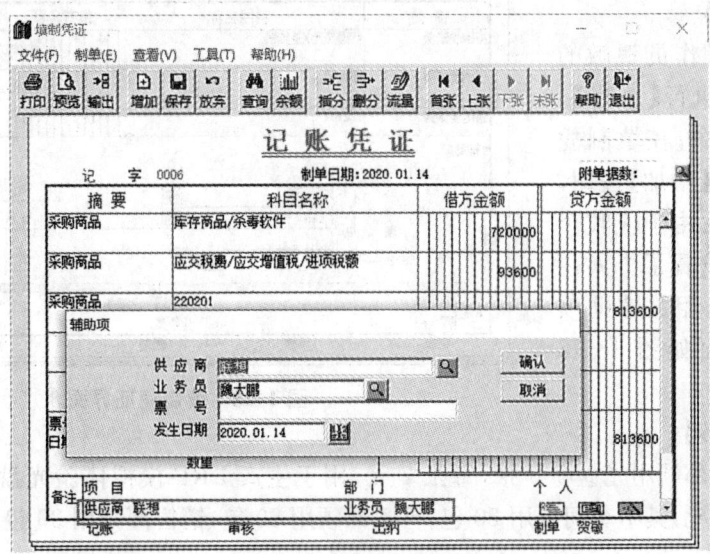

图 4-16　填制凭证界面 6

【案例资料 7】

16 日,企管办购办公用品 170 元,以现金支付。

【操作指引】

16 日,以操作员贺敏的身份登录 T3,执行【总账】|【填制凭证】命令;在填制凭证窗口中,单击"增加"按钮,凭证填制完成后由于管理费用会计科目设置了部门核算,需录入相关辅助项信息,相关界面如图 4-17 所示。

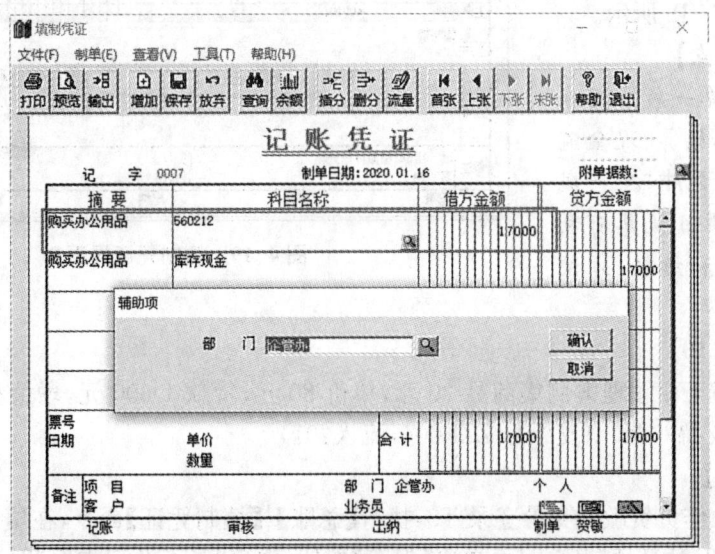

图 4-17　填制凭证界面 7

【案例资料8】

18日,企管办汪涵出差归来,报销差旅费1 800元,交回现金200元。

【操作指引】

18日,以操作员贺敏的身份登录 T3,执行【总账】|【填制凭证】命令;在填制凭证窗口中,单击【增加】按钮,凭证填制完成后由于应收个人款会计科目设置了个人往来核算,需录入相关辅助项信息,相关界面如图 4-18所示。

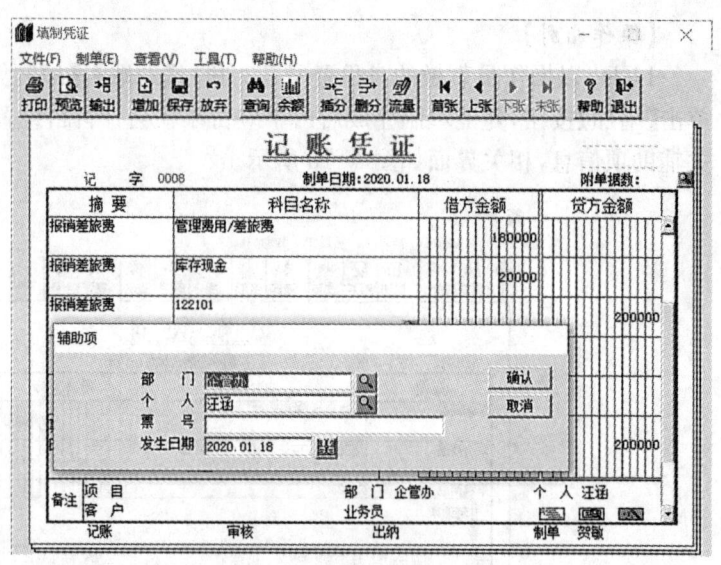

图 4-18　填制凭证界面 8

【案例资料9】

20日,生产部领用光盘 500张,每张 2元,用于生产 ERP 模拟体验光盘。领用复印纸100包,每包 15元,其中车间领用 20包,行政部领用 50包,销售部领用 30包。

【操作指引】

20日,以操作员贺敏的身份登录 T3,执行【总账】|【填制凭证】命令,在填制凭证窗口中,单击【增加】按钮,凭证填制完成后由于生产成本会计科目设置了项目核算,需录入相关辅助项信息,相关界面如图 4-19所示。

【关键知识点】

● 项目核算一般应用在工程核算、成本核算、现金流量等范围,本案例中"生产成本"科目通过项目核算有利于成本的归集和结转,方便存货成本管理。

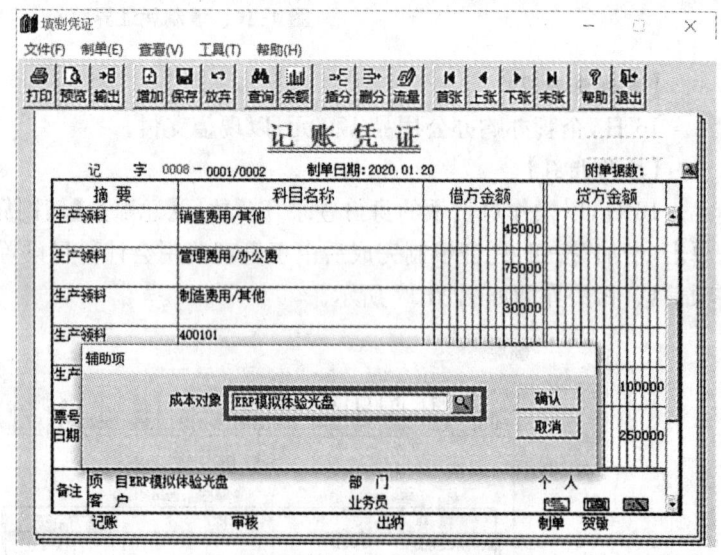

图 4-19　填制凭证界面 9

【案例资料10】

21日,销售工商管理案例集商品 20套,单价 80元,货款 1 600元,增值税税额 208元,收到工行转账支票一张。(支票号 ZZR004,流入:01)

【操作指引】

21日,以操作员贺敏的身份登录 T3,执行【总账】|【填制凭证】命令,在填制凭证窗口中,单击【增加】按钮,凭证填制完成后,单击【保存】按钮;弹出"是否登记支票"对话框,单击【是】

按钮,填制支票登记信息。相关界面如图 4-20 所示。

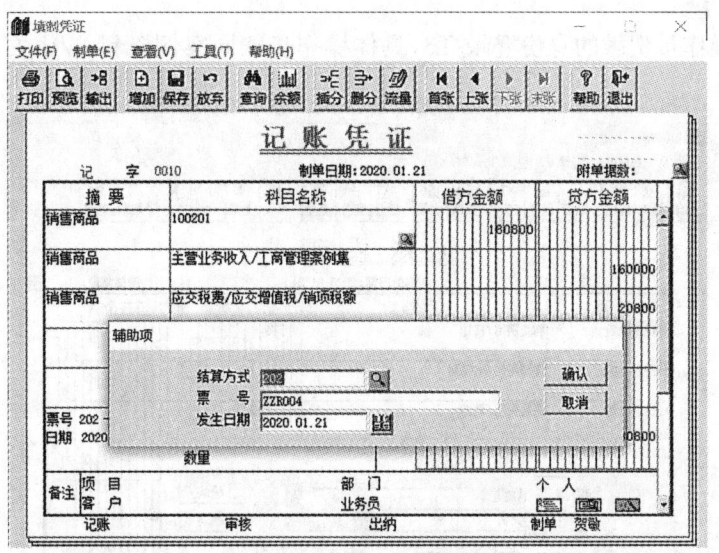

图 4-20　填制凭证界面 10

【案例资料 11】

31 日,计提本月折旧 3 000 元,其中车间计提 800 元,行政计提 1 200 元,专设销售机构计提 1 000 元。

【操作指引】

31 日,以操作员贺敏的身份登录 T3,具体操作步骤同案例 7,相关界面如图 4-21 所示。

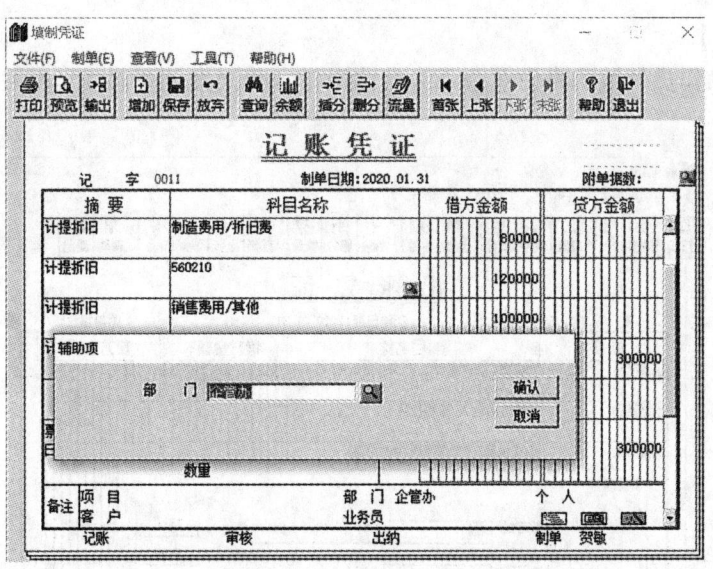

图 4-21　填制凭证界面 11

【案例资料 12】

31 日,本月应付水电费 15 000 元,其中车间应负担 10 000 元,行政部应负担 3 000 元,专设销售机构应负担 2 000 元。

【操作指引】

31 日,以操作员贺敏的身份登录 T3,具体操作步骤同案例资料 6,相关界面如图 4-22 所示。

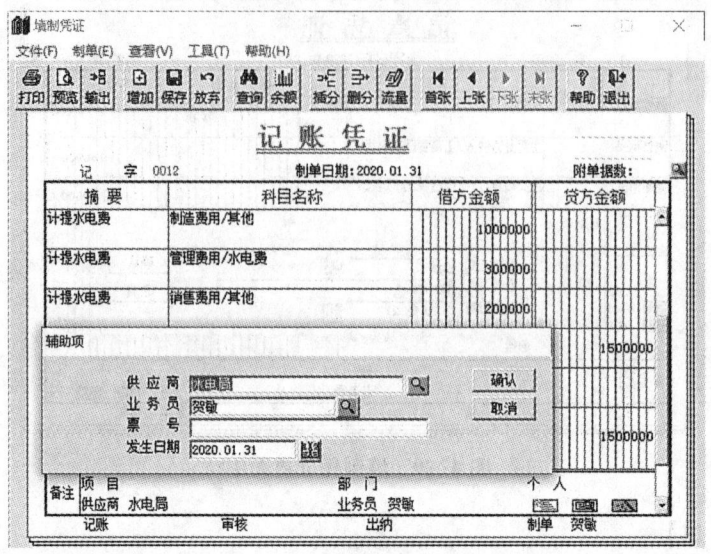

图 4-22 填制凭证界面 12

【案例资料 13】

31 日,销售杀毒软件 100 套,货款 40 000 元,增值税税额 5 200 元,收到工行转账支票一张,票号 ZZR005。

【操作指引】

31 日,以操作员贺敏的身份登录 T3,具体操作步骤同案例资料 10,相关界面如图 4-23 所示。

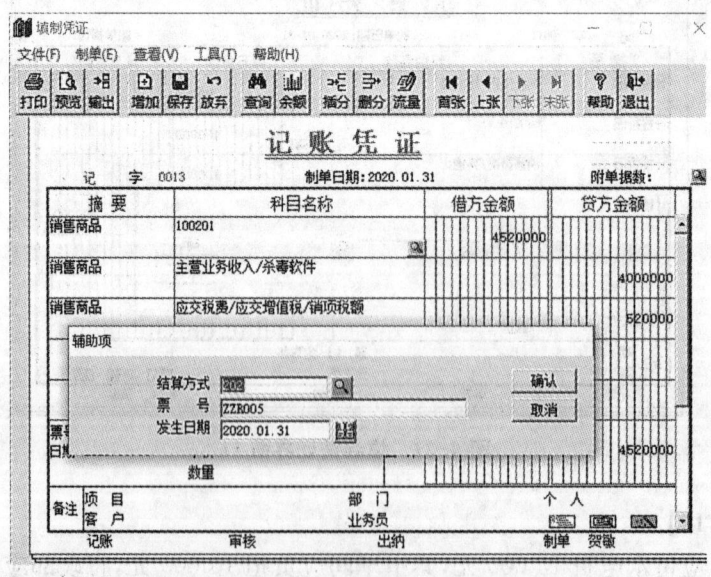

图 4-23 填制凭证界面 13

【案例资料 14】

31 日,销售 ERP 模拟体验光盘 1 000 套,单价 200 元,货款 200 000 元,增值税税额 26 000 元,收到转账支票一张,票号 ZZR006。

【操作指引】

31 日,以操作员贺敏的身份登录 T3,具体操作步骤同案例 10,相关界面如图 4-24 所示。

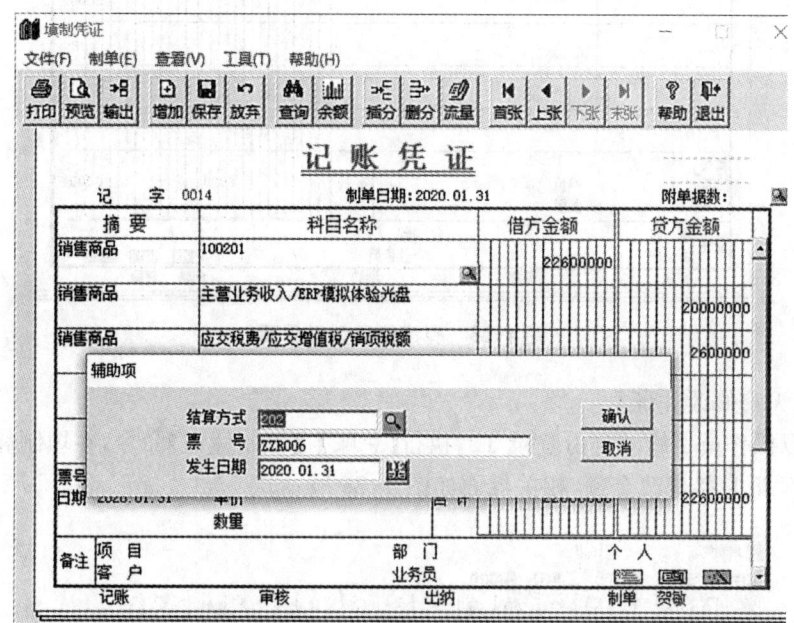

图 4-24 填制凭证界面 14

【关键知识点】

● 在"附单据数"处可以按回车键通过,也可以输入单据数量。

● 正文中不同行的摘要可以相同也可以不同,但不能为空。每行摘要将随相应的会计科目在明细账、日记账中出现。新增分录完成后,按回车键,系统将摘要自动复制到下一分录行。

● 由于在日常经济业务处理的过程中有很多业务的内容是相同或类似的,因此,在填制凭证时会填写相同或类似的摘要,系统提供了设置常用摘要的功能,我们可以单击摘要栏的参照按钮设置常用摘要。

▶ 任务 2 修改凭证

【案例资料】

经查,16 日企管办购办公用品 190 元,误录为 170 元。

【操作指引】

指引 1:有痕修改凭证

16 日,以操作员贺敏的身份登录 T3,执行【总账】|【填制凭证】命令,在填制凭证窗口中,增加一张办公费为 20 元的凭证,相关界面如图 4-25 所示。

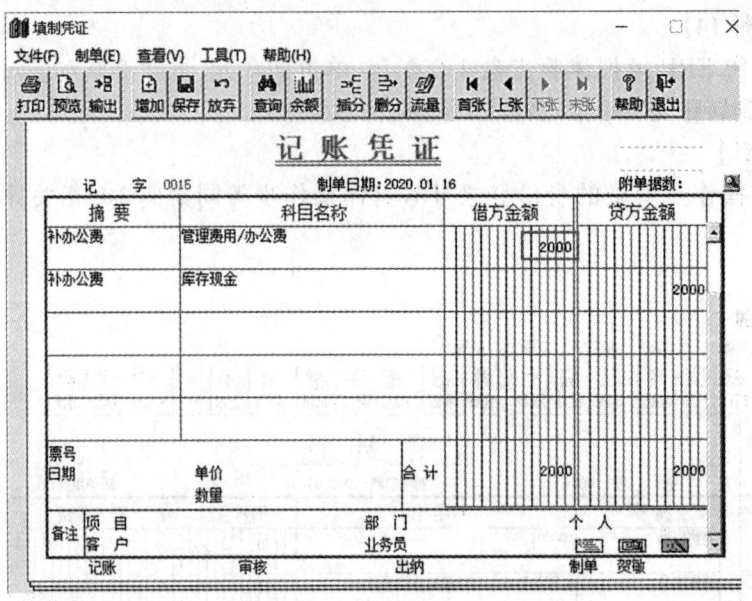

图 4-25 有痕修改凭证界面

指引 2:无痕修改凭证

16 日,以操作员贺敏的身份登录 T3,执行【总账】|【填制凭证】命令,在填制凭证窗口中,找到错误的凭证直接修改金额,相关界面如图 4-26 所示。

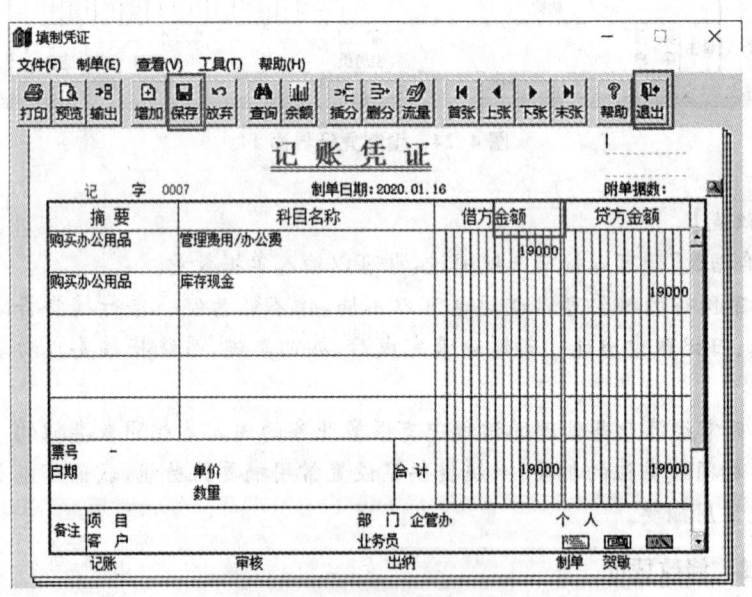

图 4-26 无痕修改凭证界面

【关键知识点】

● 无痕迹修改,即不留下任何曾经修改的线索和痕迹;有痕迹修改则是采用红字冲销法生成红字冲销凭证。下列两种状态下的错误凭证可实现无痕迹修改:①对已经输入但未审核的机内记账凭证进行直接修改;②已通过审核但还未记账的凭证不能直接修改,可以先取消审核再修改。

- 在当前金额的相反方向,按空格键可修改金额方向。
- 单击【插分】按钮,可在当前分录前增加一条分录。
- 外部系统(如工资系统、固定资产系统等)传递来的凭证不能在总账系统中修改,只能在生成该凭证的系统中进行修改或删除。
- 如果需要冲销某张已记账的凭证,可以执行【制单】|【冲销凭证】命令,制作红字冲销凭证。当然,进行红字冲销的凭证,必须是已经记账的凭证。制作红字冲销凭证将错误凭证冲销后,需要再编制正确的蓝字凭证进行补充。通过红字冲销法增加的凭证,应视同正常凭证进行保存和管理。

▶ 任务 3　删除凭证

【案例资料】

经查 2 日田晓宾报销的业务招待费属个人消费行为,不允许报销,现金已追缴,业务上不再反映。

【操作指引】

指引 1:有痕删除凭证

2 日,以操作员贺敏的身份登录 T3,执行【总账】|【填制凭证】命令,在填制凭证窗口中,找到 2 日凭证,执行【制单】|【作废/恢复凭证】命令,将该凭证作废,相关界面如图 4-27所示。

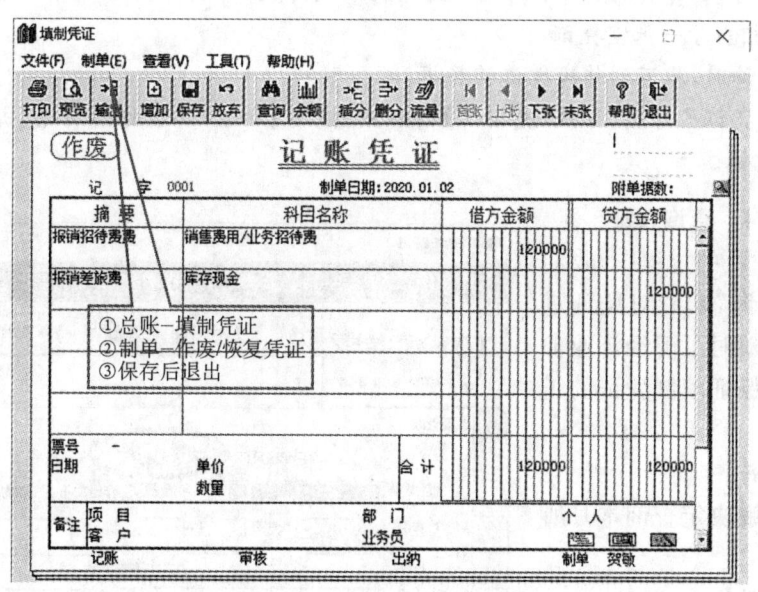

图 4-27　有痕删除凭证界面

指引 2:无痕删除凭证

2 日,以操作员贺敏的身份登录 T3,执行【总账】|【填制凭证】命令,在填制凭证窗口中,找到 2 日凭证,执行【制单】|【作废/恢复凭证】命令,再执行【制单】|【整理凭证】|命令,单击【确定】按钮,打开作废凭证表窗口,依次单击【全选】【确定】按钮,弹出"是否整理凭证断号"对话框,单击【是】按钮。相关界面如图 4-28 所示。

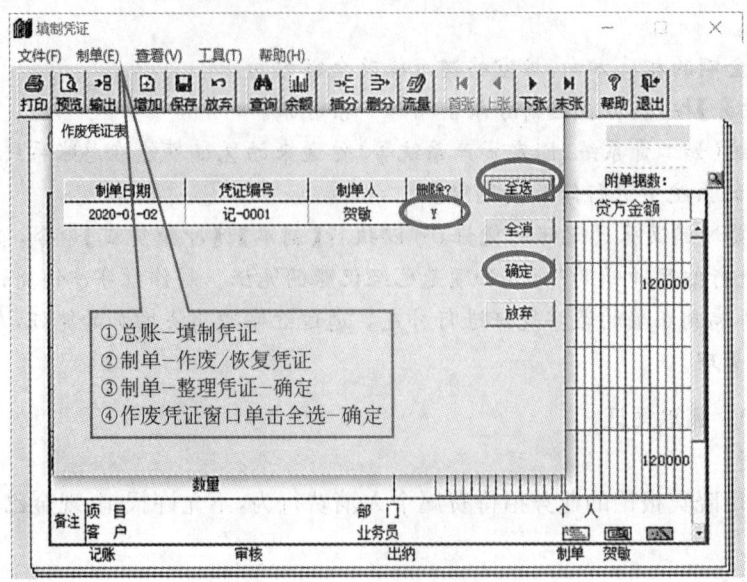

图 4-28　无痕删除凭证界面

【关键知识点】

● 作废凭证不能修改,不能审核。

● 在记账时,已作废的凭证将参与记账,否则,月末无法结账,但系统不对作废凭证进行数据处理,即相当于一张空凭证。

● 账簿查询时,找不到作废凭证的数据。

● 若当前凭证已作废,可执行【制单】|【作废/恢复】命令,取消作废标志,并将当前凭证恢复为有效凭证。

▶ 任务 4　查询凭证

在填制凭证的过程中,我们可以通过"查询"功能对凭证进行查看,以便随时了解经济业务发生的情况,保证填制凭证的正确性。

【案例资料】

月末,贺敏决定查询本月所有凭证。

【操作指引】

(1) 31 日,以操作员贺敏的身份登录 T3,执行【总账】|【凭证】|【查询凭证】命令,在凭证查询窗口中,勾选"未记账凭证"复选框,单击【确认】按钮,凭证类别为空,相关界面如图 4-29

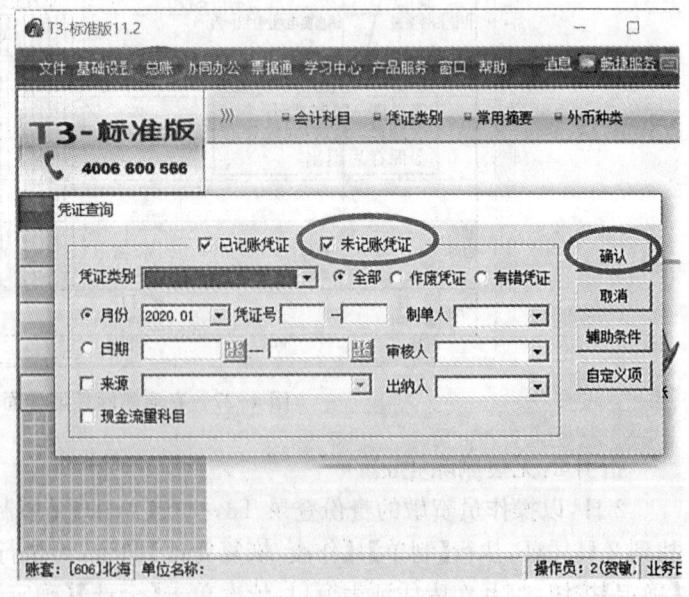

图 4-29　查询凭证界面 1

所示。

（2）在查询凭证窗口中，双击其中一行就可查询到凭证，相关界面如图 4-30 所示。

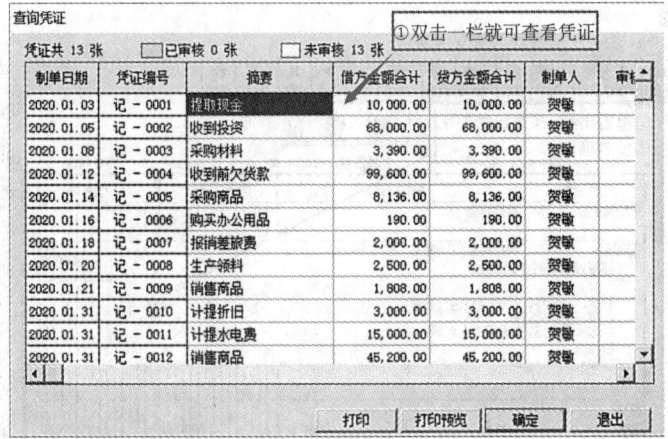

图 4-30 查询凭证界面 2

【关键知识点】

● 凭证还可以在填制凭证窗口中，单击"查看"菜单中的选项查看到当前科目最新余额、外部系统制单信息、联查明细账等。

▶ 任务 5 出纳签字

【案例资料】

月末，出纳孙娟对相关凭证进行出纳签字。

【操作指引】

（1）31 日，以出纳孙娟的身份登录 T3，执行【总账】|【凭证】|【出纳签字】命令，在【出纳签字】窗口中，单击【确认】按钮，相关界面如图 4-31 所示。

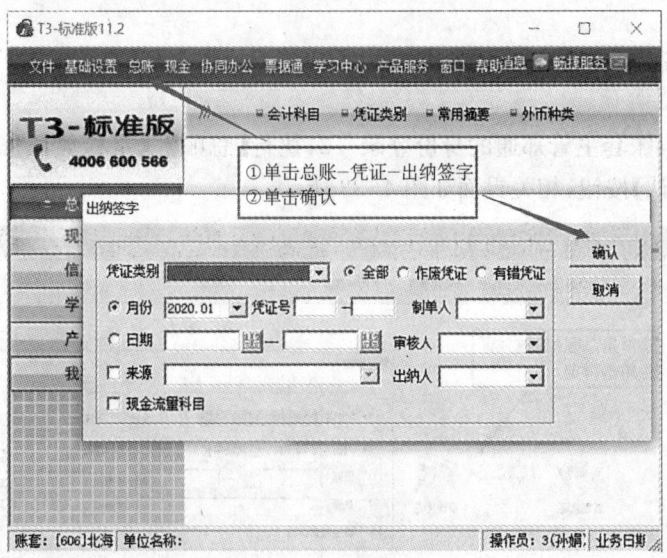

图 4-31 出纳签字界面 1

（2）在出纳签字窗口中，双击第一行，再执行【出纳】|【成批出纳签字】命令，弹出"成批出纳签字结果表"对话框，单击【确定】按钮，相关界面如图 4-32 所示。

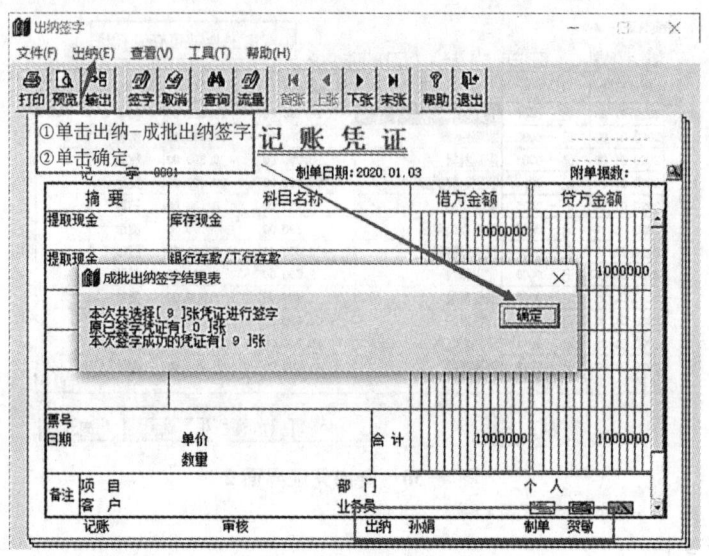

图 4-32　出纳签字界面 2

▶ **任务 6　审核凭证**

审核凭证是指由具有审核权限的操作员按照会计制度规定，对制单人填制的记账凭证进行合法性检查。其目的是防止错误及舞弊。

审核凭证时可以直接由具有审核权限的操作员根据原始凭证，对屏幕上显示的记账凭证进行审核，对正确的记账凭证，发出签字指令，计算机在凭证上填入审核人名字。按照有关规定，制单人和审核人不能是同一个人，如果当前操作员与制单人相同，则应通过重新注册功能更换操作员后再进行审核操作。

【案例资料】

月末，由账套主管郑通进行凭证审核。

【操作指引】

（1）31 日，以账套主管郑通的身份登录 T3，执行【总账】|【审核凭证】命令，在凭证审核窗口中，单击【确认】按钮，相关界面如图 4-33 所示。

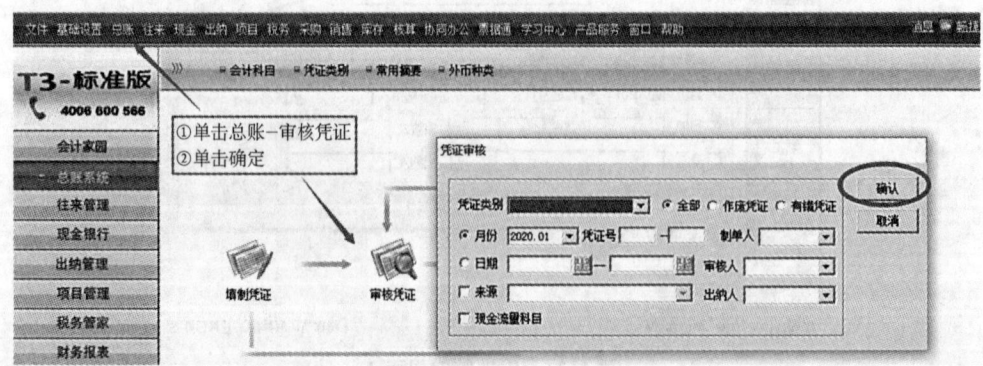

图 4-33　审核凭证界面 1

（2）在凭证审核窗口中，双击第一行，再执行【审核】|【成批审核】命令，弹出"成批审核结果"对话框，单击【确定】按钮，相关界面如图 4-34 所示。

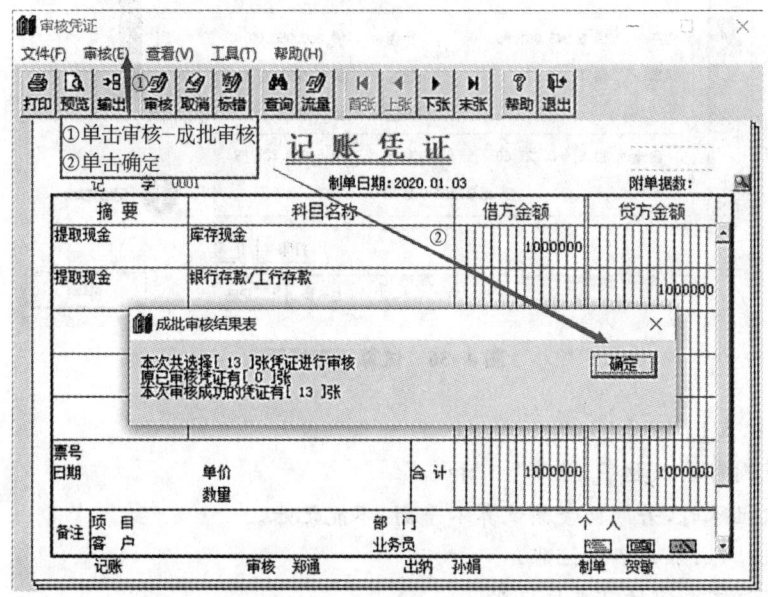

图 4-34　审核凭证界面 2

【关键知识点】

● 作废凭证不能被审核，也不能被标错。

● 审核人和制单人不能是同一个人。

● 凭证一经审核，不能被修改、删除，只有取消审核签字后才能进行修改或删除。

● 已标错的凭证不能被审核，需先取消标错后才能审核。

▶ 任务 7　记账

在电算化方式下，记账是由有记账权限的操作员发出记账指令，由计算机按照预先设计的记账程序自动进行合法性检查、科目汇总并登记账簿等。

【案例资料】

月末，由会计贺敏进行记账。

【操作指引】

（1）31 日，以会计贺敏的身份登录 T3，执行【总账】|【记账】命令，在记账窗口中，依次单击【全选】【下一步】按钮，相关界面如图 4-35 所示。

（2）依次单击【下一步】【记账】按钮，弹出"期初试算平衡表"对话框，单击【确定】按钮，相关界面如图 4-36 所示。

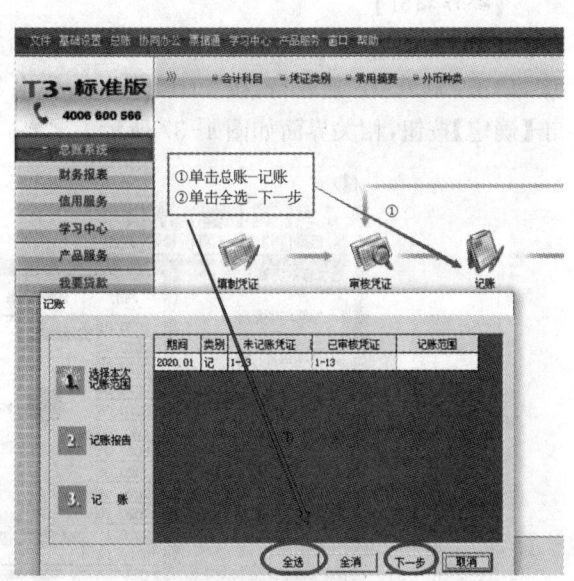

图 4-35　记账界面

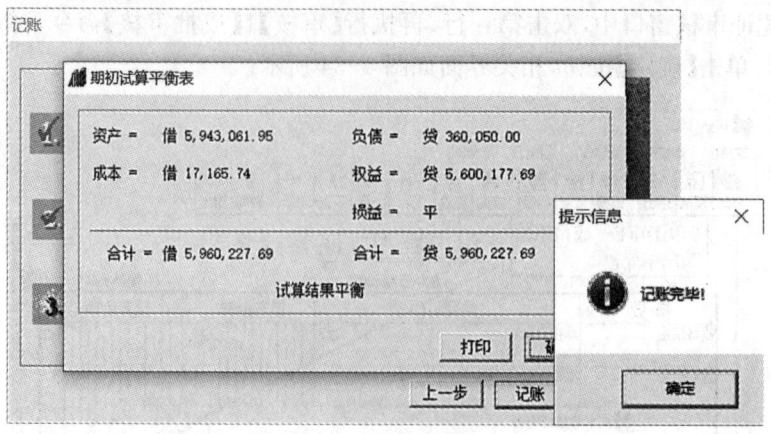

图 4-36　试算平衡界面

【关键知识点】

● 记账范围可输入数字、符号"—"和","。

● 第一次记账时,若期初余额试算不平衡,不能记账。

● 上月未结账,本月不能记账。

● 作废凭证不需审核可直接记账。

● 在记账过程中,如果发现某一步骤设置错误,可以单击【上一步】按钮,返回后进行修改如果不想再继续记账,可单击【取消】按钮,取消本次记账工作。

● 在记账过程中,不得中断退出。

▶ **任务8　取消记账**

【案例资料】

账套主管郑通取消 606 账套 1 月份的所有记账的操作。

【操作指引】

(1) 31 日,以操作员郑通的身份登录 T3,执行【总账】|【期末】|【对账】命令,在对账窗口中,单击"2020.01"所在行,按"ctrl＋H"键,弹出"恢复记账前状态功能已被激活"对话框,单击【确定】按钮,相关界面如图 4-37 所示。

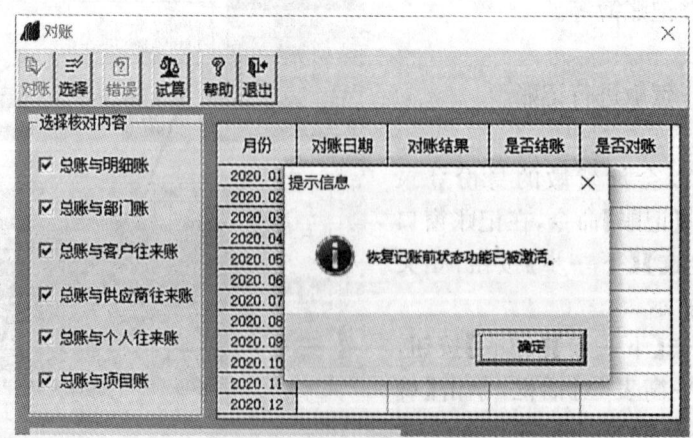

图 4-37　激活恢复记账前状态功能界面

（2）执行【总账】|【凭证】|【恢复记账前状态】命令,在恢复记账前状态窗口中,选中"2020 年 01 月初状态"单选框,单击【确定】按钮,相关界面如图 4-38 所示。

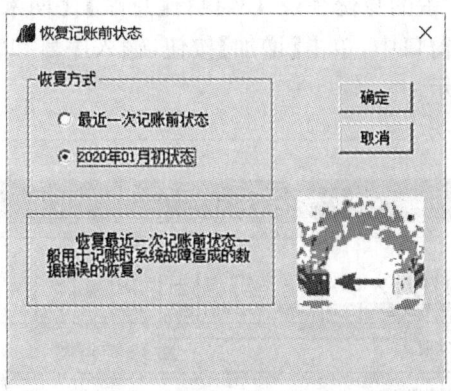

图 4-38　恢复记账前状态界面

【关键知识点】

● 只有账套主管才有权限进行恢复到记账前状态的操作。

● 对于已结账的月份,不能恢复记账前状态。

● 如果再按"ctrl＋H"键,将隐藏恢复记账前状态功能。

4.3.3　期末处理

期末处理是指会计人员将本月所发生的日常经济业务全部登记入账后,在每个会计期末都需要完成的一些特定的会计工作,主要包括期末转账业务、试算平衡、对账、结账等。由于各会计期间的许多期末业务均具有较强的规律性,因此由计算机来处理期末会计业务,不但可以规范会计业务的处理,还可以大大提高处理期末业务的工作效率。

▶ 任务 1　自定义转账凭证

【案例资料】

（1）月末进行自定义转账,相关信息如表 4-7 所示。

表 4-7　自定义转账说明

序号	转账说明
01	按短期借款期末余额的 6％计提短期借款本月利息
02	按生产工时分配本月制造费用。ERP 普及教程和普及光盘生产工时分别为 600 小时和 400 小时
03	分别按 7％、3％、2％计提城建税、教育费附加和地方教育附加
04	按 25％计提所得税

（2）1 月末进行销售成本结转。

（3）月末进行汇兑损益定义并结转,设置本月（1 月）的调整汇率（以后每月期末业务处理前设置）美元,2020 年 1 月末调整汇率为 6.52。

（4）月末进行期间损益结转定义。

【操作指引】

指引1：设置自定义转账凭证

（1）31日，以操作员贺敏的身份登录T3，执行【总账】|【期末】|【转账定义】|【自定义转账】命令，在自动转账设置窗口中，单击【增加】按钮，输入序号和转账说明，再单击【确定】按钮，相关界面如图4-39所示。

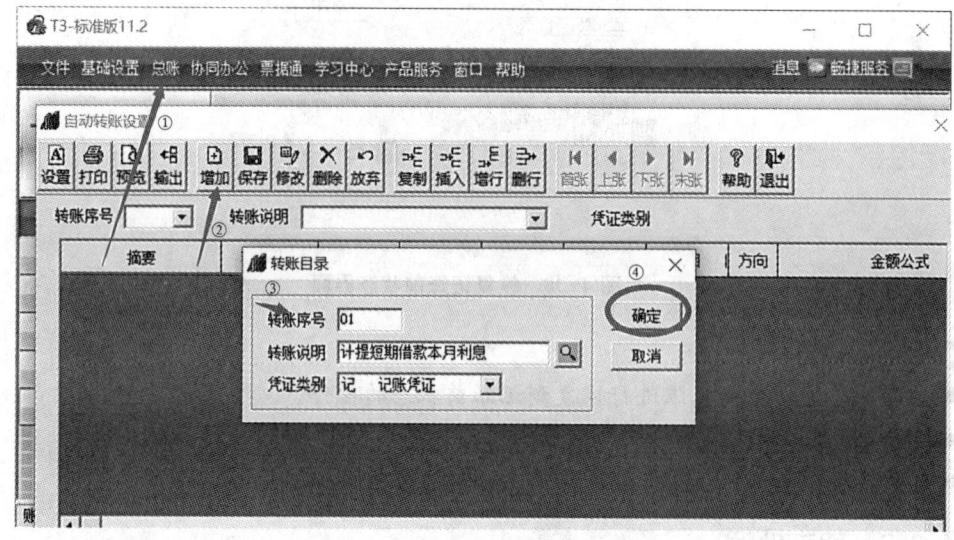

图4-39 自定义转账设置界面1

（2）输入科目编码为"560301"、方向为"借"。设置金额公式，具体步骤为：单击【参照】按钮，选择"期末余额|下一步"，科目选择"2001"，勾选"继续输入公式"，运算符选择"乘"，单击【下一步】按钮，在公式向导选择"常数|下一步"，常数输入"0.06"，单击【完成】按钮。单击【增行】按钮，在第二行输入科目编码为"2231"、方向为"贷"，设置金额公式，具体步骤为：单击【参照】按钮，选择"取对方科目计算结果|下一步|完成"，相关界面如图4-40所示。

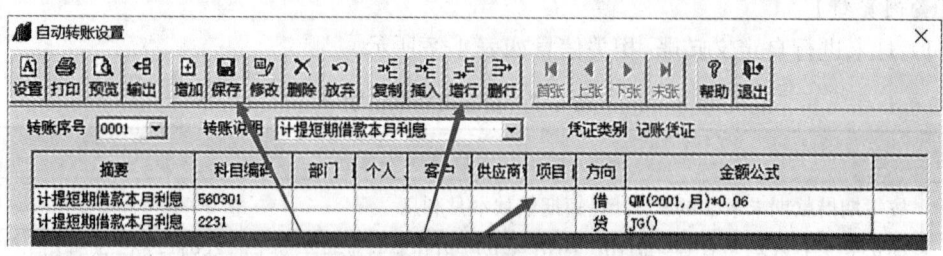

图4-40 自定义转账设置界面2

（3）单击【保存】按钮。

（4）单击【增加】按钮继续输入第二个自定义转账，如图4-41、图4-42所示，单击【保存】按钮。

（5）单击【增加】按钮，继续输入第三个自定义转账，如图4-43、图4-44所示，单击【保存】按钮。

（6）单击【增加】按钮，继续输入第四个自定义转账，如图4-45、图4-46所示。

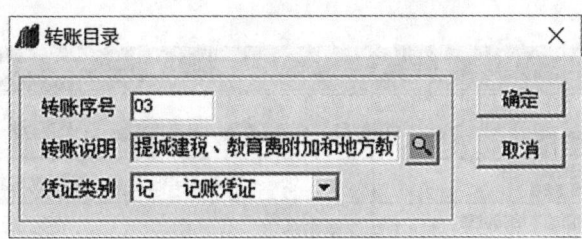

图 4-41 自定义转账设置界面 3

摘要	科目编码	部门	个人	客户	供应商	项目	方向	金额公式
分配本月制造费用	400103					ERP模拟体验	借	QM(4101,月)/1000*400
分配本月制造费用	400103					ERP普及教程	借	QM(4101,月)/1000*600
分配本月制造费用	410102						贷	QM(410102,月)
分配本月制造费用	410103						贷	QM(410103,月)

图 4-42 自定义转账设置界面 4

图 4-43 自定义转账设置界面 5

摘要	科目编码	部门	个人	客户	供应商	项目	方向	金额公式	
提城建税、教育费附加和	5403						借	JG()	
提城建税、教育费附加和	222108						贷	JE(222101,月)*0.07	
提城建税、教育费附加和	222113						贷	JE(222101,月)*0.03	
提城建税、教育费附加和	222119						贷	JE(222119,月)*0.02	

图 4-44 自定义转账设置界面 6

图 4-45 自定义转账设置界面 7

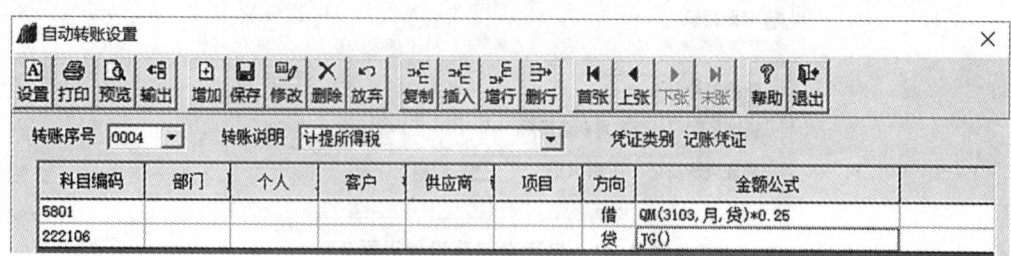

图 4-46　自定义转账设置界面 8

【关键知识点】

● 转账科目可以为非末级科目,部门可为空,表示所有部门。

● "JG()"函数定义时,如果科目缺省,取对方所有科目的金额之和。

指引 2:设置销售成本转账凭证

31 日,以操作员贺敏身份登录 T3,执行【总账】|【期末】|【转账定义】|【销售成本转账】命令,在销售结转成本设置窗口中,单击【增加】按钮,输入序号和转账说明,再单击【确定】按钮,相关界面如图 4-47 所示。

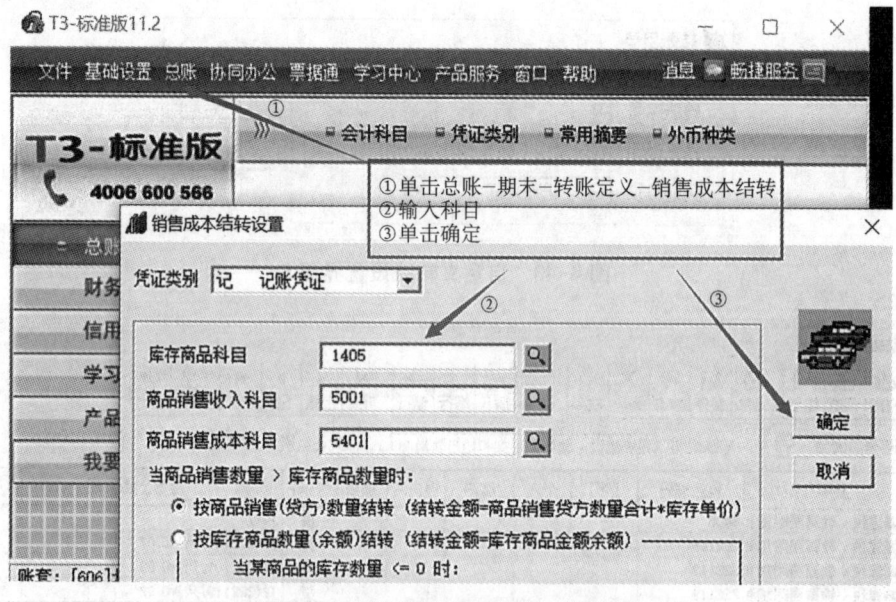

图 4-47　设置销售成本转账凭证界面

指引 3:设置汇兑损益转账凭证

(1) 31 日,以操作员贺敏的身份登录 T3,执行【基础设置】|【财务】|【外币种类】命令,在外币设置窗口中,输入浮动汇率,相关界面如图 4-48 所示。

(2) 单击【退出】按钮。

(3) 执行【总账】|【期末】|【转账定义】|【汇兑损益】命令,在汇兑损益结转设置窗口中,输入入账科目后,双击"是否计算汇兑损益"栏,再单击【确定】按钮,相关界面如图 4-49所示。

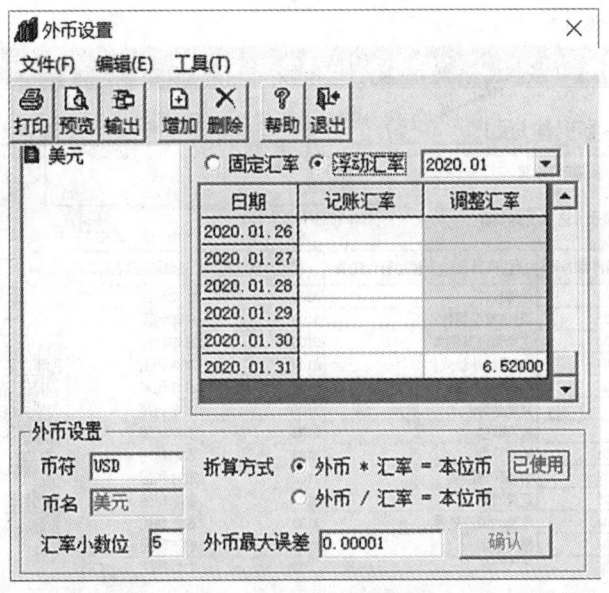

图 4-48　外币设置界面

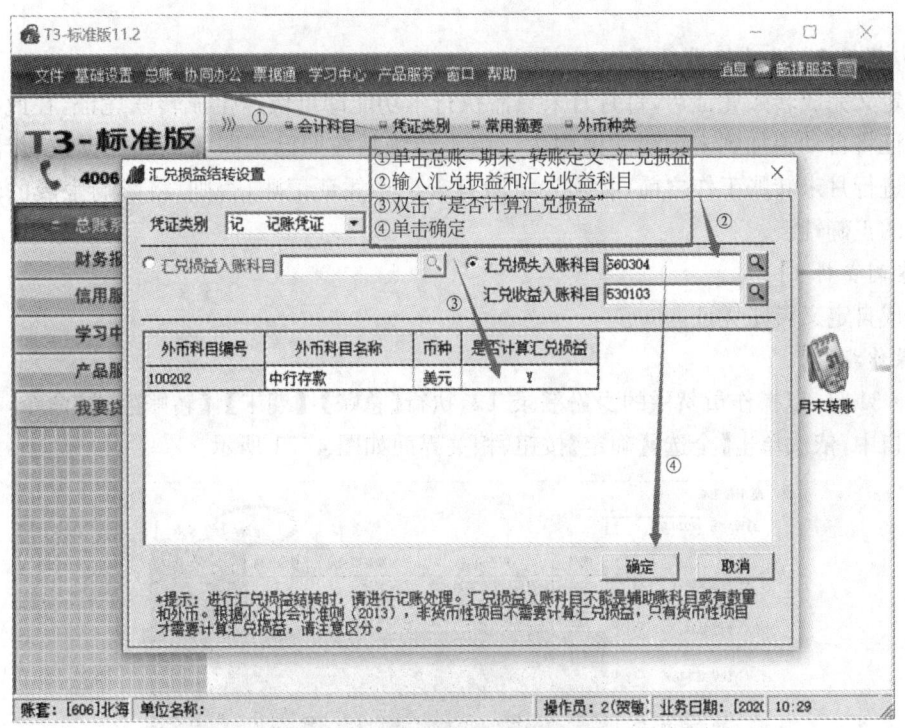

图 4-49　设置汇兑损益转账凭证界面

指引 4:设置期间损益转账凭证

31 日,以操作员贺敏的身份登录 T3,执行【总账】|【期末】|【转账定义】|【期间损益】命令,在期间损益结转设置窗口中,输入"本年利润"科目,再单击【确定】按钮,相关界面如图 4-50 所示。

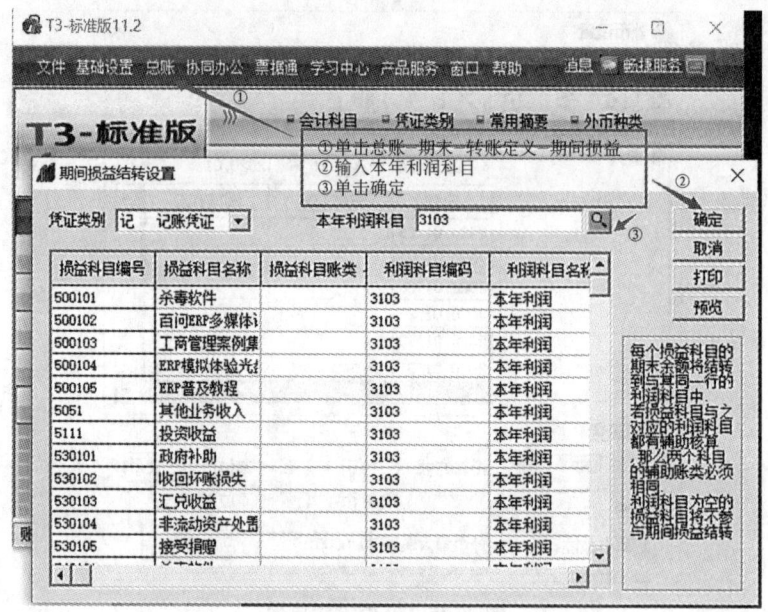

图 4-50　设置期间损益转账凭证界面

▶ **任务 2　生成转账凭证**

在定义完成转账凭证后,每月月末只需执行本功能即可快速生成转账凭证,在此生成的转账凭证将自动追加到未记账凭证中去。由于转账是按照已记账凭证的数据进行计算的,所以在进行月末转账工作之前,必须先将所有未记账凭证记账,否则,将影响生成的转账凭证数据的正确性。

【案例资料1】

生成自定义转账凭证。

【操作指引】

(1) 31 日,以操作员贺敏的身份登录 T3,执行【总账】|【期末】|【转账生成】命令,在转账生成窗口中,依次单击【全选】【确定】按钮,相关界面如图 4-51 所示。

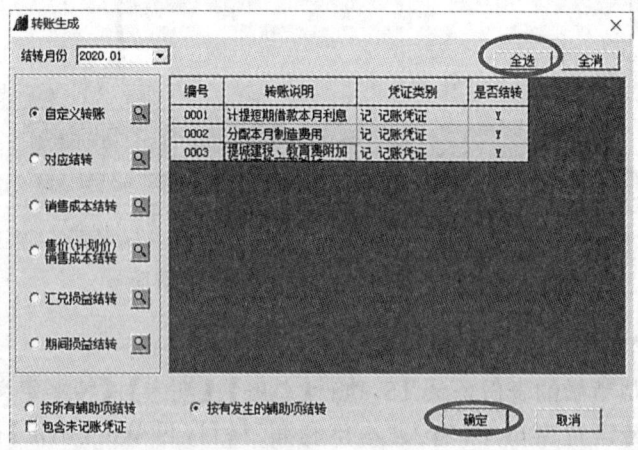

图 4-51　自定义转账界面

（2）单击【保存】按钮，生成计提短期借款利息凭证，相关界面如图 4-52 所示。

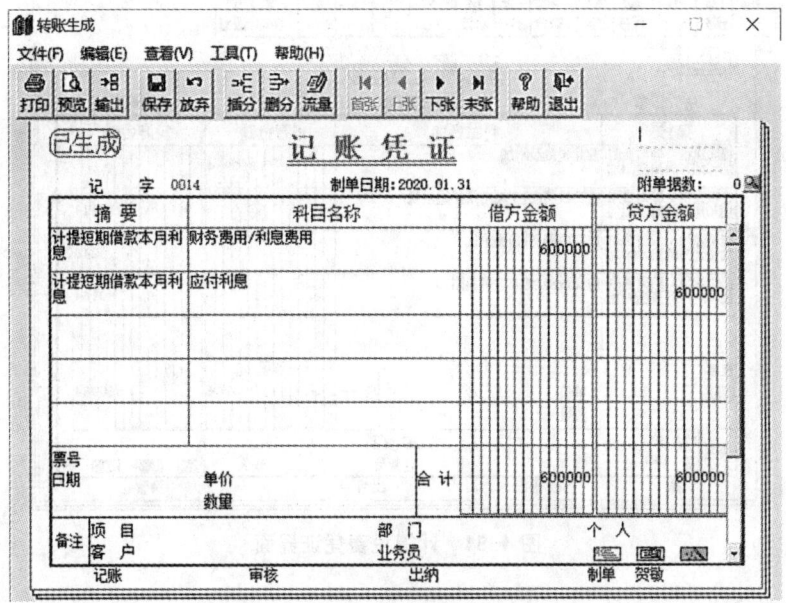

图 4-52　计提短期借款利息凭证界面

（3）依次单击【下张】【保存】按钮，生成分配制造费用凭证，相关界面如图 4-53 所示。

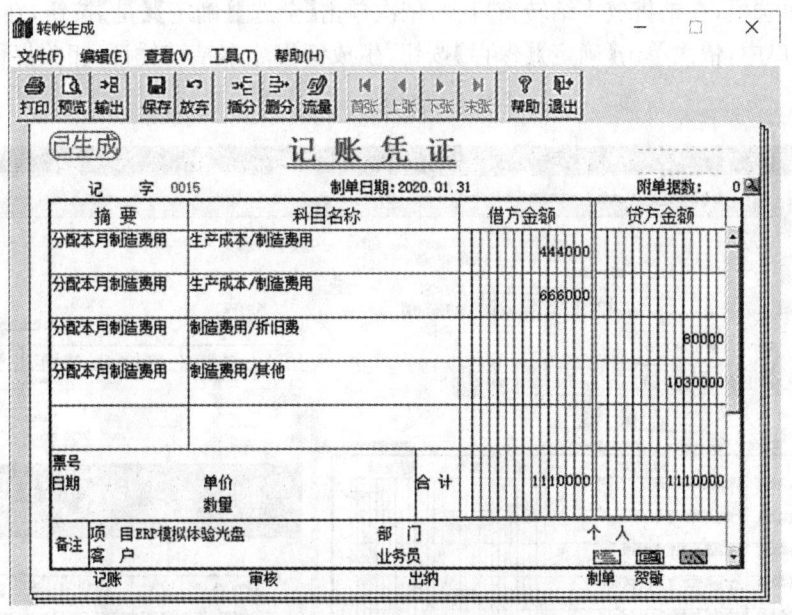

图 4-53　分配本月制造费用凭证界面

（4）依次单击【下张】【保存】按钮，生成计提城建税、教育费附加和地方教育附加凭证，相关界面如图 4-54 所示。

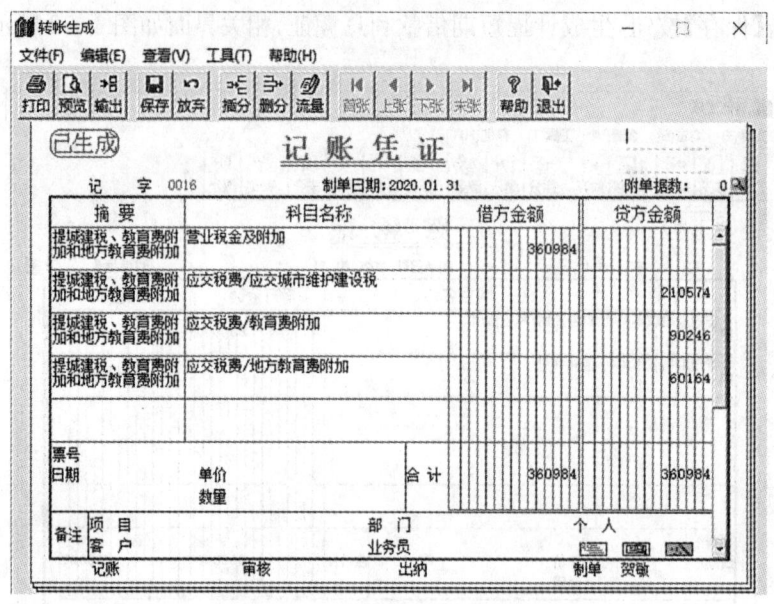

图 4-54 计提税费凭证界面

【案例资料 2】

生成 1 月份销售成本结转凭证。

【操作指引】

31 日,以操作员贺敏的身份登录 T3,执行【总账】|【期末】|【转账生成】命令,选中"销售成本结转"单选框,在销售成本结转窗口中,依次单击【全选】【确定】【是】按钮,在销售成本结转一览表窗口中,依次单击【确定】【保存】按钮,生成销售成本结转凭证,相关界面如图 4-55 所示。

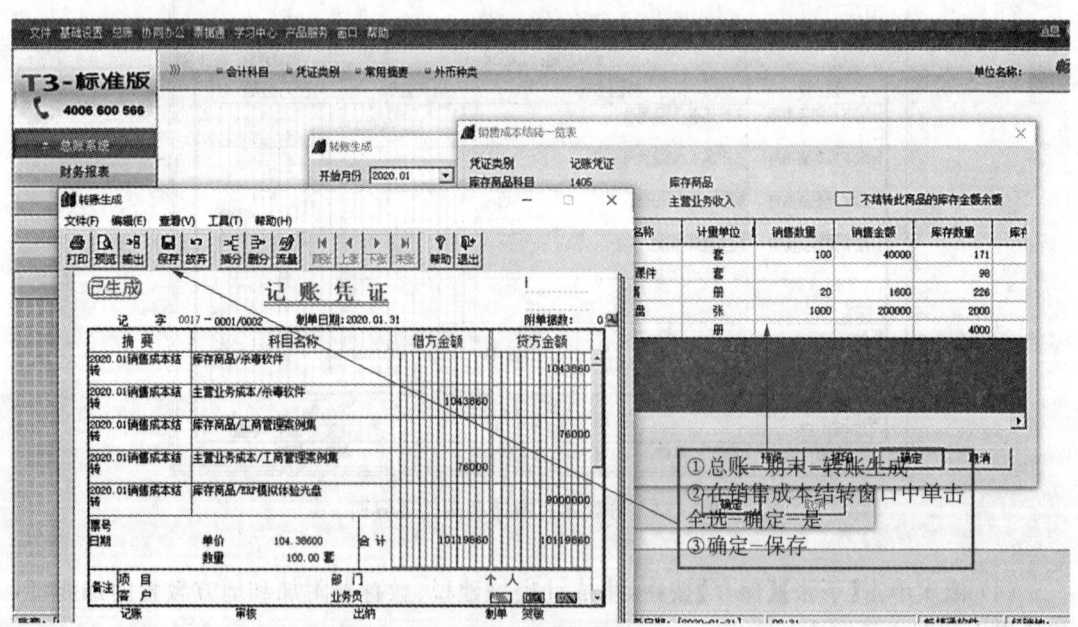

图 4-55 生成销售成本结转凭证界面

【案例资料 3】

生成汇兑损益结转凭证。

【操作指引】

31 日,以操作员贺敏的身份登录 T3,执行【总账】|【期末】|【转账生成】命令,选中"汇兑损益结转"单选框;在转账生成窗口中,依次单击【全选】【确定】【是】按钮,在汇兑损益试算表窗口中,依次单击【确定】【保存】按钮,生成汇兑损益结转凭证,相关界面如图 4-56 所示。

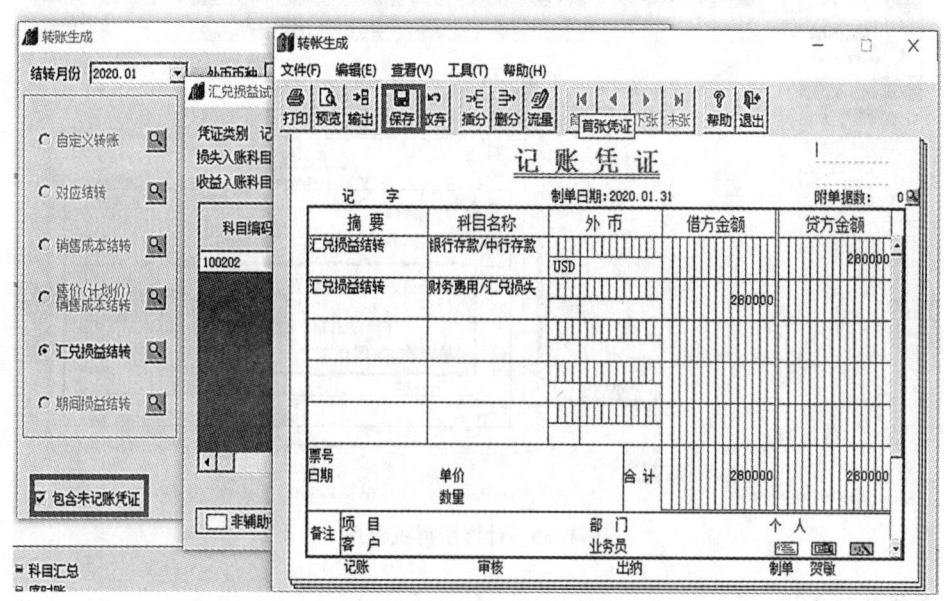

图 4-56　生成汇兑损益结转凭证界面

【案例资料 4】

生成 1 月份期间损益结转凭证。

【操作指引】

31 日,以操作员贺敏的身份登录 T3,执行【总账】|【期末】|【转账生成】命令,选"期间损益结转"单选框,勾选"包含未记账凭证"复选框,依次单击【全选】【确定】【是】按钮在转账生成窗口中,单击【保存】按钮,生成期间损益结转凭证,相关界面如图 4-57 所示。

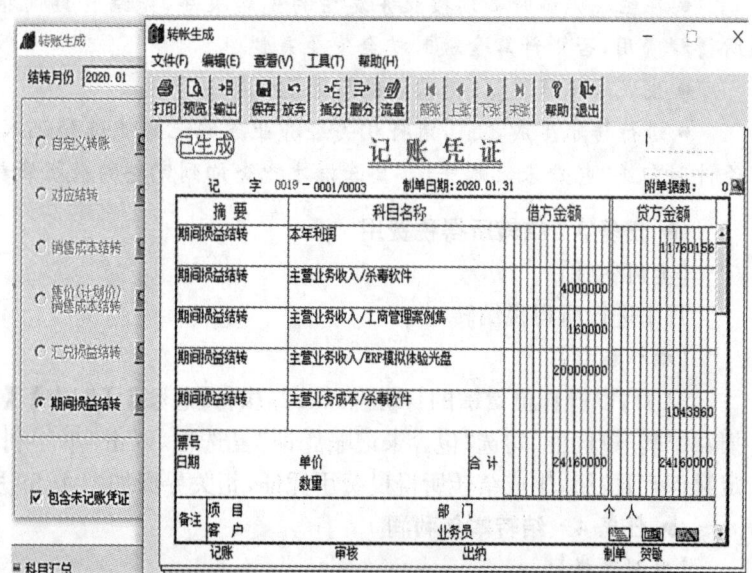

图 4-57　生成期间损益结转凭证界面

【案例资料 5】

生成计提所得税费用的凭证。

【操作指引】

31 日,以操作员贺敏的身份登录 T3,执行【总账】|【期末】|【转账生成】命令,勾选"包含未记账凭证"复选框,双击计提所得税,依次单击【确定】【保存】按钮,生成计提所得税费用凭证,相关界面如图 4-58 所示。

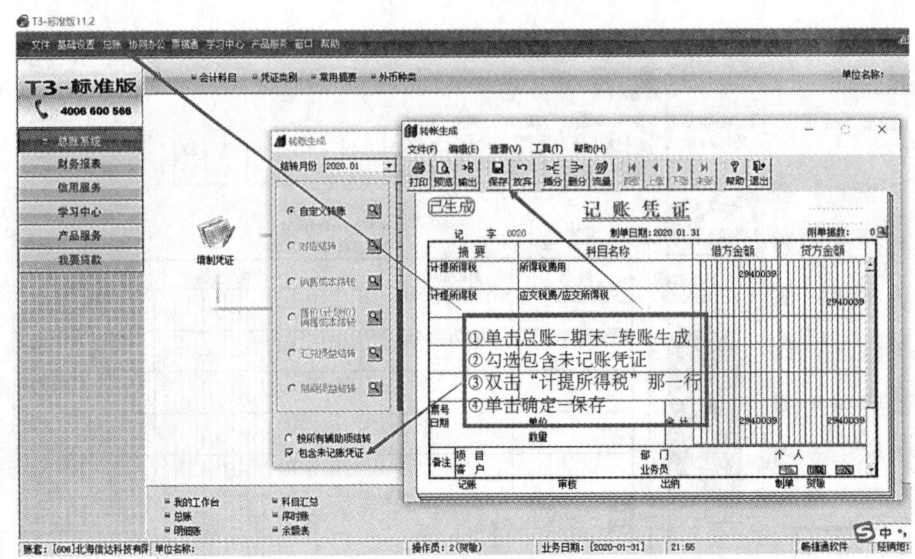

图 4-58 计提所得税费用

【关键知识点】

● 转账凭证每月只生成一次。

● 在生成凭证时必须按业务发生的先后次序,先结转期间损益计算出本年利润再计提所得税费用,否则计算金额时就会发生差错。

● 生成的转账凭证,仍需审核后才能记账。

● 进行转账生成之前,请将相关经济业务的记账凭证登记入账。否则,必须在录入查询条件时勾选"包含未记账凭证"复选框才能查询到完整的数据资料。

▶ **任务 3 结转所得税费用**

【案例资料】

月末进行所得税结转。

【操作指引】

31 日,以操作员贺敏的身份登录 T3,执行【总账】|【期末】|【转账生成】命令,选中"期间损益结转"单选框,勾选"包含未记账凭证"复选框,双击"本年利润"所在行,再依次单击【确定】【保存】按钮,生成结转所得税费用凭证,相关界面如图 4-59 所示。

▶ **任务 4 结转本年利润**

【案例资料】

月末进行"本年净利润"转入"利润分配"的对应结转。

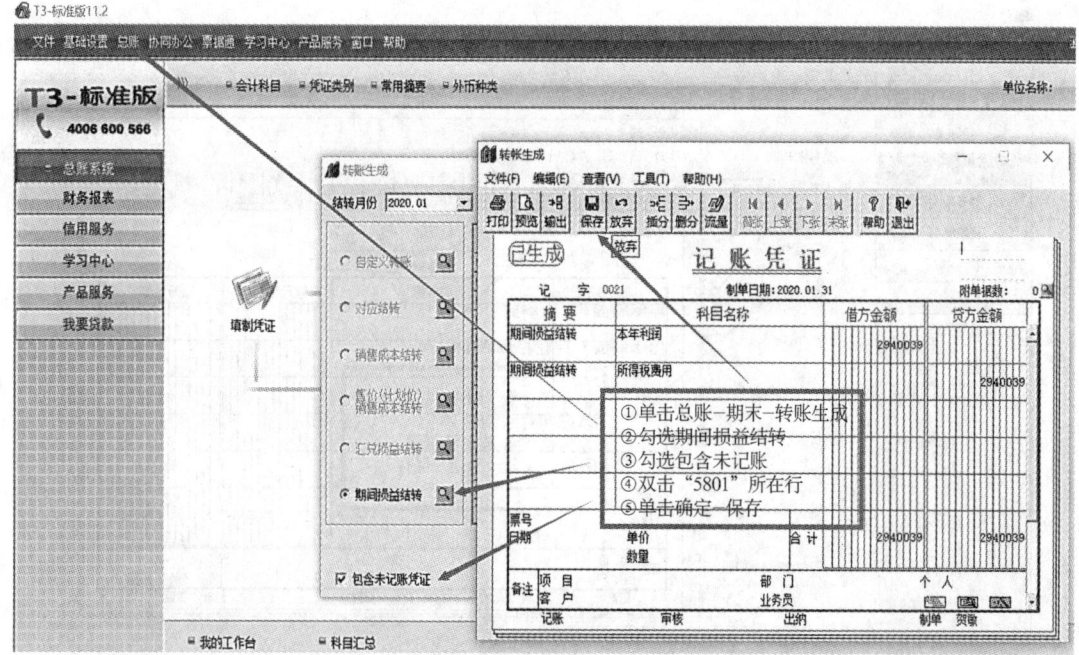

图 4-59 生成所得税费用结转凭证界面

【操作指引】

(1) 31 日,以操作员贺敏的身份登录 T3,执行【总账】|【期末】|【转账定义】|【对应结转】命令,在对应结转设置窗口中,输入对应结转信息,再单击【保存】按钮,相关界面如图 4-60 所示。

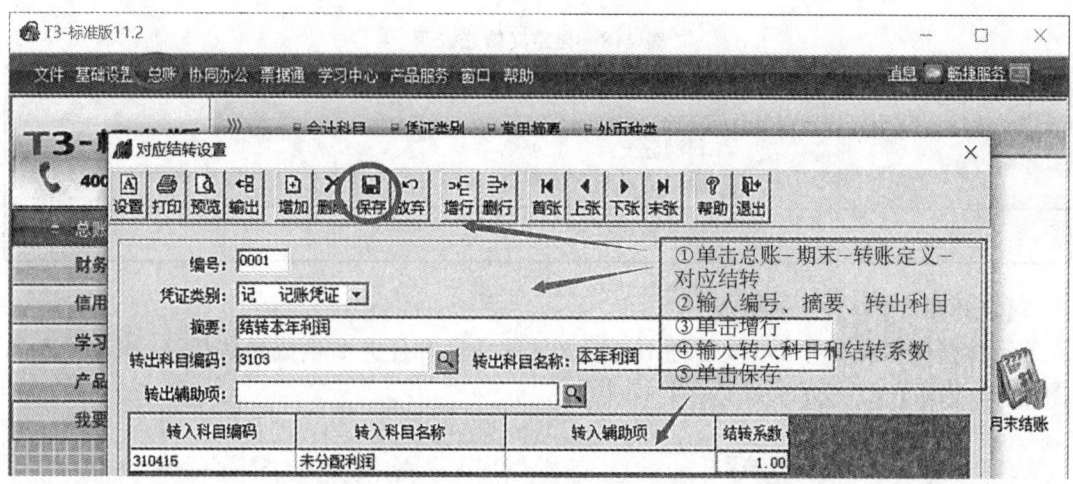

图 4-60 设置对应结转界面

(2) 执行【总账】|【期末】|【转账生成】命令,选中"对应结转"单选框,勾选"包含未记账凭证"复选框;依次单击【全选】【确定】按钮,在转账生成窗口中再单击【保存】按钮,生成结转本年利润凭证,相关界面如图 4-61 所示。

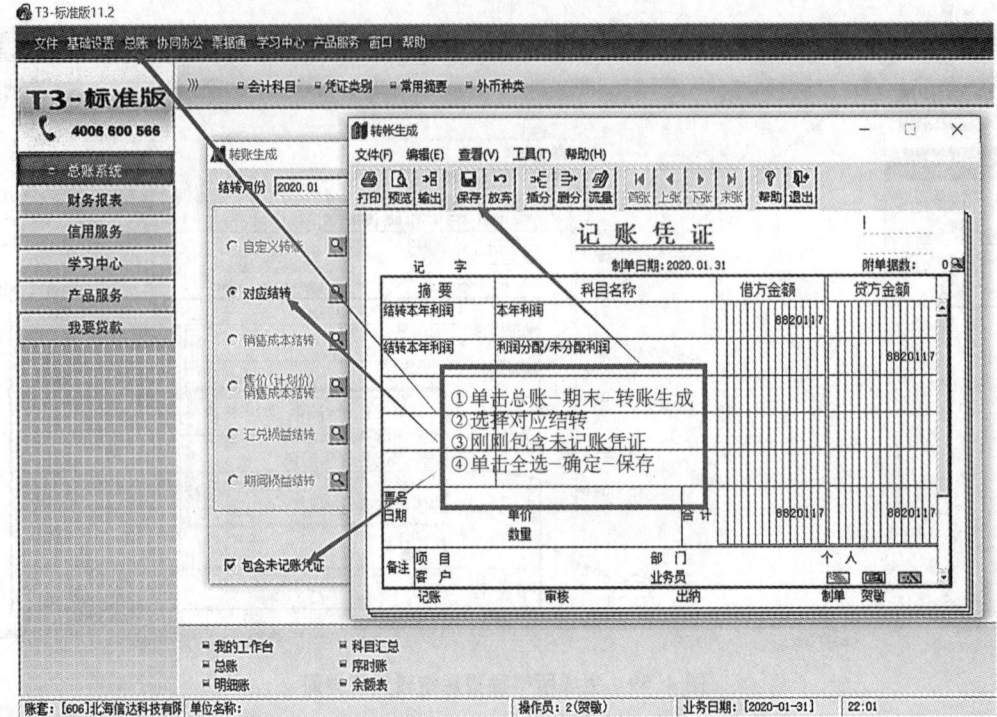

图 4-61　生成结转本年利润凭证界面

▶ 任务 5　利润分配

【案例资料】

月末进行自定义转账,相关信息如表 4-8 所示。

表 4-8　自定义转账说明

序号	转账说明
05	利润分配 提取法定盈余公积金(10%);向投资者分配利润(20%)
06	结平利润分配

【操作指引】

具体操作步骤参考 4.3.3 任务 1 自定义转账凭证和任务 2 生成转账凭证,相关界面如图 4-62 至图 4-67 所示。

图 4-62　自定义转账设置界面 1

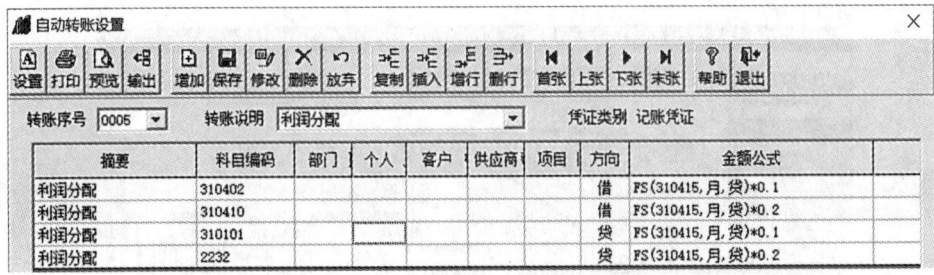

图 4-63　自定义转账设置界面 2

图 4-64　自定义转账设置界面 3

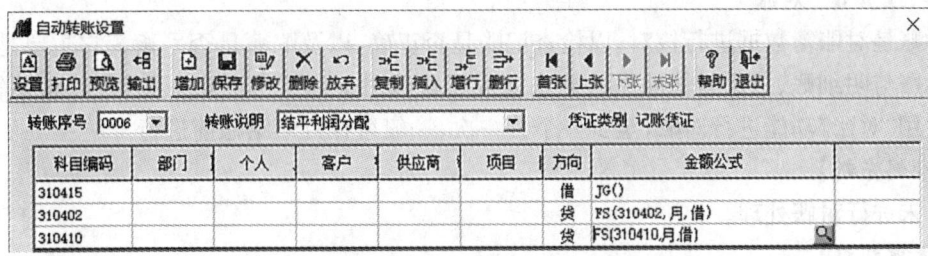

图 4-65　自定义转账设置界面 4

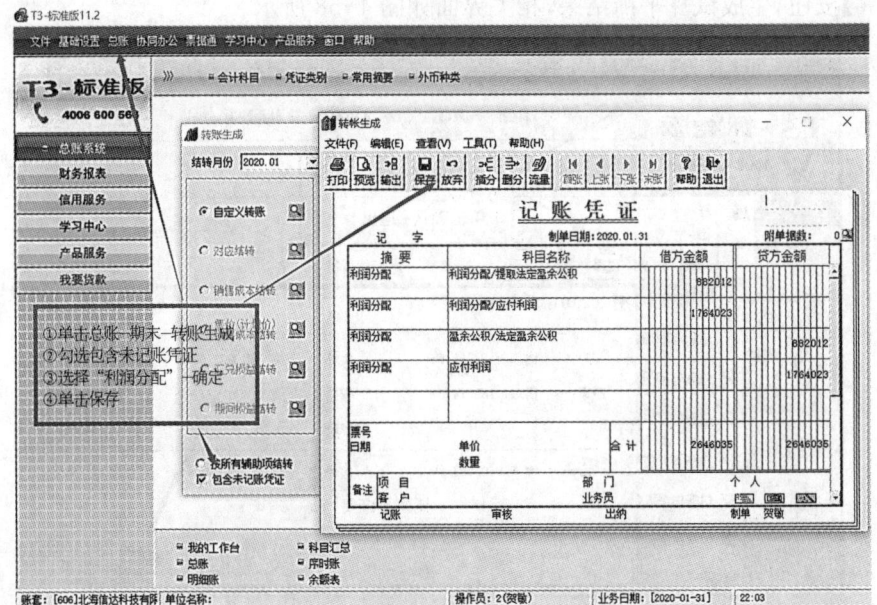

图 4-66　生成利润分配凭证界面

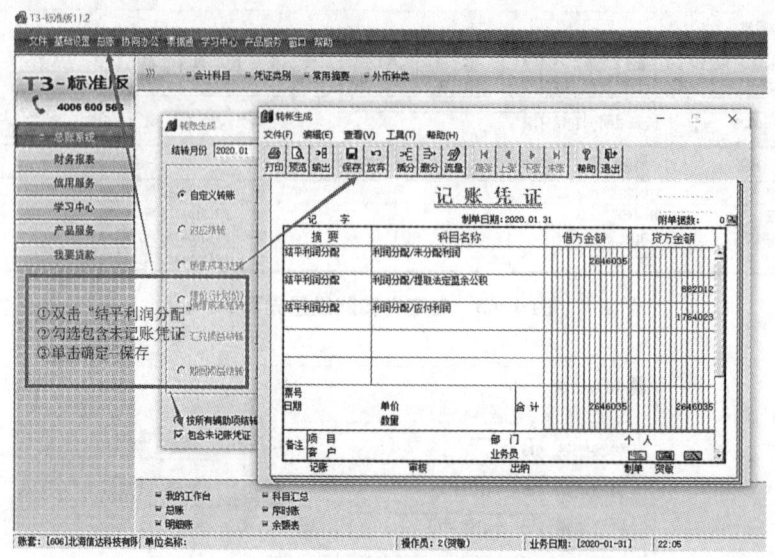

图 4-67　生成结平利润分配凭证界面

▶ 任务 6　对账

对账是对账簿数据进行核对,以检查记账是否正确,以及账簿是否平衡。它主要是通过核对总账与明细账、总账与辅助账数据来完成账账核对。为了保证账证相符、账账相符,应经常使用"对账"功能进行对账,至少一个月一次,一般可在月末结账前进行。

【案例资料】

月末进行对账处理。

【操作指引】

31 日,以操作员贺敏的身份登录 T3,执行【总账】|【期末】|【对账】命令,在对账窗口中,单击【试算】按钮,生成试算平衡结果,相关界面如图 4-68 所示。

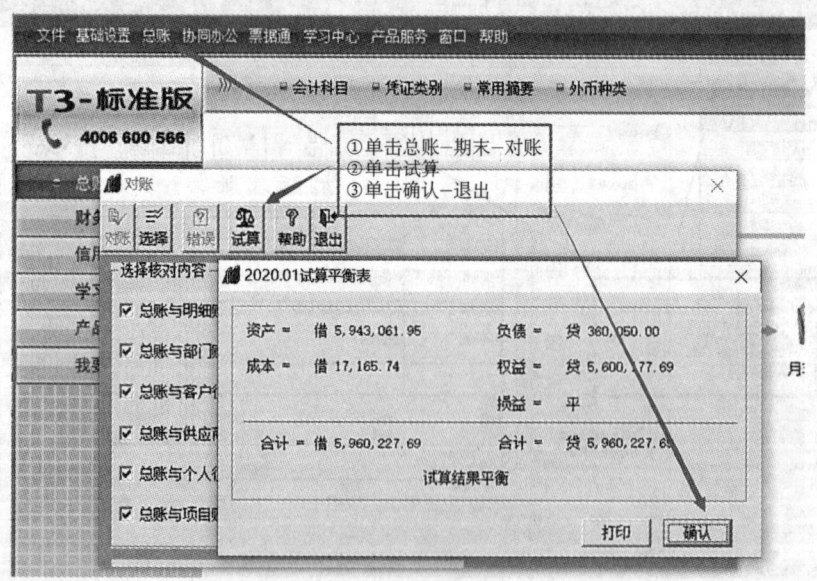

图 4-68　对账界面

▶ **任务 7　结账**

结账是指每月月末计算和结转各账簿的本期发生额和期末余额,并终止本期的账务处理工作的过程。结账只能每月进行一次,要正确地完成结账工作必须符合系统对结账工作的要求。

【案例资料】

月末进行结账处理(在结账前一定要保证所有凭证都完成出纳签字、审核和完成记账工作)。

【操作指引】

(1) 31 日,以账套主管郑通的身份登录 T3,执行【总账】|【月末结账】命令,在结账窗口中,选择结账月份,再单击【下一步】按钮,相关界面如图 4-69 所示。

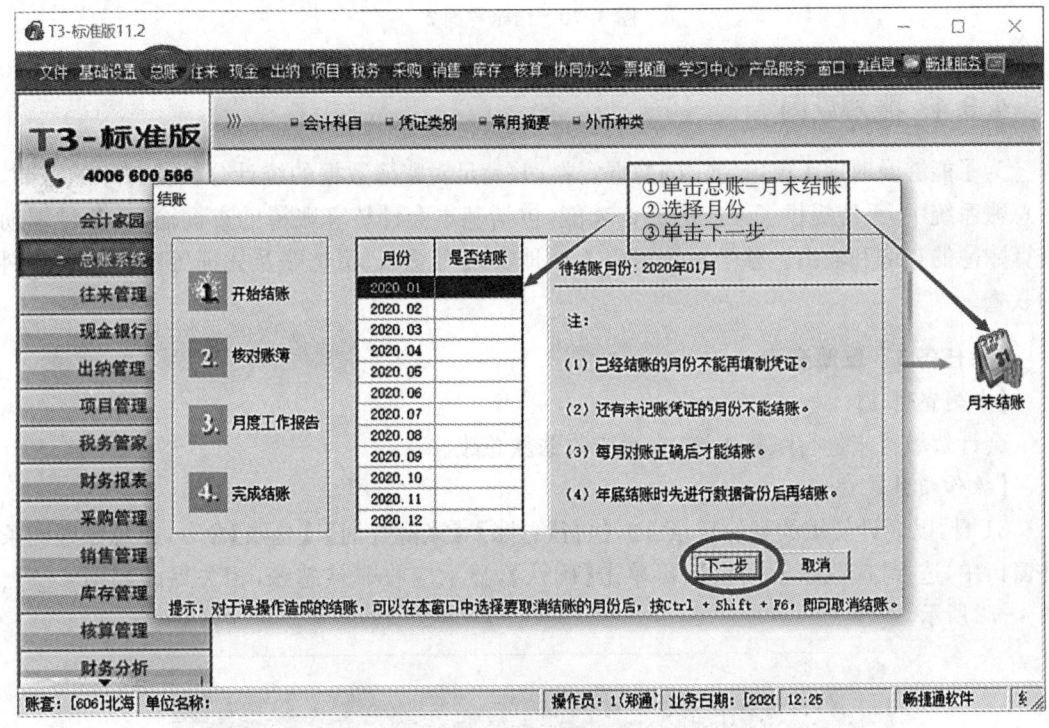

图 4-69　结账界面 1

(2) 依次单击【对账】【下一步】【下一步】【结账】【完成】按钮,完成结账相关界面如图 4-70 所示(因本账套没有结购销存系统所以会显示结账失败,应先把购销存系统设为不启用后再结账)。

【关键知识点】

● 结账必须按月连续进行,上月未结账,本月也不能结账,但可以填制、审核凭证。

● 如果与其他联合使用,其他子系统未全部结账,本系统不能结账。

● 已结账月份不能再填制凭证。

● 结账前,要进行数据备份。在结账的过程中,可以单击【取消】按钮取消正在进行的结账操作。取消结账功能键为"ctrl+shift+F6"。

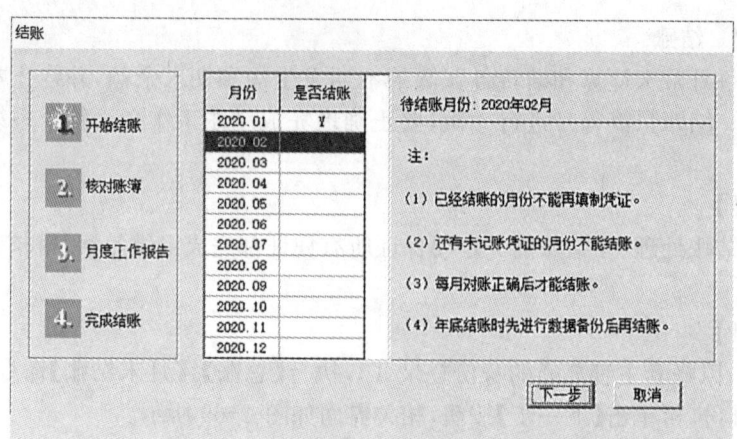

图 4-70   结账界面 2

4.3.4   账簿查询

为了能够及时地了解账簿中的数据资料,并满足对账簿数据的统计分析及打印的需要,在总账系统中,系统提供了强大的查询功能,包括基本会计核算账簿的查询输出、各种辅助核算账簿的查询和输出。整个系统可以方便地实现对总账、明细账及凭证等账、证、表资料的联查。

▶ 任务1   账簿查询

【案例资料 1】

会计贺敏月末进行账簿查询,查询应收账款总账。

【操作指引】

31 日,以会计贺敏的身份登录 T3,执行【总账】|【账簿查询】|【总账】命令,在总账查询条件窗口中,选择"应收账款"科目,再单击【确认】,显示应收账款总账,相关界面如图 4-71、图 4-72 所示。

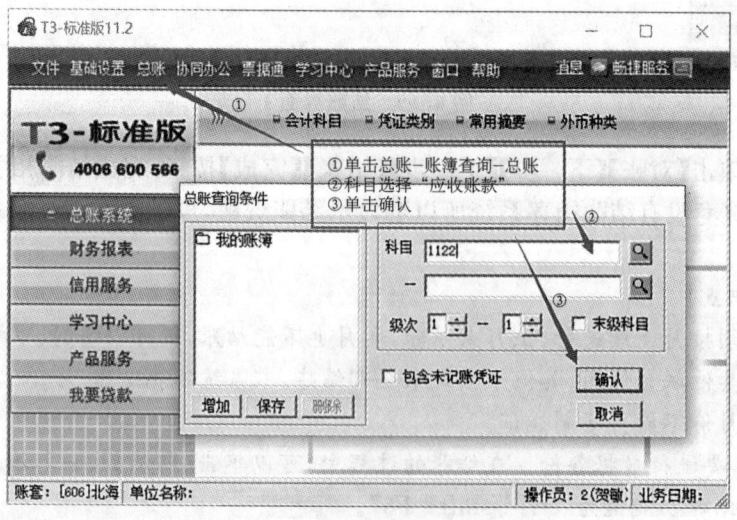

图 4-71   查询应收账款总账界面 1

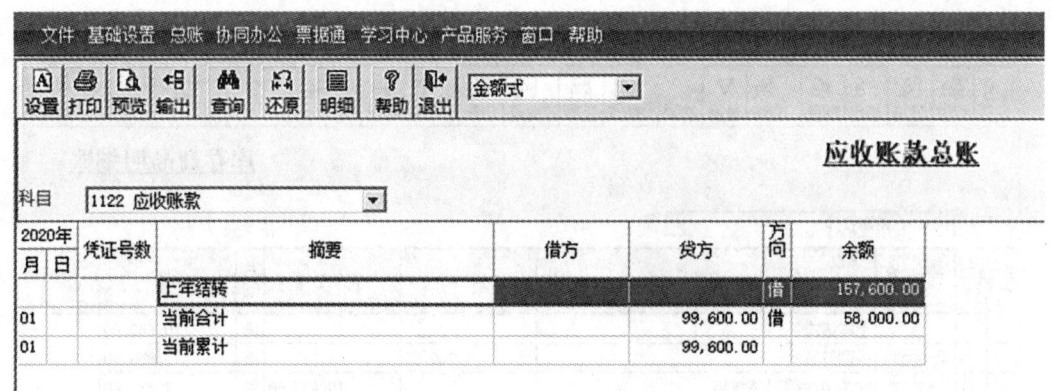

图 4-72　查询应收账款总账界面 2

【关键知识点】

● 科目范围为空时,系统认为查询所有科目。

● 如果需查询一至三级科目,可选择级次范围 1~3,如果需查询所有末级科目,则应勾选"末级科目"复选框。

● 可将查询条件保存到"我的账簿"中。

【案例资料 2】

会计贺敏月末进行账簿查询,查询库存商品中的杀毒软件明细账。

【操作指引】

31 日,以会计贺敏的身份登录 T3,执行【总账】|【账簿查询】|【明细账】命令,在明细账查询条件窗口中,选择"库存商品-杀毒软件"科目,再单击【确认】按钮,显示杀毒软件明细账,相关界面如图 4-73、图 4-74 所示。

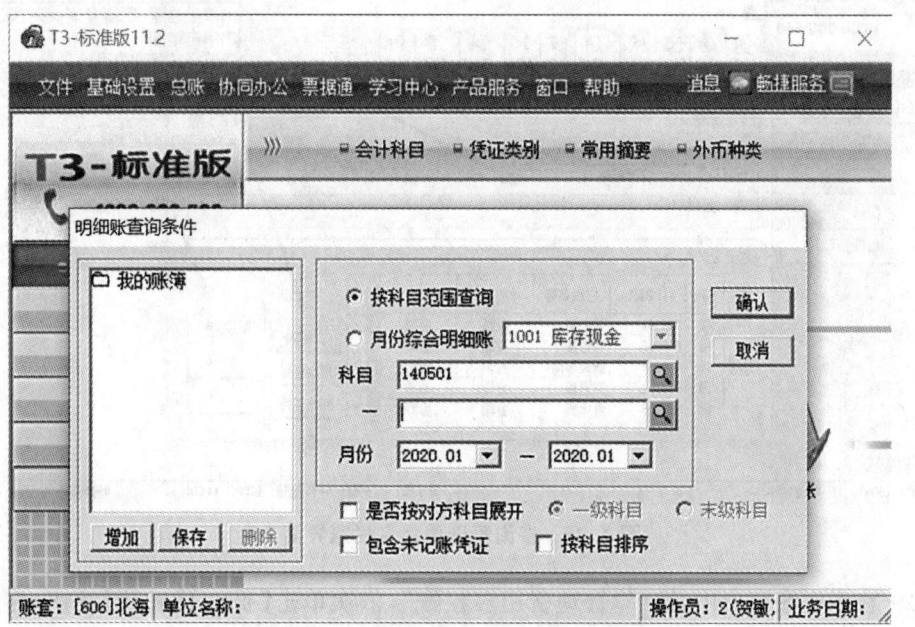

图 4-73　查询杀毒软件明细账界面 1

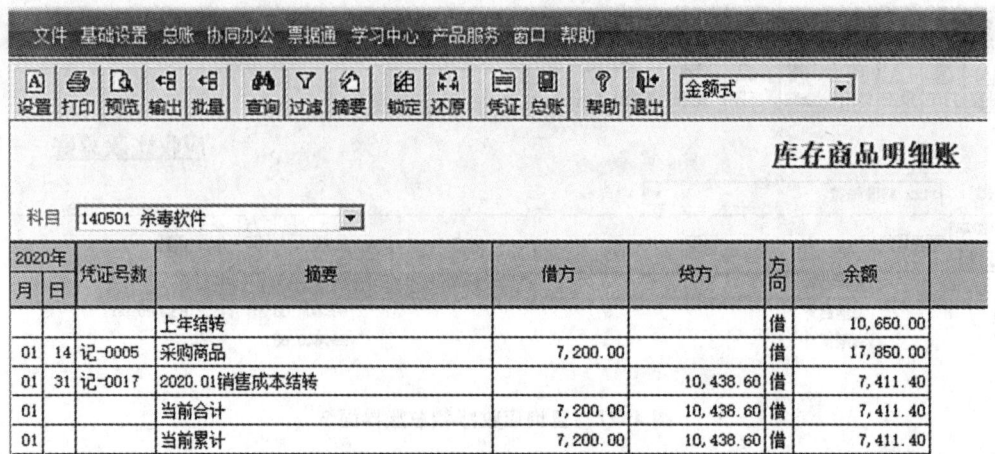

图 4-74　查询杀毒软件明细账界面 2

【案例资料 3】

会计贺敏月末进行账簿查询,查询管理费用多栏账。

【操作指引】

(1) 31 日,以会计贺敏的身份登录 T3,执行【总账】|【账簿查询】|【多栏账】命令,在多栏账窗口中,单击【增加】按钮,在多栏账定义窗口中,选择"管理费用"科目,依次单击【自动编制】【确定】按钮,如图 4-75 所示。

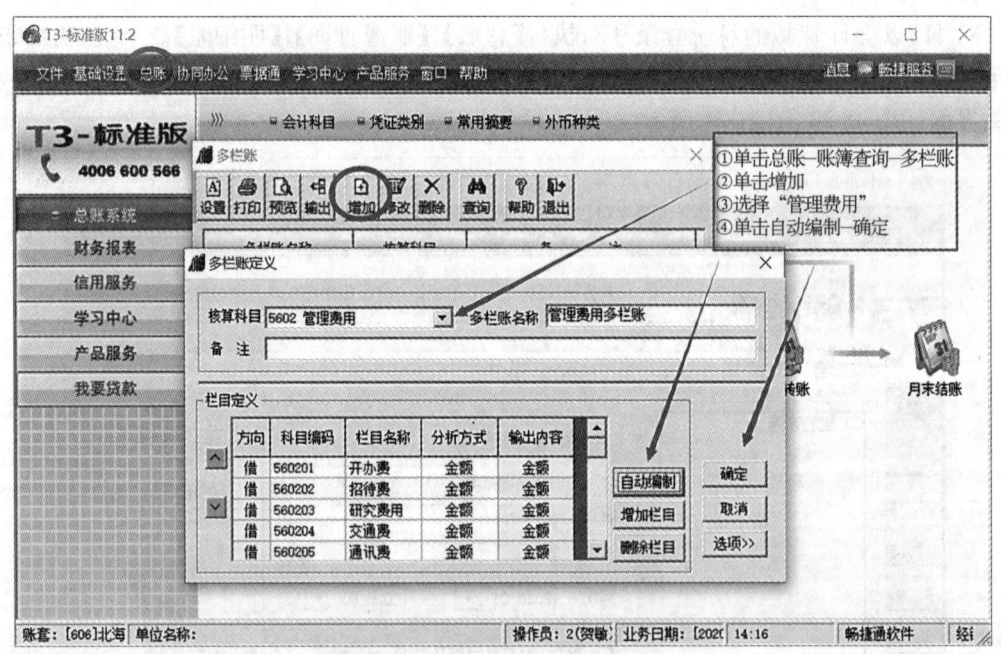

图 4-75　查询管理费用多栏账界面 1

(2) 在多栏账窗口中,选择"管理费用多栏账",依次单击【查询】【确认】按钮,显示管理费用多栏账如图 4-76 所示。

图 4-76 查询管理费用多栏账界面 2

▶ 任务 2 查询辅助账

【案例资料】

会计贺敏月末进行辅助账查询,查询部门总账辅助账。

【操作指引】

31 日,以会计贺敏的身份登录 T3,执行【总账】|【辅助查询】|【部门总账】|【部门总账】命令,在部门总账查询窗口中,单击【确定】按钮,显示部门总账辅助账,相关界面如图 4-77 所示。

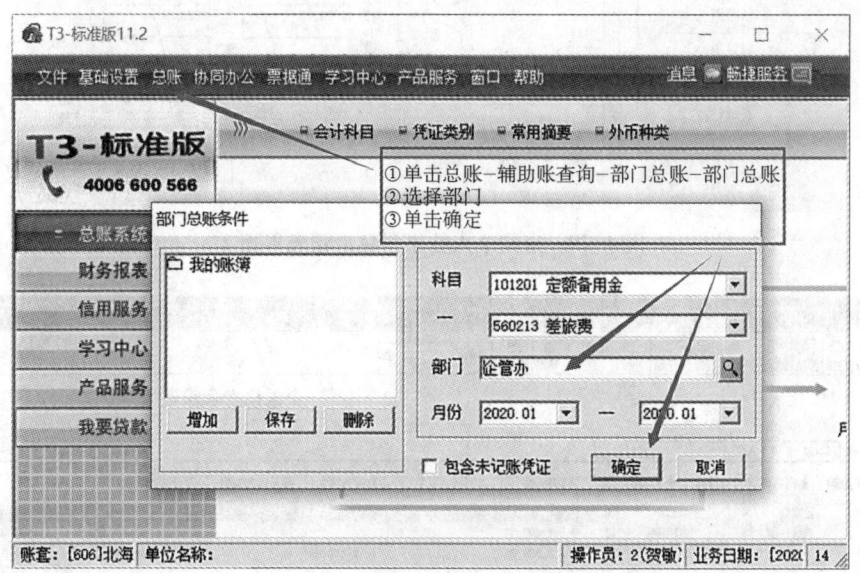

图 4-77 查询部门总账辅助账界面 1

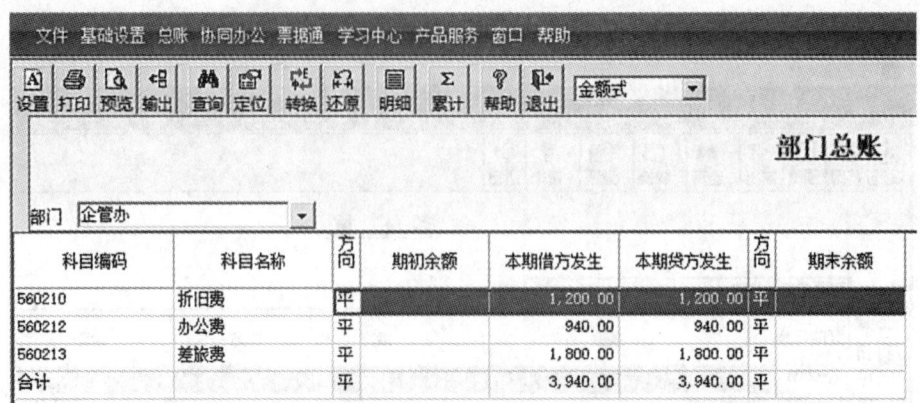

图 4-78 查询部门总账辅助账界面 2

▶ **任务 3 查询往来账**

【案例资料】

会计贺敏月末进行辅助账查询,查询个人往来的科目余额表。

【操作指引】

31 日,以会计贺敏的身份登录 T3,执行【总账】|【辅助查询】|【个人往来余额表】|【个人往来科目余额表】命令,在个人往来科目余额表窗口中,单击【确认】按钮,显示个人往来的科目余额表,相关界面如图 4-79、图 4-80 所示。

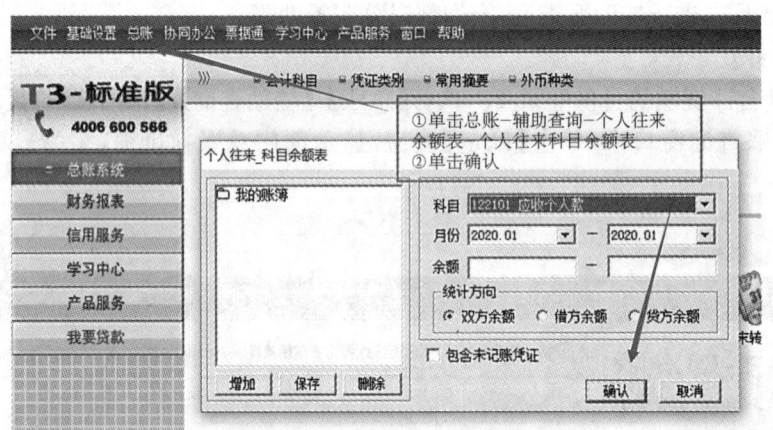

图 4-79 查询个人往来科目余额表界面 1

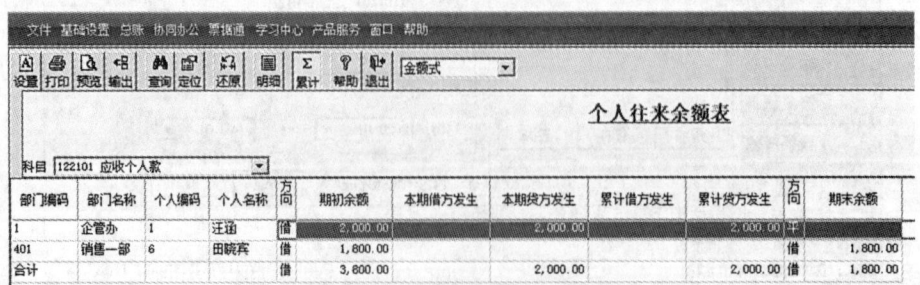

图 4-80 查询个人往来科目余额表界面 2

▶任务4　查询项目账

【案例资料】

账套主管郑通月末进行项目账查询,查询 ERP 模拟体验光盘的项目账。

【操作指引】

31 日,以账套主管郑通的身份登录 T3,执行【项目】|【账簿】|【项目总账】|【项目总账】命令,在项目总账条件窗口中,选择项目为"ERP 模拟体验光盘",单击【确定】按钮,显示 ERP 模拟体验光盘的项目账,相关界面如图 4-81、图 4-82 所示。

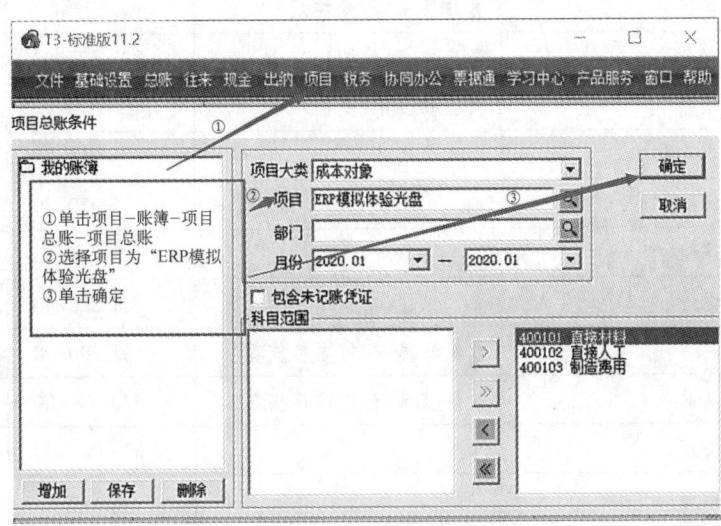

图 4-81　查询 ERP 模拟体验光盘界面 1

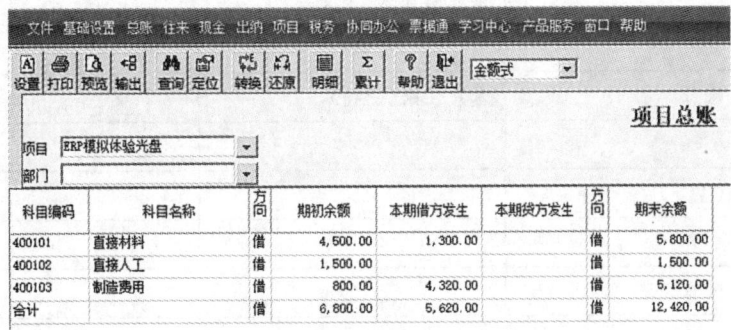

图 4-82　查询 ERP 模拟体验光盘界面 2

【关键知识点】

● 总账可以联查明细账;明细账可以联查总账和凭证;多栏账可以联查总账和记账凭证。

练一练

1. 江西丰瑞机械厂 6 月初期初资料如下:

(1) 账户期初余额表如表 4-9 所示。

表 4-9　账户期初余额表

科目编码	科目名称	辅助核算	借方余额/元	贷方余额/元
1001	库存现金	日记账	8 000.00	
1002	银行存款	日记账、银行账	1 265 900.05	
100201	工行存款	日记账、银行账	1 265 900.05	
101201	信用卡存款		20 000.00	
1121	应收票据	客户往来(不受控)		
1122	应收账款	客户往来(受控)	330 525.00	
1123	预付账款	供应商往来(受控)		
122101	应收个人款	个人往来		
122102	养老保险(个人)		12 979.20	
122103	医疗保险(个人)		3 244.80	
122104	失业保险(个人)		1 622.40	
1403	原材料	数量核算,存货项目核算	91 200.00	
1405	库存商品	数量核算,存货项目核算	670 030.00	
1601	固定资产		27 540 000.00	
1602	累计折旧			5 642 013.00
220201	购货款	供应商往来(受控)		296 010.00
220202	其他	供应商往来(不受控)		18 000.00
220203	估价款			
2203	预收账款	客户往来(受控)		
221101	工资			162 400.00
221102	社保(企业)			
221103	工会经费			3 248.00
221104	职工教育经费			33 870.00
221105	非货币性福利			8 184.00
222101	应交增值税			
222102	未交增值税			187 000.00
222104	应交消费税			
222105	应交资源税			
222106	应交所得税			90 872.00
222107	应交土地增值税			
222108	应交城市维护建设税			13 090.00

（续表）

科目编码	科目名称	辅助核算	借方余额/元	贷方余额/元
222109	应交房产税			
222110	应交土地使用税			
222111	应交个人所得税			
222112	应交教育费附加			5 610.00
222113	应交地方教育附加			3 740.00
2231	应付利息			50 000.00
2501	长期借款			4 000 000.00
3001	实收资本			16 600 000.00
300101	海通有限责任公司			16 600 000.00
300102	天宇股份有限责任公司			
3002	资本公积			330 000.00
300201	资本溢价			330 000.00
3101	盈余公积			240 000.00
310101	法定盈余公积			240 000.00
310102	任意盈余公积			
3103	本年利润			750 000.00
3104	利润分配			
310401	其他转入			
310402	提取法定盈余公积			
310403	应付普通股股利			
310404	转作资本的普通股利			
310405	未分配利润			1 524 644.45
4001	生产成本	成本对象项目核算	15 180.00	
410101	物料耗费			
410102	工资			
410103	折旧			
410104	其他			
5001		存货项目核算		
5401		存货项目核算		
560108	其他			
560208	其他			

（2）生产成本余额表如表 4-10 所示。

表 4-10 生产成本余额表

成本项目	变速箱锥齿轮	传动齿轮	合计
生产成本——直接材料/元	3 920	3 920	7 840
生产成本——直接人工/元	980	1 040	2 020
生产成本——制造费用/元	3 500	1 820	5 320
在产品数量/件	140	260	

（3）往来明细账余额如表 4-11、表 4-12 所示。

表 4-11 应收账款期初余额（录入其他应收单）

日期	客户	摘要	方向	金额/元
2019-5-12	恒兴公司	销售商品款未收	借	96 525.00
2019-3-10	明瑞公司	销售商品款未收	借	234 000.00

表 4-12 应付账款期初余额

日期	客户	摘要	方向	金额/元
2019-04-06	金鸿公司	购料，款未付	贷	164 970.00
2019-03-18	顶昌公司	购料，款未付	贷	131 040.00
2019-05-28	西安电力公司	应付电费	贷	18 000.00

（4）投产情况如表 4-13 所示。

表 4-13 投产情况

产品	期初在产	本月投产	本月完工	月末在产	投料程度	完工程度	工时
A 产品	400 件	900 件	1 000	300	100%	60%	300 小时
B 产品	100 件	300 件	250	150	100%	40%	200 小时

（5）存货期初余额如表 4-14 所示。

表 4-14 存货期初余额

存货	编码	名称	数量	单价/元	金额/元
原材料	101	渗碳钢	7 吨	5 100	35 700
	102	调质钢	10 吨	4 800	48 000
	103	耐磨润滑油	500 升	15	7 500
库存商品	201	变速箱锥齿轮	5 000 件	93.55	467 750
	202	传动齿轮	6 500 件	31.12	202 280

根据资料,进行如下操作:

a. 按要求修改和增加科目。

b. 指定现金和银行总账科目;现金流科目(库存现金、银行存款、其他货币资金)。

c. 设置总账系统业务参数:不序时控制、不可使用其他系统受控科目,出纳凭证必须经过出纳签字。

d. 录入期初余额。

2. 企业采用的会计政策及核算方法

(1) 企业所得税税率25%,增值税税率13%,运费增值税抵扣率9%,城市维护建设税税率7%,教育费附加率3%,地方教育附加率2%。企业所得税采用应付税款法核算。

(2) 企业原材料采用实际成本法核算,其中发出原材料成本采用先进先出法。

(3) 库存商品采用实际成本法核算,本月发出商品成本计算采用全月一次加权平均法。

(4) 月末生产费用在在产品与完工产品之间的成本分配采用约当产量法。分配率保留四位小数。尾差计入在产品成本。

(5) 企业计提折旧采用平均年限法、双倍余额递减法。

(6) 制造费用按照机器工时分配,分配率保留4位小数,尾差由传动齿轮承担。

(7) 职工养老保险、医疗保险和失业保险以上年职工平均月工资3 380元为计提。

(8) 个人所得税按七级超额累进税率计算代扣代缴。工薪所得个人所得税的费用扣除标准是5 000元/月。

(9) 差旅费相关规定:按实际出差天数每天补助80元,当无住宿票时,只补助出行和归来2天。住宿费标准为每天260元。市内交通补贴按实际出差天数每天补贴20元。长途客车、火车、轮船等票实报实销;飞机票必须提前经公司总经理批准,方可实报实销。

(10) 内部借款相关规定:根据有关文件填写借款单,并经部门领导签字。借款单经会计主管批准后,出纳方可借款。

(11) 长期借款400万元为购置固定资产借款,2010年9月借入,3年期,年利率7.5%。固定资产已交付使用。

(12) 会计核算保留两位小数。

3. 日常业务

(1) 6月1日,开出支票支付培训费2 500元。

(2) 6月1日,通过银行代发5月份工资并结转代扣款项,应付工资162 400元,实发工资144 513元,结转代扣个人所得税40.60元,代扣三险17 846.40元。

(3) 6月4日,购买材料货未到,货款100 000元,增值税税额13 000元,以汇兑方式付款。

(4) 6月4日,收到明瑞有限责任公司所欠货款及订货款。核销期初欠款234 000元,形成预收款500 000元。

(5) 6月4日,收到银行转来托收电费的凭证18 000元。

(6) 6月5日,缴纳上月未交增值税、城市维护建设税和教育费附加。

(7) 6月5日,缴纳单位负担的社保48 672元,个人负担的社保17 846.40元。

(8) 6月5日,缴纳工会经费3 248元。

(9) 6月5日,缴纳个人所得税40.60元。

(10) 6 月 6 日,4 日购入的材料入库。

(11) 6 月 7 日,报销业务招待费 800 元,以现金支付。

(12) 6 月 11 日,购买材料已验收入库,货款 100 000 元,增值税税额 13 000 元,以汇兑方式付款。

(13) 6 月 12 日,采购部张悦预借差旅费 5 000 元,以现金支付。

(14) 6 月 14 日,申请银行承兑汇票,支付承兑手续费 82.50 元。

(15) 6 月 18 日,向新泰配件公司销售传动齿轮,信用条件"1/10, N/30",价款 360 000 元,增值税税率 13%,款未收。

(16) 6 月 24 日,计提本期利息并支付银行借款利息 12 500 元。

(17) 6 月 25 日,向明瑞有限责任公司销售变速箱锥齿轮,价款 900 000 元,增值税税额 117 000 元,款未收。

(18) 6 月 25 日,收到明瑞有限责任公司偿还的汇兑货款 234 000 元。

(19) 6 月 30 日,分配工资及相关费用,如表 4-15、表 4-16 所示。

表 4-15　工资费用分配表

2020 年 6 月 30 日　　　　　　　　　　　　　　　　　　单位:元

项目		分配工资			工资费用合计
		分配标准（　）	分配率	分配金额	
生产车间	变速箱锥齿轮				51 800
	传动齿轮				32 700
	小计				
车间管理部门					15 600
销售部门					15 600
行政管理部门					47 700
合计					163 400

复核:　　　　　　　　　　　　　　　　　　　　　　　制单:

表 4-16　工会经费、职工教育经费、社保费用计提表　　　　　　　　单位:元

人员类别	应付工资	工会经费	职工教育经费	社保基金（企业）	合计
变速箱生产人员	51 800	1 036	1 295	14 196	68 327
传动齿轮生产人员	32 700	654	817.5	14 196	48 367.5
车间管理人员	15 600	312	390	4 056	20 358
销售人员	15 600	312	390	4 056	20 358
管理人员	47 700	954	1 192.5	12 168	62 014.5
合　计	163 400	3 268	4 085.00	48 672	219 425

(20) 6 月 30 日,结转发出材料成本,如表 4-17、表 4-18 所示。

表 4-17　期初材料结存表

编制单位：西安劲风机械厂　　　　　　　　　2020 年 06 月

编码	名称	数量	单价/元	金额/元
101	渗碳钢	7 吨	5 100	35 700
102	调质钢	10 吨	4 800	48 000
103	耐磨润滑油	500 升	15	7 500

制表：李嘉　　　　　　　　　　　　　　　　　　　　　审核：李飞

表 4-18　发出材料汇总表

2020 年 6 月

用途	渗碳钢/吨			调质钢/吨			耐磨润滑油/升			合计
	数量	单价	金额	数量	单价	金额	数量	单价	金额	
变速箱锥齿轮	21.4									
传运齿轮				23.8						
车间一般耗用							300			
合计	21.4			23.8			300			

复核：李飞　　　　　　　　　　　　　　　　　　　　　制表：王永

（21）6 月 30 日，接受天宇股份投资变速箱锥齿轮实用新型专利投资，账面价值 180 万元，评估价值 380 万元，占投资额的 17%。

（22）6 月 30 日，计提本月折旧，如表 4-19 所示。

表 4-19　固定资产折旧计算表

固定资产名称	原值	使用部门	使用日期	可使用年限	折旧方法	残值率	本月折旧额	累计折旧额
厂房	5 400 000	生产部门	2010.9.20	30	直线法	4%	14 400.00	259 200
变速箱锥齿轮生产线	12 000 000	生产部门	2010.11.03	10	双倍余额递减法	5%	160 328.34	3 360 328.34
传动齿轮生产线	6 000 000	生产部门	2010.11.18	10	双倍余额递减法	5%	80 211.42	1 680 211.42
生产部门小计							254 939.76	
小汽车	240 000	销售部门	2010.12.10	10	直线法	5%	1 900	34 200
电脑	12 000	销售部门	2011.01.10	5	直线法	6%	188	3 384
销售部门小计							2 088	
小汽车	660 000	管理部门	2010.12.10	10	直线法	5%	5 225	94 050
电脑	78 000	管理部门	2011.01.10	5	直线法	6%	1 222	21 996
办公楼	3 210 000	管理部门	2010.08.5	30	直线法	4%	8 560	154 080
管理部门小计							15 007	
合　计							272 034.76	

（23）6 月 30 日，分配购电费，本月电费 14 000 元，其中照明用电 1 200 元，生产用电 12 800 元，增值税税率 13%，如表 4-20 所示。

表 4-20　外购动力分配表

年　　月　　日

受益部门		耗用量/度	分配额 （分费率：　　　）
生产产品用	变速箱锥齿轮	6 000	
	传动齿轮	10 000	
车间照明用		500	
管理部门		800	
销售部门		200	
合计		17 500	

审核：　　　　　　　　　　　　　　　　　　　　　　　　　　制单：

（24）6 月 30 日,分配制造费用,如表 4-21 所示。

表 4-21　制造费用分配表

2020 年 6 月 30 日

产品	定额工时	分配额 （分费率：　　　）
变速箱锥齿轮	12 600	
传动齿轮	3 900	
合计	16 500	

审核：　　　　　　　　　　　　　　　　　　　　　　　　　　制单：

（25）6 月 30 日,结转本月完工产品成本,期末在产品完工程度为:变速箱锥齿轮 50%,传动齿轮 25%,材料费在加工初期一次投入。

（26）6 月 30 日,采用全月一次加权平均法结转本月已销产品成本。

（27）6 月 30 日,计算应交增值税、城市维护建设税、教育费附加。

（28）6 月 30 日,期间损益自动结转。

根据江西丰瑞机械厂 6 月业务,填制凭证、出纳签字、审核、记账及月末处理。

想一想

1. 如果总账系统期初余额不平衡对日常工作有何影响?

2. 进行哪些设置后才能进行"出纳签字"的操作?

3. 何谓凭证的"无痕迹"及"有痕迹"修改?

4. 应如何删除错误的记账凭证?

5. 应如何在查询总账时联查明细账和记账凭证?

6. 说出三个可以进行自定义转账设置的业务?

第5单元　出　纳　管　理

知识目标

1. 能解释出纳典型业务核算处理
2. 能描述出纳业务处理内容
3. 能阐述银行对账流程

技能目标

1. 能熟练出纳签字
2. 能熟练进行银行对账
3. 能熟练反对账反核销等操作
4. 能熟练登记支票登记簿
5. 能进行现金、银行存款日记账的查询

知识导图

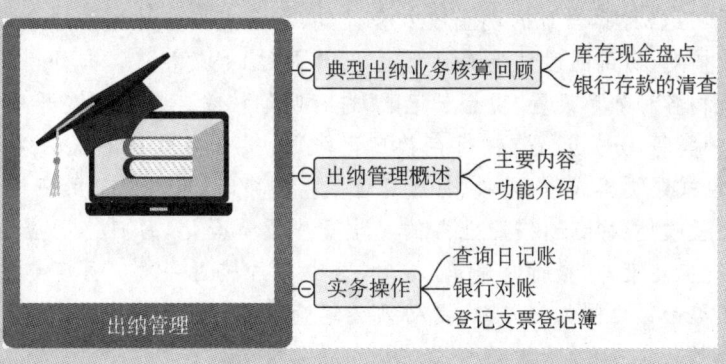

情景导入

　　北海信达科技有限公司出纳员孙娟完成了收款凭证和付款凭证的签字审核,收到银行转来的对账单,初次使用平台软件处理出纳业务,孙娟脑海里浮现了专业学习阶段有关出纳的职业道德、工作职责、与会计员的协调以及工作要求。

根据《中华人民共和国会计法》《会计基础工作规范》等财会法规，出纳人员应具备良好的职业道德主要包括爱岗敬业、熟悉法规、依法办事、客观公正、搞好服务、保守秘密六个方面；工作职责包括按照国家有关现金管理和银行结算制度的规定，办理现金收付和银行结算业务；严格审核有关原始凭证，据以编制收、付款凭证，然后根据收、付款凭证逐笔顺序登记现金日记账和银行存款日记账，并结出余额；随时查询银行存款余额，不准签发空头支票，不准出租出借银行账户；保证库存现金和各种有价证券的安全与完整，按照国家外汇管理和结汇、购汇制度的规定及有关批件，办理外汇出纳业务；但出纳人员不得负责登记除现金日记账和银行存款日记账以外的任何账簿。出纳的日常工作主要包括货币资金核算、往来结算、工资核算等三方面的内容。货币资金核算包括：办理现金收付，办理银行结算，规范使用支票；登记日记账，保证日清月结；保管库存现金和有价证券；复核收入凭证，办理销售核算；保管有关印章。往来结算包括：建立往来款项的结算业务，建立清算制度；核算其他往来款项，防止坏账损失。工资核算包括：执行工资计划，监督工资使用；核算工资单据，发放工资奖金。

会计与出纳之间是分工与协作的关系，主要表现为：作为记账凭据的会计凭证必须在出纳、明细账会计、总账会计之间按照一定的顺序传递。他们相互利用对方的核算资料，共同完成会计核算任务，缺一不可。同时，他们之间互相牵制。出纳的现金日记账和银行存款日记账与总账会计的现金总分类账和银行存款总分类账，总分类账与其所属的明细分类账，明细分类账中的有价证券账与出纳账中相应的有价证券账，均有金额上的等量关系。这样出纳、明细账会计、总账会计之间必须相互核对账目以保持一致。会计工作必须实行钱账分管，出纳人员不得兼管稽核和会计档案保管，不得负责收入、费用、债权债务等账目的登记工作。总账会计和明细账会计则不得管钱管物。企业应当设置"现金日记账"，现金日记账必须采用订本式账簿，一般为三栏式账页格式（如果收、付款凭证数量较多时，也可以采用多栏式），由出纳人员根据现金收付款凭证，按照业务发生顺序逐笔登记。每日终了，应当计算当日的现金收入合计数、现金支出合计数和结余数，并将结余数与实际库存数核对，做到随时发生随时登记，日清月结，账款相符。有外币现金的企业，应当分别人民币和各种外币设置"现金日记账"进行明细核算。企业应按开户银行和其他金融机构、存款种类等，分别设置"银行存款日记账"。银行存款日记账必须采用订本式账簿，一般为三栏式账页格式（如果收、付款凭证数量较多时，也可以采用多栏式），由出纳人员根据银行存款收付款凭证，按照业务的发生顺序逐笔登记，每日终了应结出余额。"银行存款日记账"应定期与"银行对账单"核对，至少每月核对一次。月度终了，企业账面余额与银行对账单余额之间如有差额，则必须逐笔查明原因进行处理，并按月编制"银行存款余额调节表"。

孙娟想，看来软件处理出纳业务，工作内容基本一致，需要进行对账、账簿查询等工作，但软件的运行速度是人力无法比拟的。

鉴于公司业务特点，运用该软件平台进行公司出纳业务处理，请你为孙娟出谋划策：

1. 软件对账流程如何？

2. 支票登记簿如何设置？

5.1　典型出纳业务核算回顾

5.1.1　库存现金盘点

1. 库存现金的清查方法

库存现金的日清月结是对出纳员的工作要求。清查库存现金主要采用实地盘点的方法。在日常工作中,出纳员每日清点库存现金实有数额,并及时与现金日记账的余额相核对。在由专门清查人员进行的清查工作中,出纳员应将库存现金收、付凭证全部登记入账,并结出现金日记账余额,做好准备工作。库存现金盘点时,出纳人员必须在场,盘点后应由盘点人员根据现金盘点结果编制"库存现金盘点报告表"(见表 5-1),并由盘点人员和出纳员签章。

表 5-1　库存现金盘点报告表

单位名称：　　　　　　　　年　月　日

实存金额	账存金额	对比结果		备注
		盘盈	盘亏	

盘点人签章：　　　　　　　　　　　　　　　　　　出纳员签章：

【案例资料】

(1) 2020 年 1 月末信达科技盘点现金,现金日记账余额 16 497.7 元,实际盘点数 15 897.7 元,原因待查。

(2) 经领导批准查明原因后,其中 100 元为多付刘东工资应收回,150 元出纳责任应赔,其余由企业承担。

【案例解析】

库存现金盘点报告表如表 5-2 所示。

表 5-2　库存现金盘点报告表

单位名称:信达科技　　　　　　　2020 年 01 月 31 日

实存金额	账存金额	对比结果		备注
		盘盈	盘亏	
15 897.7	16 497.7		600	100 元为多付刘东工资,150 元出纳责任应赔,其余由企业承担

盘点人签章:汪涵、郑通、贺敏　　　　　　　　　出纳员签章:孙娟

根据库存现金盘点报告表,编制如下会计分录:

(1) 审批前。

> 借：待处理财产损溢——待处理流动资产损溢　　　　　　　　600
> 　　贷：库存现金　　　　　　　　　　　　　　　　　　　　　600

（2）批准后。

> 借：其他应收款——刘东　　　　　　　　　　　　　　　　　100
> 　　　　　　　　——孙娟　　　　　　　　　　　　　　　　　150
> 　　管理费用　　　　　　　　　　　　　　　　　　　　　　　350
> 　　贷：待处理财产损溢——待处理流动资产损溢　　　　　　　600

　　盘点结果根据权限，将处理建议报股东大会或董事会，或经理(厂长)会议或类似机构批准。企业清查的各种财产的损溢，应于期末前查明原因，并根据企业的管理权限，经股东大会或董事会，或经理(厂长)会议或类似机构批准后，在期末结账前处理完毕。

2. 库存现金清查的账务处理

　　现金盘点后，每次根据清查盘点的结果进行账务处理，其内容如表 5-3 所示。

表 5-3　库存现金清查账务处理

项目	盘盈	盘亏
审批前	借：库存现金 　　贷：待处理财产损溢——待处理流动资产损溢	借：待处理财产损溢——待处理流动资产损溢 　　贷：库存现金
审批后	借：待处理财产损溢——待处理流动资产损溢 　　贷：营业外收入	借：其他应收款 　　管理费用 　　贷：待处理财产损溢——待处理流动资产损溢

　　企业清查的各种财产的损溢，如果在期末结账前尚未经批准，在对外提供财务报表时，先按上述规定进行处理，并在附注中作出说明；其后批准处理的金额与已处理金额不一致的，调整财务报表相关项目的年初数。

5.1.2　银行存款的清查

1. 银行存款的清查方法

　　清查银行存款主要采用与开户银行核对账目的方法，即将企业的银行存款日记账与收到的银行对账单上记录的业务逐笔核对。每月末，企业的出纳员先将本企业的银行存款账登记完毕结出余额，然后取得银行出具的银行对账单，由出纳以外的会计人员将银行存款日记账与银行对账单逐笔核对。

2. 账实不符的原因

　　日记账和对账单如有核对不符，应分析不符的原因。核对不符的原因包括记账错误和未达账项两种。所谓未达账项，是指开户银行和本单位之间，对于同一款项的收付业务，由于凭证传递时间和记账时间的不同，发生一方已经入账而另一方尚未入账的款项。企业与开户银行之间的未达账项，有以下四种情况。

(1) 企业已收,银行未收,即企业已收款入账,而银行尚未收款入账。

(2) 企业已付,银行未付,即企业已付款入账,而银行尚未付款入账。

(3) 银行已收,企业未收,即银行已收款入账,而企业尚未收款入账。

(4) 银行已付,企业未付,即银行已付款入账,而企业尚未付款入账。

3. 账实不符的处理

如果发现存在未达账项,应通过编制"银行存款余额调节表"(见表 5-4)来进行调整,以便检查账簿记录的正确性。

表 5-4　银行存款余额调节表

年　　月　　日　　　　　　　　　　　　　　　　单位:元

项目	金额	项目	金额
银行存款日记账余额		银行对账单余额	
加:银行已收,企业未收		加:企业已收,银行未收	
减:银行已付,企业未付		减:企业已付,银行未付	
调节以后的存款余额		调节以后的存款余额	

双方账面余额经过调整后如果一致,说明双方记账均无差错。调节后的余额,是企业实际可使用的存款数额。调节账面余额并不是更改账簿记录的依据,对于银行已入账而本单位尚未入账的未达账项不进行账务处理,而是在收到银行的收付款通知后方可入账。

【案例资料】

信达科技 2020 年 1 月工商银行存款对账如下:

(1) 银行对账期初。

信达科技银行账的启用日期为 01.01,银行对账单调整前余额为 5 233 829.16 元,未达账项一笔,系银行已收企业未收款 22 772.00 元(2019 年 12 月 28 日)。

(2) 工商银行对账单如表 5-5 所示。

表 5-5　1 月份工商银行对账单

日期	结算方式	票号	贷方金额/元	借方金额/元
1.03	201	XJ001		10 000
1.08	202	ZZR001		3 390
1.14	202	ZZR002	99 600	
1.22	202	ZZR004	9 360	
1.31	委托收款			15 000

(3) 1 月份银行存款日记账如图 5-1 所示。

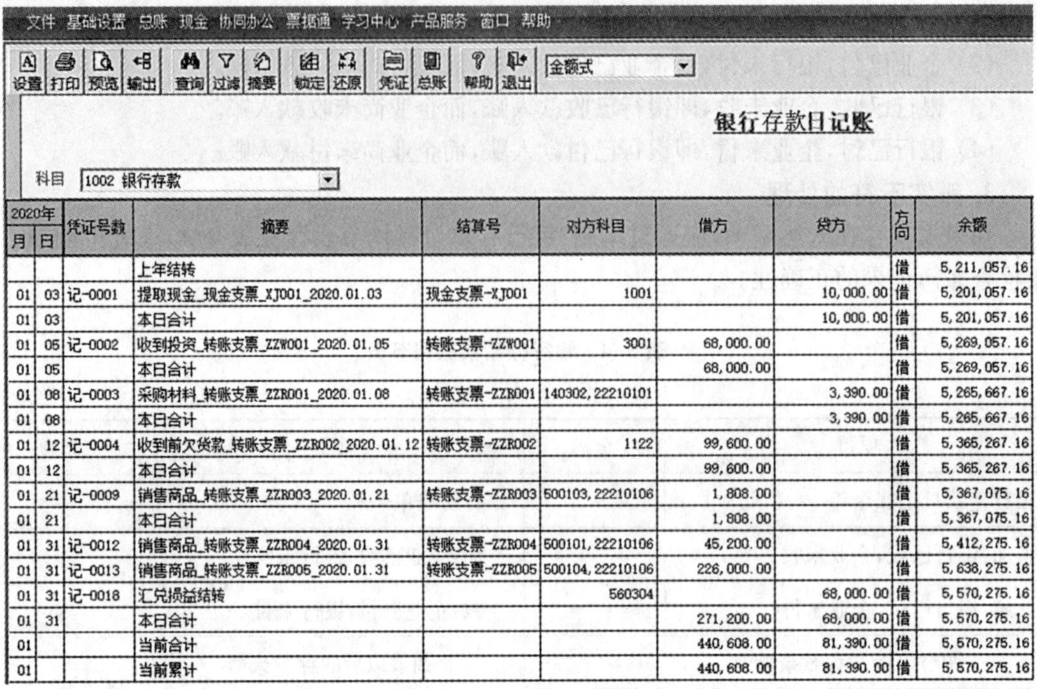

图 5-1　银行存款日记账

【案例解析】

（1）查询银行存款日记账，得到银行存款日记账调整前月为 5 570 275.16，填入表格左边银行存款日记账余额栏内。

（2）对账单调整前余额为 5 314 399.16 元（5 233 829.16＋99 600＋9 360－10 000－3 390－15 000），填入右边对账单余额栏内。

（3）通过银行日记账和对账单核对，发现以下未达账项：

银行已收企业未收款为 32 132 元，即 22 772 元（2019 年 12 月 28 日）＋9 360 元（2020年 1 月 22 日）。

银行已付企业未付款为 15 000 元（2020 年 1 月 31 日）。

企业已收银行未收款为 273 008 元，即 1 808 元（2020 年 1 月 21 日）＋45 200 元（2020年 1 月 31 日）＋22 6000 元（2020 年 1 月 31 日）。

（4）根据上述分析，编制银行存款余额调节表（见表 5-6）。

表 5-6　银行存款余额调节表

2020 年 01 月 31 日　　　　　　　　　　　　　　　　　单位:元

项目	金额	项目	金额
银行存款日记账余额	5 570 275.16	银行对账单余额	5 314 399.16
加:银行已收,企业未收	32 132	加:企业已收,银行未收	273 008
减:银行已付,企业未付	15 000	减:企业已付,银行未付	
调节以后的存款余额	5 587 407.16	调节以后的存款余额	5 587 407.16

5.2　出纳管理概述

　　管理是总账管理子系统为出纳人员提供的一套管理工具和工作平台，包括银行期初录入、现金和银行存款日记账、资金日报的查询和打印及银行对账和支票登记簿的管理等。

5.2.1　主要内容

　　现金管理的主要内容如图 5-2 所示。

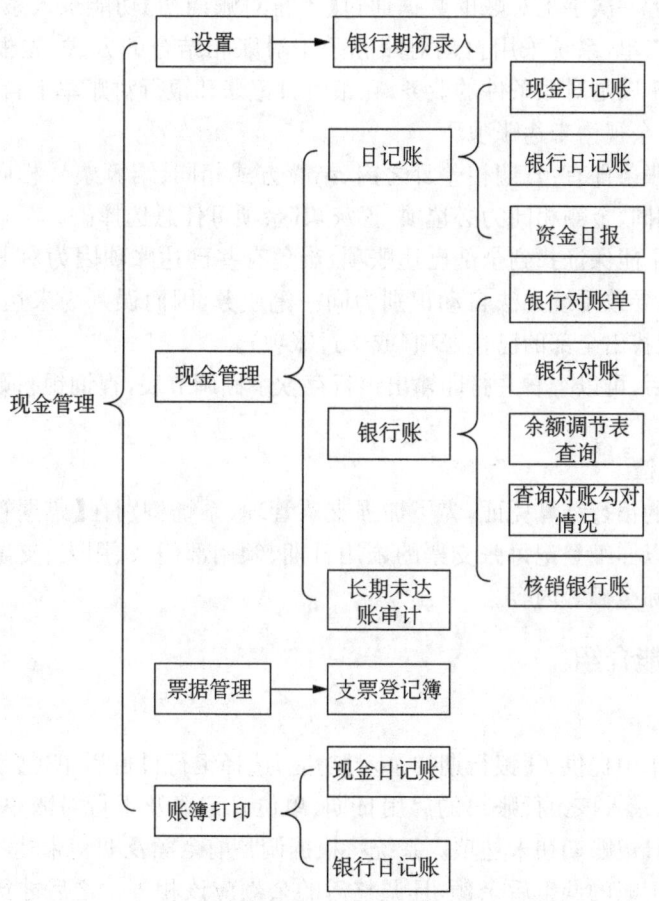

图 5-2　现金管理的主要内容

1. 现金、银行存款日记账和资金日报表的查询和打印

　　总账子系统中【账簿查询】功能中有【日记账】查询功能，只要在【会计科目】中将科目勾选为日记账即可在此查询该科目的序时信息。而现金日记账和银行存款日记账必须在现金管理中查询，在此之前，需要在【基础设置】【财务】【会计科目】功能的【编辑】菜单中执行【指定科目】功能，将现金指定为现金总账科目，银行存款指定为银行总账科目，才能进行现金银

行日记账的查询和打印。

资金日报表反映现金和银行存款日发生额及余额情况,手工环境下,资金日报表由出纳逐日填写,在此,由总账子系统根据已记账凭证(或未记账凭证)自动生成。

2. 银行对账

银行对账流程如图 5-3 所示。

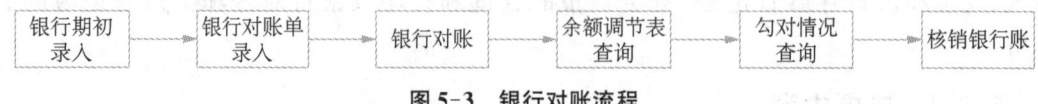

图 5-3　银行对账流程

银行对账是出纳在月末应进行的一项工作,为了保证银行对账的正确性,必须将启用银行对账模块前最近一次手工对账的数据通过【银行对账期初】功能录入系统,之后再录入启用月份的银行对账单,系统采用自动对账和手工对账相结合的方式,先根据选择的对账条件,自动对账,对于满足对账条件的业务,在银行日记账和银行对账单上自动打上两清标志,视为已达账项,其余视为未达账项。

系统自动对账条件有:日期相差日之内、结算方式相同、结算票号相同、方向相同、金额相同,其中方向相同,金额相同为必选项,置灰,其余项可任意选择。

自动对账并不能保证找到全部已达账项,难免有些已达账项因为对账条件录入不完整或者分几次入账,导致系统无法自动识别为同一笔业务,因而误判为未达账项。这时,就需要手工补对,才能找出全部的已达账项(或未过账项)。

银行对账之后,可以查看并打印输出银行存款余额调节表,查询银行账勾对情况和核销已达账项。

3. 支票登记簿

支票是重要的银行结算凭证,为了加强支票管理,系统特别在【票据管理】中提供了【支票登记簿】功能,以详细登记每张支票的领用日期、领用部门、领用人、支票号、用途、预计金额、报销金额、实际金额等内容。

5.2.2　功能介绍

1. 设置

在【设置】菜单中提供了【银行期初录入】功能,选择银行科目后单击【确定】按钮,在银行期初录入窗口中,录入该银行账户的启用日期、单位日记账及银行对账单的调整前余额、银行对账单及单位日记账期初未达项。系统将根据调整前余额及期初未达项自动计算出银行对账单与单位日记账的调整后余额,且调整后的余额应该相等。之后才能开启本月对账单录入对账工作。

2. 现金管理

1) 日记账

在【现金管理】菜单的【日记账】功能中,屏幕显示日记账查询条件,科目默认为"库存现金",选择查询方式,按月或按日查,再选择查询的月份或日期的范围;可以根据需要分别勾选"包含未记账凭证""是否按对方科目展开"选项,从而进一步选择对方科目显示形式。设置的查询条件可以保存在"我的账簿",方便今后查询时调用。同样,可以设置银行日记账的查询条件,单击【确认】按钮后,显示现金/银行日记账,可在此联查总账、联查凭证并打印日记账。

在【现金管理】菜单的【资金日报】功能中,打开查询条件窗口,选择日期和科目级次,并根据需要勾选"包含未记账凭证""有余额无发生也显示"选项。单击【确认】按钮后,屏幕显示资金日报表,单击【日报】按钮可查询并打印光标所在科目的日报表,单击【昨日】按钮可查看各现金、银行科目的昨日余额。

2) 银行账

(1) 银行对账单。执行【现金管理】【银行账】【银行对账单】命令,选择对账的银行科目,选择对账的起止月份,勾选"显示已达账"选项,单击【确定】按钮后,进入银行对账单窗口,逐条增加银行对账单记录,包括日期、结算方式、票号、借方金额、贷方金额和余额;也可单击【引入】按钮,选择引入的对账单文件类型,按照数据接口向导执行即可。

(2) 银行对账。在【银行对账】功能中,选择要对账的银行科目及对账的起止月份,若勾选"显示已达账"选项,则显示已两清勾对的单位日记账和银行对账单(系统默认为不显示已达账)。单击【确认】按钮,屏幕显示对账界面,左边为单位日记账,右边为银行对账单,单击【对账】按钮,自动进行银行对账后,再进行手工补对。单击【检查】按钮,检查对账是否有错,若有错,应进行调整。

(3) 银行存款余额调节表查询。对银行账进行两清勾对后,便可点击【余额调节表查询】按钮,屏幕显示所有银行科目的账面余额及调整余额。将光标移到某银行科目上,点击【查看】按钮或双击该行,即可查看该银行科目的银行存款余额调节表。点击【详细】按钮,即可显示光标所在行的详细情况,并提供打印功能。若对账单余额方向为借方,则截止日期前未两清的银行对账单的借方发生额应填写在【银行已收企业未收】项目中,贷方发生额则应填在【银行已付企业未付】项目中。若对账单余额方向为贷方,则截止日期以前未两清的银行对账单的贷方发生额和借方发生额应分别填写在【银行已收企业未收】和【银行已付企业未付】项目中。同样,截止日期前未两清企业日记账的借、贷方发生额的填写方法依此类推。

(4) 查询对账勾对情况。点击【查询对账勾对情况】按钮,根据屏幕提示录入查询条件:录入查找的银行科目,选择查询方式。系统提供三种查询方式:显示全部、显示未达账、显示已达账,系统默认显示全部。单击【确定】按钮,显示查询结果,可以通过单击【银行对账单】【单位日记账】页签切换显示对账情况。

(5) 核销银行账。点击【核销银行账】按钮,选择要核销的银行科目,单击【确定】按钮,即可将核对正确的已达账删除。当银行对账不平衡时,请不要删除已达账,否则会造成以后对账错误。本功能不影响银行日记账的查询和打印。按"alt+U"复合键可以进行反核销。

(6) 长期未达账审计。本功能用于查询至截止日期为止未达天数超过一定天数的银行未达账项,以便企业分析长期未达原因,避免资金损失。在【现金管理】菜单下,点击【长期未达账审计】按钮,输入查询的截止日期,及至截止日期未达天数超过天数。审计条件输入完成后,单击【确定】按钮,屏幕显示查询结果。可以通过单击【银行对账单】【单位日记账】页签,切换显示不同查询内容。

(7) 支票登记簿。只有在【会计科目】中设置了银行账的科目,并且在【结算方式】中对支票结算方式选择了"票据管理方式",才能使用支票登记簿功能。当领用支票时,出纳应在"支票登记簿"中,登记支票领用日期、领用部门、领用人、支票号、预计金额、用途、报销日期等信息。当支票支出后,经办人持原始单据(发票)到财务部门报销,会计人员据此在总账系统中填制记账凭证时,系统弹出窗口要求输入支票的结算方式和支票号,保存后,系统自动在支票登记簿中登记该支票的报销日期,即为已报销。如果由于人为原因导致系统未能自动填写支票的报销日期,出纳人员可以手工填写。

5.3 实 务 操 作

现金管理是总账系统为出纳人员提供的一套管理工具,它主要可以完成现金和银行存款日记账的输出、支票登记簿的管理,进行银行对账以及对长期未达账提供审计报告等。

5.3.1 查询日记账

查询日记账主要包括查询现金日记账、银行存款日记账及资金日报表。

▶任务1 查询日记账
【案例资料】
月末,出纳孙娟查询日记账。
【操作指引】
指引1:查询现金日记账
31日,以出纳孙娟的身份登录T3,执行【现金】|【现金管理】|【日记账】|【现金日记账】命令,再单击【确认】按钮,显示现金日记账,相关界面如图5-4、图5-5所示。

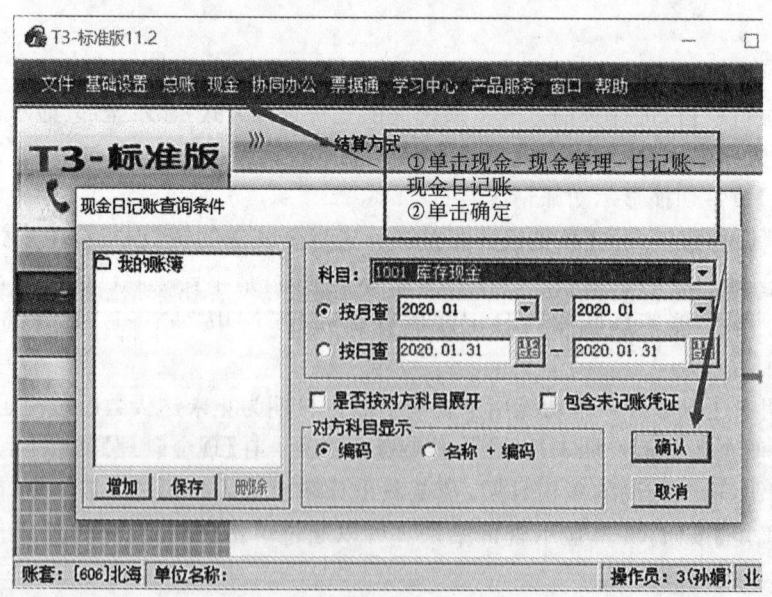

图5-4 查询现金日记账界面1

现金日记账

科目 [1001 库存现金 ▼]

2020年 月	日	凭证号数	摘要	对方科目	借方	贷方	方向	余额
			上年结转				借	6,487.70
01	03	记-0001	提取现金	100201	10,000.00		借	16,487.70
01	03		本日合计		10,000.00		借	16,487.70
01	16	记-0006	购买办公用品	560212		190.00	借	16,297.70
01	16		本日合计			190.00	借	16,297.70
01	18	记-0007	报销差旅费	122101	200.00		借	16,497.70
01	18		本日合计		200.00		借	16,497.70
01			当前合计		10,200.00	190.00	借	16,497.70
01			当前累计		10,200.00	190.00	借	16,497.70

图 5-5　查询现金日记账界面 2

指引 2:查询银行存款日记账

31 日,以出纳孙娟的身份登录 T3,执行【现金】|【现金管理】|【日记账】|【银行存款日记账】命令,再单击【确认】按钮,显示银行存款日记账,相关界面如图 5-6、图 5-7 所示。

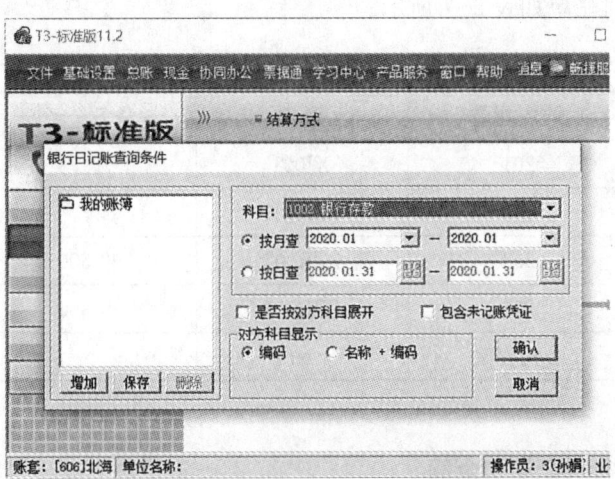

图 5-6　查询银行存款日记账界面 1

银行存款日记账

科目 [1002 银行存款 ▼]

2020年 月	日	凭证号数	摘要	结算号	对方科目	借方	贷方	方向	余额
			上年结转					借	5,211,057.16
01	03	记-0001	提取现金_现金支票_XJ001_2020.01.03	现金支票-XJ001	1001		10,000.00	借	5,201,057.16
01	03		本日合计				10,000.00	借	5,201,057.16
01	05	记-0002	收到投资_转账支票_ZZW001_2020.01.05	转账支票-ZZW001	3001	68,000.00		借	5,269,057.16
01	05		本日合计			68,000.00		借	5,269,057.16
01	08	记-0003	采购材料_转账支票_ZZR001_2020.01.08	转账支票-ZZR001	140302,22210101		3,390.00	借	5,265,667.16
01	08		本日合计				3,390.00	借	5,265,667.16
01	12	记-0004	收到前欠货款_转账支票_ZZR002_2020.01.12	转账支票-ZZR002	1122	99,600.00		借	5,365,267.16
01	12		本日合计			99,600.00		借	5,365,267.16
01	21	记-0009	销售商品_转账支票_ZZR003_2020.01.21	转账支票-ZZR003	500103,22210106	1,808.00		借	5,367,075.16
01	21		本日合计			1,808.00		借	5,367,075.16
01	31	记-0012	销售商品_转账支票_ZZR004_2020.01.31	转账支票-ZZR004	500101,22210106	45,200.00		借	5,412,275.16
01	31	记-0013	销售商品_转账支票_ZZR005_2020.01.31	转账支票-ZZR005	500104,22210106	226,000.00		借	5,638,275.16
01	31	记-0018	汇兑损益结转		560304		68,000.00	借	5,570,275.16
01	31		本日合计			271,200.00	68,000.00	借	5,570,275.16
01			当前合计			440,608.00	81,390.00	借	5,570,275.16
01			当前累计			440,608.00	81,390.00	借	5,570,275.16

图 5-7　查询银行存款日记账界面 2

【关键知识点】

● 查询日记账时还可以用鼠标双击某行或单击【凭证】按钮,查看相应的凭证,单击【总账】按钮可以查看此科目的三栏式总账。

5.3.2　银行对账

银行对账是货币资金管理的主要内容,是出纳人员最基本的工作之一。为了能够准确掌握银行存款的实际金额,了解实际可以动用的货币资金数额,防止记账发生差错,企业必须定期将银行存款日记账与银行出具的对账单进行核对,并编制银行存款余额调节表。

【案例资料】

银行对账(工行存款):

(1)银行对账期初。信达科技银行账的启用日期为1月1日,银行对账单调整前余额为5 233 829.16元,未达账项一笔,系银行已收企业未收款22 772.00元(2019年12月28日,转账支票:W015)。

(2)工商银行对账单如表5-7所示。

表5-7　1月份工商银行对账单

日期	结算方式	票号	贷方金额	借方金额
1月3日	201	XJ001		10 000
1月8日	202	ZZR001		3 390
1月14日	202	ZZR002	99 600	
1月22日	202	ZZR007	9 360	
1月31日	委托收款			15 000

【操作指引】

指引1:录入银行对账期初余额

31日,以出纳孙娟的身份登录T3,执行【现金】|【设置】|【银行期初录入】命令,再单击【确定】按钮,根据资料填写信息,相关界面如图5-8至图5-10所示。

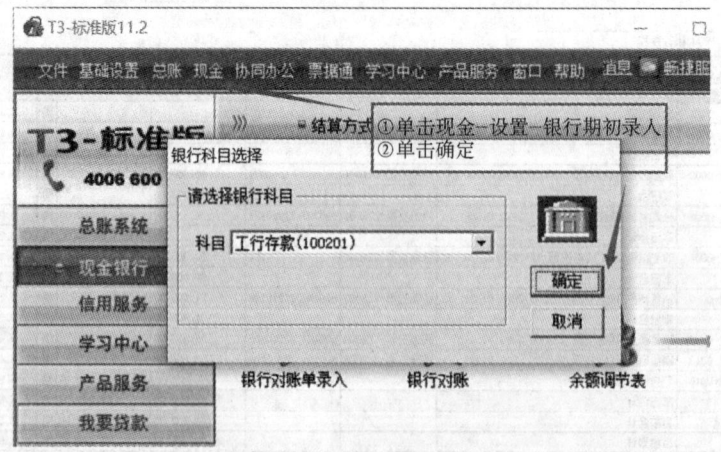

图5-8　选择银行科目界面

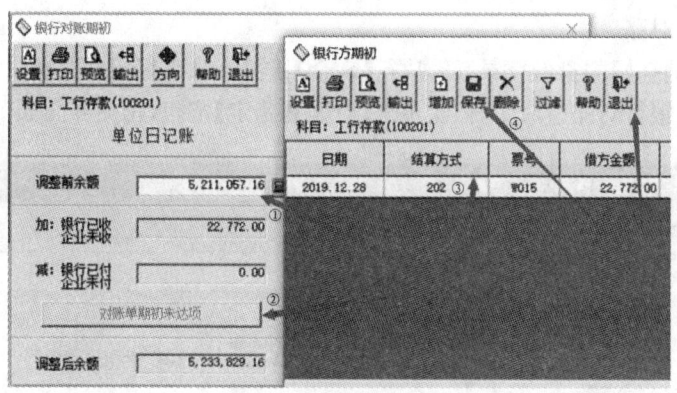

图 5-9　录入期初界面

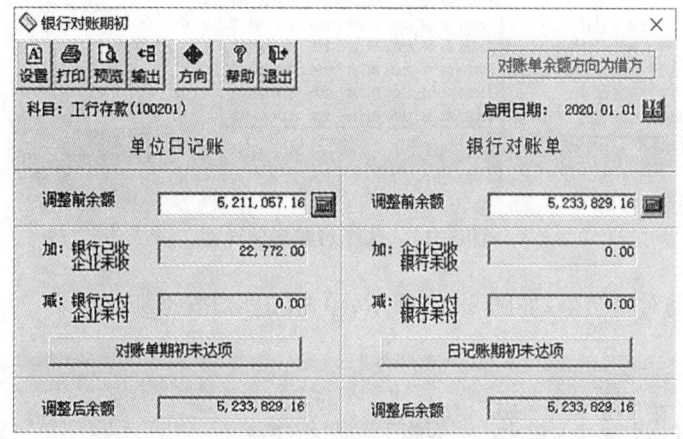

图 5-10　银行对账期初界面

指引 2：录入银行对账单

31 日，以出纳孙娟的身份登录 T3，执行【现金】|【银行对账单录入】命令，选择"100201"科目，再单击【确定】按钮，根据资料填写信息，相关界面如图 5-11 所示。

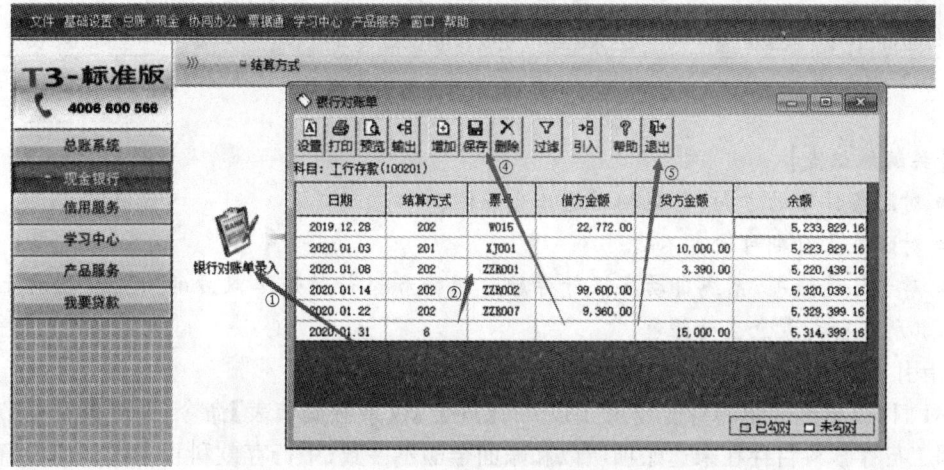

图 5-11　录入银行对账单

指引3:银行对账

31日,以出纳孙娟的身份登录T3,执行【现金】|【银行对账】命令,选择"100201"科目,再单击【确定】按钮,在银行对账窗口中,依次单击【对账】【确定】按钮,相关界面如图5-12所示。

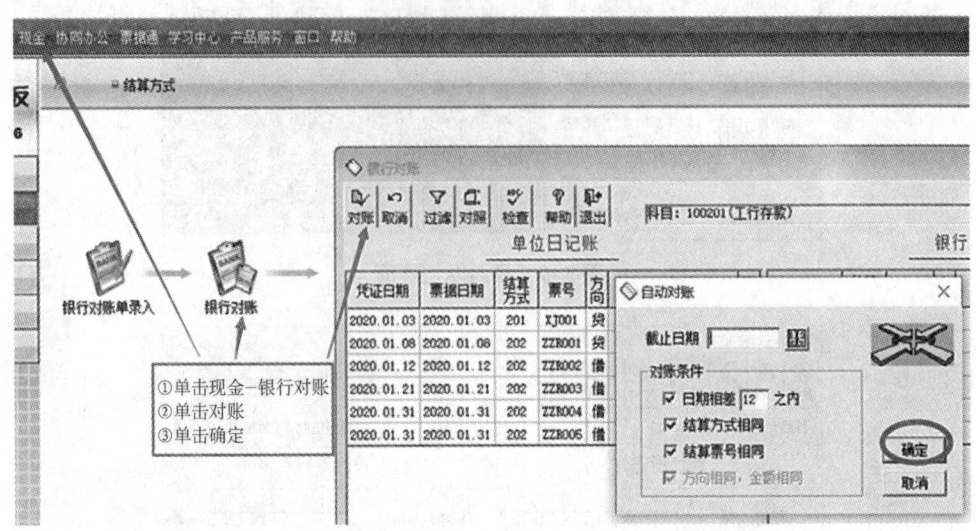

图5-12　选择对账条件界面

（2）显示自动对账结果,如图5-13所示,单击【退出】按钮。

票据日期	结算方式	票号	方向	金额	两清	凭证号数	日期	结算方式	票号	方向	金额	两清
2020.01.03	201	XJ001	贷	10,000.00	○	记-0001 提	2019.12.28	202	W015	借	22,772.00	
2020.01.08	202	ZZR001	贷	3,390.00	○	记-0003 采	2020.01.03	201	XJ001	贷	10,000.00	○
2020.01.12	202	ZZR002	借	99,600.00	○	记-0004 收	2020.01.08	202	ZZR001	贷	3,390.00	○
2020.01.21	202	ZZR003	借	1,808.00	○	记-0009 销	2020.01.14	202	ZZR002	借	99,600.00	○
2020.01.31	202	ZZR004	借	45,200.00	○	记-0012 销	2020.01.22	202	ZZR007	借	9,360.00	
2020.01.31	202	ZZR005	借	226,000.00	○	记-0013 销	2020.01.31	6		贷	15,000.00	

科目:100201(工行存款)　　单位日记账　　银行对账单

图5-13　自动对账结果界面

【关键知识点】

● 对账条件中的方向、金额相同是必选条件。

● 对账截止日期可输可不输。

● 对于已达账项,系统自动在银行存款日记账和银行对账单双方的"两清"栏打上圆圈标志,其所在行背景色变为绿色。

指引4:查询银行存款余额调节表

31日,以出纳孙娟的身份登录T3,执行【现金】|【余额调节表】命令,即可查看调节表信息(因工行存款科目存在未达账项所以和账面金额不一致;中行存款科目未做任何设置),如图5-14所示,单击【退出】按钮。

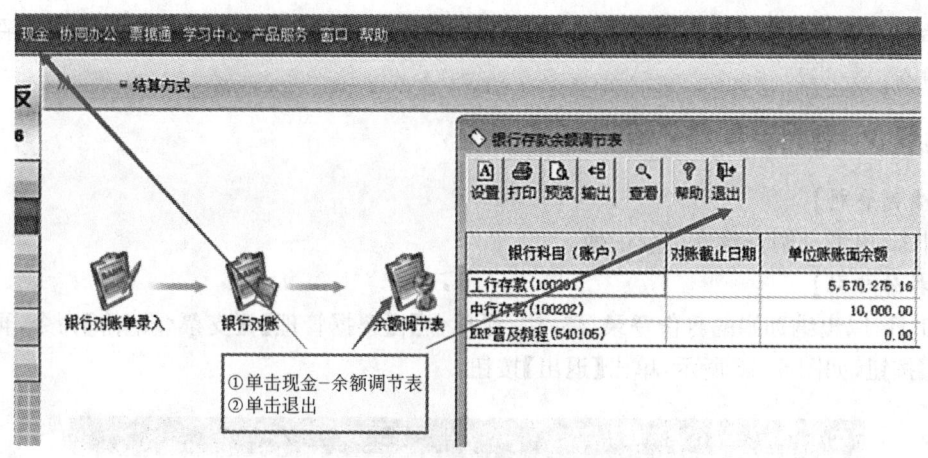

图 5-14　查询银行存款余额调节表界面

【关键知识点】

● 此余额调节表为截止到对账截止日期的余额调节表,若无对账截止日期,则为最新余额调节表。

指引 5:查询银行对账的勾兑情况

31 日,以出纳孙娟的身份登录 T3,执行【现金】|【勾兑情况查询】命令,即可查看银行对账信息,如图 5-15 所示,单击【退出】按钮。

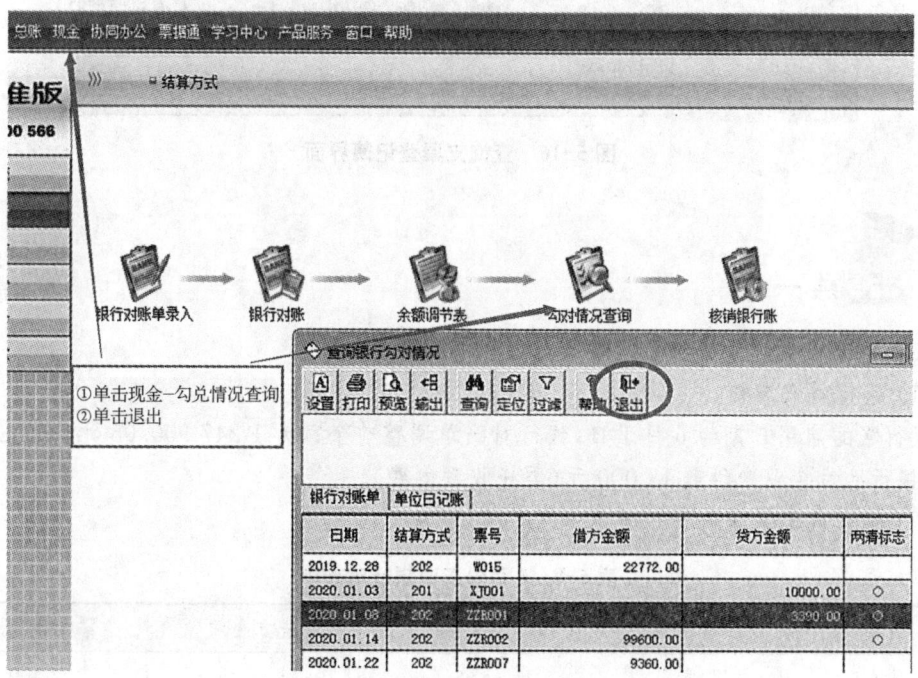

图 5-15　查询银行对账单勾对情况界面

【关键知识点】

● 第一次使用银行对账功能前,系统要求录入日记账、对账单的期初余额及未达账项,在开始使用银行对账之后则由系统自动生成下一个月份的期初余额及未达账项,不再需要手工输入。

5.3.3 登记支票登记簿

【案例资料】

月末,出纳孙娟查看支票登记簿。

【操作指引】

31日,以出纳孙娟的身份登录 T3,执行【现金】|【票据管理】|【支票登记簿】命令,再单击【确定】按钮,如图 5-16 所示,单击【退出】按钮。

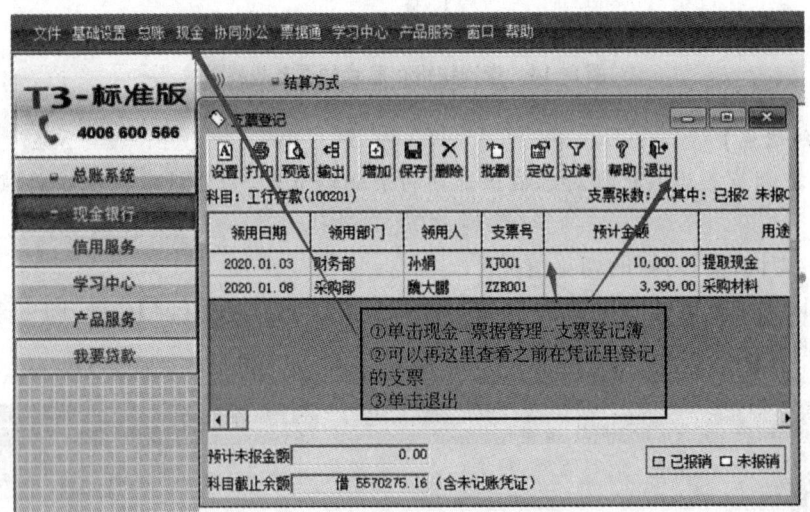

图 5-16 查询支票登记簿界面

 练一练

江西丰瑞机械厂 6 月份银行转来对账资料如下:

(1)银行对账期初。

银行账的启用日期为 6 月 1 日,银行对账单调整前余额为 1 247 900.05 元,未达账项一笔,系银行已付企业未付款 18 000 元(委托收款电费)。

(2)银行对账单如表 5-8 所示。

表 5-8 6 月份工商银行对账单

日期	结算方式	票号	贷方金额	借方金额/元
6 月 1 日	支票	略		2 500
6 月 1 日	支票	略		144 513
6 月 4 日	电汇	略		113 000
6 月 4 日	支票	略	734 000	

（续表）

日期	结算方式	票号	贷方金额	借方金额/元
6 月 4 日	委托收款	略		18 000
6 月 5 日	转账	略		209 440
6 月 5 日	转账	略		3 248
6 月 5 日	转账	略		40.60
6 月 5 日	汇兑	略		113 000
6 月 11 日	转账	略		82.50
6 月 14 日	转账	略		12 500
6 月 25 日	汇兑	略	234 000	
6 月 29 日	委托收款	略		500

要求：根据资料进行银行对账。

想一想

1. 出纳岗位的主要职责有哪些?

2. 已经进行出纳签字的凭证发现有错误应该怎么办?

3. 银行对账的工作主要有哪些?

第6单元 会计报表管理

知识目标

1. 能解释典型会计报表种类、内容
2. 能解释报表的编制要求
3. 能阐述表报之间的勾稽关系
4. 能复述报表系统的流程
5. 能描述报表系统的内容和功能

技能目标

1. 能熟练自动生成资产负债表
2. 能熟练自动生成利润表
3. 能熟练自定义资产负债表
4. 能熟练自定义利润表
5. 能熟练自定义其他报表
6. 能熟练生成报表模板

知识导图

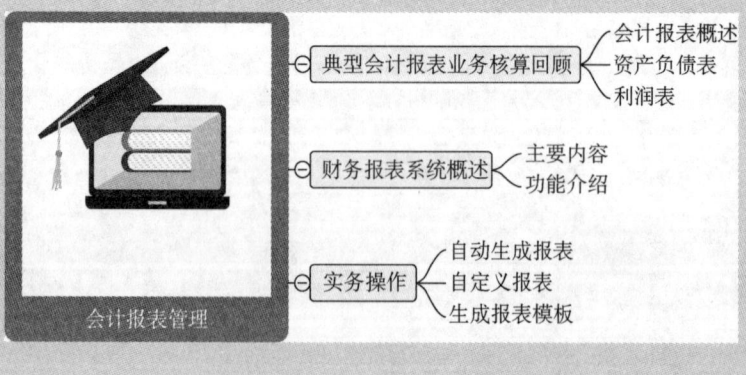

　　北海信达科技有限公司会计贺敏向财务经理郑通报告,公司的日常会计业务已然完成,接下来需要进行会计报表的编制,要求郑经理对编制报表作出指示。郑经理指导说,平台软件处理报表的速度快又方便,所谓条条大路通罗马,无论是手工,还是平台软件,报表相关内容都包括以下内容。

　　财务报表包括四表一注,即资产负债表、利润表、现金流量表、所有者权益变动表及附注。

　　(1) 资产负债表是反映企业在某一特定日期(年末、季末或月末)的资产、负债和所有者权益数额及其构成情况的会计报表。

　　(2) 利润表(损益表)是反映企业在一定期间的生产经营成果及其分配情况的会计报表。

　　(3) 现金流量表是反映企业会计期间内经营活动、投资活动和筹资活动等对现金及现金等价物产生影响的会计报表。

　　(4) 所有者权益变动表反映本期企业所有者权益(股东权益)总量的增减变动情况还包括结构变动的情况,特别是要反映直接记入所有者权益的利得和损失。

　　(5) 财务报表附注旨在帮助财务报表使用者深入了解基本财务报表的内容,财务报表制作者对资产负债表、损益表和现金流量表的有关内容和项目所作的说明和解释。

　　按照 2013 年《小企业会计准则》第七十九条规定,小企业的财务报表至少应当包括下列组成部分:资产负债表;利润表;现金流量表和附注。小企业会计报表按照月度和年度编制,要求数字真实、内容完整、计算准确、编报及时和指标可比。

　　会计报表作为财务核算的最终产品,为了保证其数据准确无误,就必须清楚报表之间的勾稽关系:资产负债表"货币资金"报表项目期末余额应与现金流量表中的"六、期末现金及现金等价物余额"相等;资产负债表"未分配利润"报表项目期末余额与期初余额相减,差额应是本期利润表中的"本年累计净利润";利润分配表上的"四、未分配利润"的本年数和上年数与资产负债表"未分配利润"报表项目期末余额与期初余额一致。

　　听了郑经理的介绍,贺敏受益匪浅,对报表产品审核和最终正确性有了自信。

　　鉴于公司业务特点,运用该软件平台进行公司会计报表处理,请你为贺敏出谋划策:

　　1. 会计报表如何自动生成?

　　2. 会计报表如何进行个性化定制?

　　3. 如何生成个性化定制的报表模板?

6.1　典型会计报表业务核算回顾

6.1.1　会计报表概述

　　会计报表(也可称为财务报表,简称报表)属于财务会计报告的主要内容。财务会计报告是企业对外提供的总括反映企业某一特定日期财产状况和某一会计期间经营成果、现金流量等会计信息的书面报告,包括会计报表、会计报表附注和财务状况说明书。

(1) 会计报表包括资产负债表、利润表、现金流量表及相关附表。分年度、季度、月度报告。

(2) 会计报表附注是对会计报表的编制基础、编制依据、编制原则、编制方法及主要项目等所作的解释。

(3) 财务状况说明书是对企业在一定会计期间的生产经营,资金周转和利润实现及其分配等情况的说明书。

6.1.2　资产负债表

1. 资产负债表的结构和内容

资产负债表是反映企业在某一特定日期的财务状况的会计报表,它是概括反映企业在特定日期的资产和权益存量的静态报表,是企业对外提供的基本会计报表之一。每一企业都必须按期编制资产负债表。其理论依据是“资产＝负债＋所有者权益”这一基本会计等式。

(1) 资产负债表的结构有账户式和报告式。我国现用的是账户式。

(2) 资产负债表的内容包括表首、基本部分和附注三个方面。资产负债表的基本格式如表 6-1 所示。

表 6-1　资产负债表(简表)　　　　　　　　会企 01 表

编制单位:　　　　　　　　　　年　　月　　日　　　　　　　　　　单位:元

资产	期末余额	上年年末余额	负债和所有者权益	期末余额	上年年末余额
流动资产:			流动负债:		
货币资金			短期借款		
交易性金融资产			交易性金融负债		
应收票据			应付票据		
应收账款			应付账款		
预付款项			预收款项		
其他应收款			应付职工薪酬		
存货			应交税费		
合同资产			其他应付款		
一年内到期的非流动资产			一年内到期的非流动负债		
其他流动资产			其他流动负债		
流动资产合计			流动负债合计		
非流动资产:			非流动负债:		
债权投资			长期借款		
其他债权投资			应付债券		

（续表）

资产	期末余额	上年年末余额	负债和所有者权益	期末余额	上年年末余额
长期股权投资			其中:优先股		
投资性房地产			永续股		
固定资产			长期应付款		
在建工程			预计负债		
无形资产			其他非流动负债		
开发支出			非流动负债合计		
商誉			负债合计		
长期待摊费用			所有者权益(或股东权益)		
递延所得税资产			实收资本(或股本)		
其他非流动资产			资本公积		
非流动资产合计			减:库存股		
			盈余公积		
			未分配利润		
			所有者权益(股东权益)合计		
资产总计			负债和所有者权益(或股东权益)总计		

2. 资产负债表项目的填制

（1）根据相关总分类账户的期末余额填制,如短期借款、实收资本等项目。

（2）根据相关总分类账户期末余额合并或调整后填制,如货币资金、存货等项目。

（3）根据总分类账户期末余额减去备抵项目后的净额填制,如在建工程、无形资产等项目。

（4）根据结算账户有关明细账户期末余额调整填制,如"应收账款"账户所属明细账户期末余额为贷方,调整为预收款项项目,"预付账款"账户所属明细账户期末余额为贷方,调整为应付账款项目等。

6.1.3　利润表

1. 利润表的结构和内容

利润表是反映企业在一定期间内(或亏损)情况的报表。其编制依据是"收入－费用＝利润"的会计等式。

（1）利润表的结构有单步式和多步式,我国现用的是多步式。

（2）利润表的内容包括表首,基本部分和补充资料三个方面。基本部分包括四个层次,格式如表 6-2 所示。

表 6-2   利润表(简表)   会企 02 表

编制单位：   年   月   日   单位:元

一、营业收入	本期金额	上期金额
减:营业成本		
税金及附加		
销售费用		
管理费用		
研发费用		
财务费用		
加:其他收益		
投资收益(损失以"－"号填列)		
公允价值变动收益(损失以"－"号填列)		
信用减值损失(损失以"－"号填列)		
资产减值损失(损失以"－"号填列)		
二、营业利润(亏损以"－"号填列)		
加:营业外收入		
减:营业外支出		
三、利润总额(亏损总额以"－"号填列)		
减:所得税费用		
四、净利润(净亏损以"－"号填列)		

2. 利润表的编制

(1)利润表"上期金额"栏内各项数字,应根据上年度该期利润表"本期金额"栏内所列数字填列。如果上期利润表规定的各个项目的名称和内容同本期不一致,应对上期利润表各项目的名称和数字按本期的规定进行调整,填入本表"上期金额"栏内。

(2)利润表"本期金额"栏内各项数字,主要根据有关账户的发生额进行分析、计算填列。

6.2   财务报表系统概述

财务报表系统是用友 T3 财务管理系统的独立子系统,为企业内部各管理部门和外部相关机构提供综合反映企业一定时期财务状况、经营成果和现金流量的会计信息系统。

财务报表系统既可以提供对外报表,又可以提供对内报表,它主要通过报表格式设计和公式定义从总账或其他子系统取数,通过报表数据处理功能自动生成报表,可以运用图表功能对报表数据作图,生成直观的分析图表,作为报表数据的一部分,辅助报表阅读,并可以按预定格式打印输出财务报表。

6.2.1 主要内容

报表管理子系统主要有报表文件管理、报表格式设计和公式定义、报表数据处理以及图表管理等功能。

1. 文件管理

文件管理主要是对报表文件进行创建、读取和保存、打印等操作,在【文件】菜单中完成。

2. 报表格式设计和公式定义

报表格式设计和公式定义主要是对要编制的各类报表进行格式设计和数据取数公式的定义,在报表"格式"状态下通过【格式】菜单来完成,公式定义是报表格式设计的重要部分,在报表"格式"状态下,通过【数据】菜单完成。

用户可通过调用系统现有报表模板或自定义报表模板、套用格式或自定义等方式来设计报表格式。

3. 报表数据处理

在报表"数据"状态下,通过【数据】菜单来进行报表数据采集、计算、排序、汇总等,报表公式既可以实现表内取数也可以完成不同报表间及同一报表不同表页间取数计算。

4. 图表管理

图表属于报表数据的一部分,在报表"数据"状态下,选择作图数据区域,通过执行【工具】|【插入图表对象】命令,可以制作并保存图表。

5. 基本概念

1)报表结构

按照报表结构的复杂性,报表可分为简单表和复合表两类,简单表是由若干行和列组成的规则的二维表,复合表是简单表的某种组合。大多数的财务报表都是简单表,比如资产负债表等。

简单表的格式一般由四个基本要素组成:标题、表头、表体和表尾,如表 6-3 所示。

表 6-3 资产负债表(部分)

项目	行次	期初余额	期末余额
流动资产			
货币资金			
应收票据			
资产合计			

编制单位:　　　　　　　　年　月　日　　　　　　单位:元

会计主管:　　　　　　　　　　　制表人:

标题／表头／表体／表尾

(1)标题,描述报表的名称。报表标题可能不只一行,有时会有副标题和修饰线等内容。

(2)表头,描述报表的编制单位、日期、报表栏目和计量单位等。报表栏目名称是表头的主要内容,决定了报表的纵向结构和列数及列宽,有的报表栏目比较简单只有一层,有的栏目可分为若干层。

（3）表体,是报表的核心,决定了报表的横向组成,是报表数据区域,由若干行和列组成。

（4）表尾,是表体以下辅助说明的部分,及制表人,审核人等内容。

2）格式状态和数据状态

这是报表的两种状态,通过【格式/数据】按钮切换。在"格式"状态下设计报表的格式及定义报表取数公式等。在"格式"状态下的操作对报表所有的表页都有效。在"格式"状态下不能输入报表数据、执行计算等操作,且只能看到报表的格式,而无法看到报表数据。

在"数据"状态下完成对报表数据的处理,如输入数据、增加或删除表页、审核、舍位平衡、做图形、汇总、合并报表等。在"数据"状态下不能修改报表的格式,可以看到报表的全部内容,包括格式和数据。

3）单元

单元是组成报表的最小单位,单元名称由所在行、列标识。行号用数字 1-9999 表示,列标用字母 A-IU 表示。如用"D2"表示第四列第二行。

单元分为数值单元、字符单元和表样单元三种类型。

（1）数值单元是存储报表数据的单元,数值单元的值可在"数据"状态下直接输入或由该单元公式计算生成。新建报表时,所有单元的类型默认为数值型。

（2）字符单元的内容可以是汉字、字母、数字及键盘可输入的各种符号组成的一串字符,可以在"数据"状态下输入,也可由单元公式生成。

（3）表样单元是报表的格式,是定义一个没有数据的空表所需的所有文字、符号或数字。一旦单元被定义为表样,那么其内容对所有表页都有效。表样单元须在"格式"状态下输入和修改,在"数据"状态下则不允许修改。

由相邻的两个或多个具有同一种单元类型（表样、数值、字符）的单元组合而成的单元称为组合单元。组合单元的名称可以用区域的名称或区域中单元的名称来表示。

4）区域

区域由一张表页上的一组相邻单元组成,自起点单元至终点单元是一个完整的长方形矩阵。区域是二维的,最大的区域包括一张表的所有单元即整张表页,最小的区域是一个单元。区域名称可以用以下几种方式表示。

（1）用〈单元名称〉:〈单元名称〉表示对角线的两个单元组成的区域,不分先后顺序。

（2）用"＃行号"表示某一行所有单元组成的区域,"＃＃"表示表页中最后一行所有单元组成的区域。

（3）用"列号"或"! 列号"表示某列所有单元组成的区域,"!!"表示表页中最后一列所有单元组成的区域。

（4）用"＃行:＃行"表示某行到某行所有单元组成的区域,"＃1:＃＃"表示从第一列到最后一列所有单元即整个表页的区域。

（5）用"列号:列号"或"! 列号:! 列号"或"列号:! 列号"或"! 列号:列"表示某列到某列的区域,用"列:!!"表示从某列到最后一列所有单元组成的区域,用"! 1:!!"表示从第一列到最后一列即整个表页的区域。

5）关键字

关键字是游离于单元之外的特殊数据单元,可以唯一标识一个表页,用于在大量表页中快速选择表页。报表系统提供了六种关键字,分别是:单位名称(为字符型,最多 30 个字符)、单位编号(字符型,最大 10 个字符)、年(数字型,可为 1904～2100)、季(数字型,可为 1～4)、月(数字型,可为 1～12)、日(数字型,可为 1～31)。

关键字显示位置在"格式"状态下设置,关键字的值在"数据"状态下输入,每张报表可以定义若干个关键字。

6）固定区和可变区

固定区是指组成一个区域的行数和列数是固定不变的。

可变区是指一个区域的行数或列数不固定,会随着需要而增减。一张报表中只能设置一个可变区,或是行可变区(可变区中的行数可变,列数不变)或是列可变区(可变区中的列数可变,行数不变)。可变区的最大行数或最大列数在格式设计中设定。屏幕只显示可变区的第一行或第一列,其他可变行列隐藏在表体内。

7）公式

报表中的公式有三种:单元公式、审核公式和舍位公式。单元公式用于报表取数;审核公式用于审核报表内或报表间的勾稽关系是否正确;舍位公式是用于报表数据舍位后调整平衡关系的公式。

8）筛选

筛选是在执行财务报表的命令或函数时,根据用户指定的筛选条件,对报表中每一个表页或每一个可变行(列)进行判断,只处理符合筛选条件的表页或可变行(列)。

筛选条件分为表页筛选条件和可变区筛选条件。表页筛选条件指定要处理的表页;可变区筛选条件指定要处理的可变行或可变列。

筛选条件跟在命令、函数的后面,用"FOR〈筛选条件〉"来表示。

9）关联

报表中的数据不是孤立存在的,一张报表中不同表页的数据或多个报表中的数据可能存在各种联系或勾稽关系,要通过这种对应关系找到相关联的数据加以引用,就需要通过定义关联条件来实现多个报表之间的数据处理。

关联条件以"RELATION〈关联条件〉"形式表示,跟在命令、函数以及筛选条件(如果有)的后面。

报表系统处理流程如图 6-1 所示。

财务模版报表处理流程:

企业自定义报表处理流程:

图 6-1　报表系统处理流程

6.2.2　功能介绍

1. 新建报表文件

在报表系统中新建报表有两种方式：

（1）执行【文件】|【新建】命令，选择模板类型和具体的报表模板，调用现成的报表模板，可以根据需要修改报表格式（包括报表公式），生成报表数据并保存。

（2）执行【文件】|【新建】命令，选择空白表，系统新建一张空白表，默认表名为 report1，并自动进入格式设计状态。可以将自定义的报表格式保存在"自定义模板"中，方便调用，生成符合需要的自定义报表。

2. 报表格式设计

1）设置表尺寸

在"格式"状态下，选择【格式】菜单下的【表尺寸】功能，输入报表的行数和列数，确认后，当前处理的报表即按照设置的表尺寸显示。

2）设置行高（列宽）及区域划线

选取要调整行高的行（或列），选择【格式】菜单下【行高】（或【列宽】）功能，输入期望的行高（或列宽）值，确认后，行高（或列宽）即按设定值显示。

选定画线区域，选择【格式】菜单下【区域画线】功能，选择"画线类型"和"样式"，确认后，所选区域即按指定方式画线。若要删除已划表格线，在对话框中选择"空线"即可。

3）设置单元属性

单元属性是指单元类型、字体图案、对齐方式和边框。选定设置单元属性的区域，选择【格式】菜单下【单元属性】功能，在弹出的对话框中设置即可。

4）设置（或取消）组合单元

选取要设置组合单元的区域，选择【格式】菜单下【组合单元】功能，按"整体组合""按行组合""按列组合""取消组合"等设置。组合单元的单元类型和内容以区域左上角单元为准，取消组合单元后，区域恢复原有单元类型和内容。

5）设置（或取消）关键字

报表系统最多可设置"单位名称""单位编号""年""季""月""日"和"自定义"共七个关键字。

在"格式"状态下，选取设置（或取消）关键字的单元，选择【数据】菜单下【关键字】【设置】（或【取消】）功能，依次选择要设置（或取消）的关键字即可。关键字在单元中显示的位置，可通过执行【数据】|【关键字】|【偏移】命令，进行左右平移调整，负数表示向左偏移，正数表示向右偏移。

6）设置可变区

在"格式"状态下，选取第一可变行中的某个单元或第一可变列中的某个单元，选择【格式】菜单下【可变区】【设置】功能，选择设置行可变区或列可变区及可变行或列的数量，亦可在【格式】【可变区】功能中取消或重新设置可变区。可变区被取消后，其中的数据会全部丢失，要谨慎。

7）计算公式

报表系统提供了丰富的计算公式，可以完成几乎所有的计算要求。

（1）单元公式。

选中某单元，按"fx"或"＝"调出公式输入窗口，可输入。单元公式可以分单元定义，也可以对某个区域定义，称为区域公式。比如，损益表中，求累计数的公式可以写为：D5：D20＝C5：C20＋SELECT(D5：D20，年@＝年 and 月@＝月＋1)。在可变区中不能定义单元公式，只能在命令窗中或批命令中定义可变区公式。单元公式的格式为：

〈算术表达式〉［FOR〈表页筛选条件〉［；〈可变区筛选条件〉］］［RELATION〈表页关联条件〉［，〈表页关联条件〉］＊］

注意：所有公式中的符号均应使用半角符号，不能使用全角符号。

（2）命令窗和批命令中的计算公式。

在命令窗或在批命令文件(＊SHL)中一次性写入，命令窗和批命令中计算公式的格式为：

LET〈区域｜关键字｜变量〉＝〈算术表达式〉［，〈区域｜关键字｜变量〉＝〈算术表达式〉］＊［FOR〈表页筛选条件〉［；〈可变区筛选条件〉］］［RELATION〈表页关联条件〉［，〈表页关联条件〉］＊］

注意此类公式的格式，以 LET 引导；一个计算公式可以为有相同筛选条件、关联条件的若干个区域赋值，各表达式间以逗号分隔。

❖ **筛选条件和关联条件**

筛选条件是对计算公式的一种约束条件，执行命令或函数时，只处理符合筛选条件的表页或可变行(列)；不处理不符合筛选条件的表页或可变行(列)。筛选条件的格式为：FOR〈表页筛选条件〉〈可变区筛选条件〉。若缺省则指当前表页或可变区，ALL 表示选择所有的表页或可变区。表页筛选条件和可变区筛选条件之间要用分号隔开。

关联条件是描述表页间的对应关系的，可以利用关联条件来引用本表他页的数据或其他表页的数据。关联条件的格式为：

RELATION〈单值表达式 1〉WTIH〈单值表达式 2〉［,〈单值表达式 11〉WTIH〈单值表达式 22〉］

"RELATION"为关联条件关键字，可简写为 RELA，多个关联条件之间可用","隔开，当〈单值表达式 1〉与〈单值表达式 2〉相等时，关联关系成立，否则不成立。

（3）表页与表页间计算公式。

● 从确定表页取数公式：

〈目标区域〉＝〈数据源区域〉@〈页号〉；

● 用 SELECT 函数从本表他页取数：

SELECT(〈区域〉［,〈页面筛选条件〉］)；

● 用关联条件从本表他页取数：

RELATION〈单元｜关键字｜变量｜常量〉WITH "〈当前表表名〉"→〈单元｜关键字｜变量｜常量〉。当公式中既有筛选条件又有关联条件时，关联条件应列于筛选条件之后。

（4）报表与报表间的计算公式。

从他表确定表页取数：

〈目标区域〉＝"〈他表表名〉"→〈数据源区域〉［＠〈页号〉］。当〈页号〉缺省时为本表各页分别取他表各页数据。

用关联条件从他表取数的格式为：

RELATION〈单元｜关键字｜变量｜常量〉WITH "〈他表名〉"→〈单元｜关键字｜变量｜常量〉。

表页关联条件的意义是建立本表与他表之间以关键字或某个单元为联系的默契关系。

8）审核公式

报表数据都有明确的经济含义，且各个数据之间一般地都有一定的勾稽关系。为了确保报表数据的准确性，在实际工作中，需要经常用勾稽关系对报表数据进行查验。为此报表系统将数据之间的勾稽关系用公式表示出来，称为审核公式。

在"格式"状态下，执行【数据】|【编辑公式】|【审核公式】命令，在对话框中按右侧的格式范例输入审核公式。

9）舍位平衡公式

报表经舍位之后，重新调整平衡关系的公式称为舍位平衡公式。其中，进行进位的操作叫作舍位，舍位后调整平衡关系的操作叫做平衡调整公式。在"格式"状态下，执行【数据】|【编辑公式】|【舍位公式】命令，在弹出的对话框中编辑舍位平衡公式。依次输入：舍位表名（和当前文件名不能相同）、舍位范围、舍位位数（1～8 位）、平衡公式。输入平衡公式时，需要注意以下几点：

（1）倒顺序写，先写最终运算结果，然后一步一步向前推。

（2）每个公式一行，各公式之间用逗号隔开，最后一条公式不用写逗号。

（3）公式中只能使用"＋""－"号，不能使用其他运算符及函数。

（4）等号左边只能为一个单元（不带页号和表名）。

（5）一个单元只允许在等号右边出现一次。

3. 报表数据处理

1）增加表页

新建的报表只有一张表页，需要在"数据"状态下点击要插入或追加表页的表页页标，使它成为当前表页。通过执行【编辑】|【插入】|【表页】命令，输入要增加的表页数，确认后，即在当前表页前或后增加若干张新表页。

2）输入关键字

在"数据"状态下，通过执行【数据】|【关键字】|【录入】命令，输入相应的关键字。

3）直接输入数据

对需要直接输入数据的单元直接输入数据。

4）图表

报表系统提供了直方图、圆饼图等 10 种格式的图表。图表是利用报表文件中的数据生成的，图表与报表存在着紧密的联系，当报表中的源数据发生变化时，图表也随之变化。一个报表文件可以生成多个图表，最多可以保留 12 个图表。

图表以图表窗口的形式存在。图表并不是独立的文件，它的存在依附于源数据所在的报表文件，只有打开报表文件后，才能打开有关的图表。报表文件被删除之后，由该报表文件中的数据生成的图表也同时删除。

在"数据"状态下,选取一个不少于 2 行 * 2 列的数据区域,执行【工具】|【插入图表对象】命令,在对话框中定义以"行"或"列"为 X 轴,选择数据操作范围,输入图表名称、标题内容等,选择图表格式。确认后,在报表数据附近,插入相应的图表。

6.3 实 务 操 作

用友财务报表系统是报表事务处理的工具,利用财务报表系统既可编制对外报表,又可编制各种内部报表。它的主要任务是设计报表的格式和编制公式,从总账系统或其他业务系统中取得有关会计信息自动编制各种报表。

6.3.1 自动生成报表

▶ 任务 1 自动生成报表

【案例资料】

月末生成资产负债表和利润表。[①]

【操作指引】

指引 1:自动生成资产负债表

(1) 31 日,以账套主管郑通的身份登录 T3,执行【财务报表】|【文件】|【新建】命令,选择模板分类为"小企业会计准则|资产负债表",相关界面如图 6-2 所示。

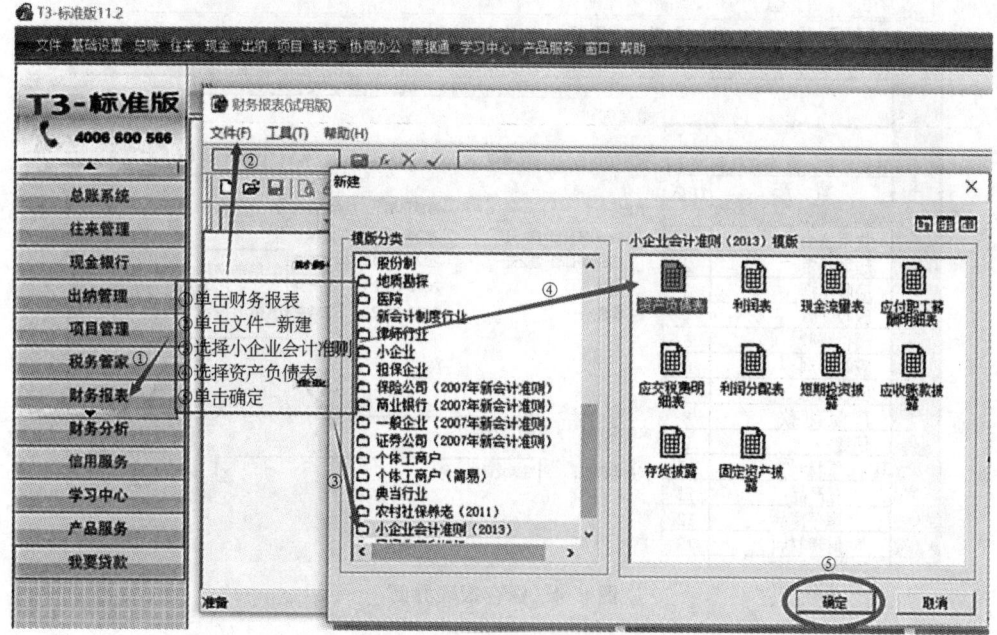

图 6-2 选择报表模板界面

① 需要注意的是,本软件中的报表并未按最新报表格式进行更新。

（2）在"资产负债表"中单击左下角的【格式】按钮后，变为"数据"状态，执行【数据】|【关键字】|【录入】命令，输入公司名称和日期，相关界面如图 6-3 所示。

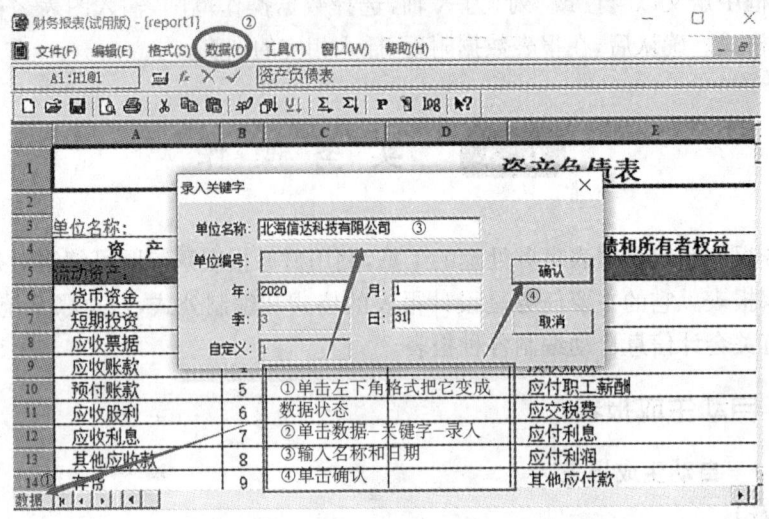

图 6-3　录入关键字界面

（3）在弹出的"是否重算数据"对话框中，单击【是】按钮，再执行【文件】|【另存为】命令，选择保存的位置和文件名，将资产负债表的数据保存，相关界面如图 6-4 所示。

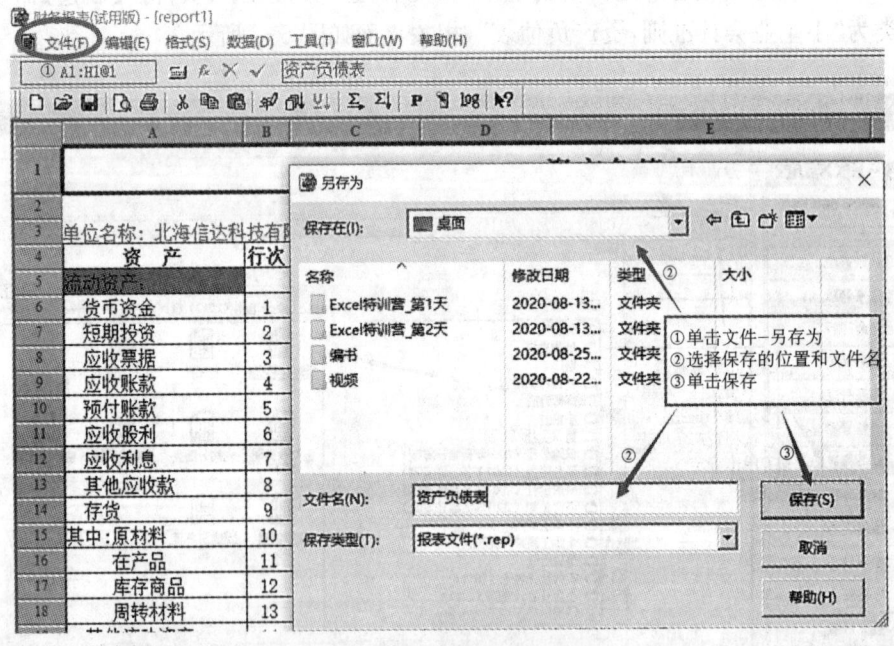

图 6-4　保存报表界面

指引 2：自动生成利润表

（1）31 日，以账套主管郑通的身份登录 T3，执行【财务报表】|【文件】|【新建】命令，选择模板分类为"小企业会计准则|利润表"，相关界面如图 6-5 所示。

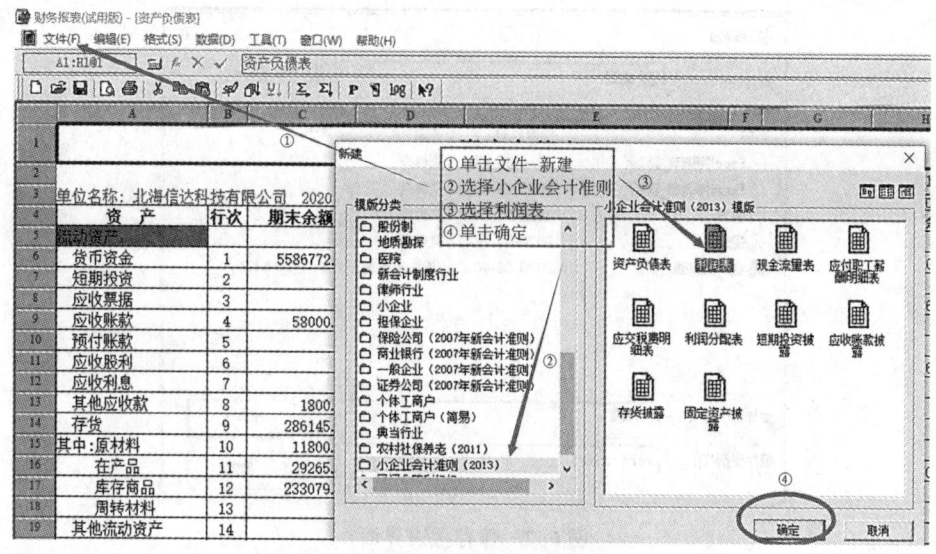

图 6-5 选择报表模板界面

(2) 在"利润表"中单击左下角的【格式】按钮后，变为"数据"状态，执行【数据】|【关键字】|【录入】命令，输入公司名称和日期，相关界面如图 6-6 所示。

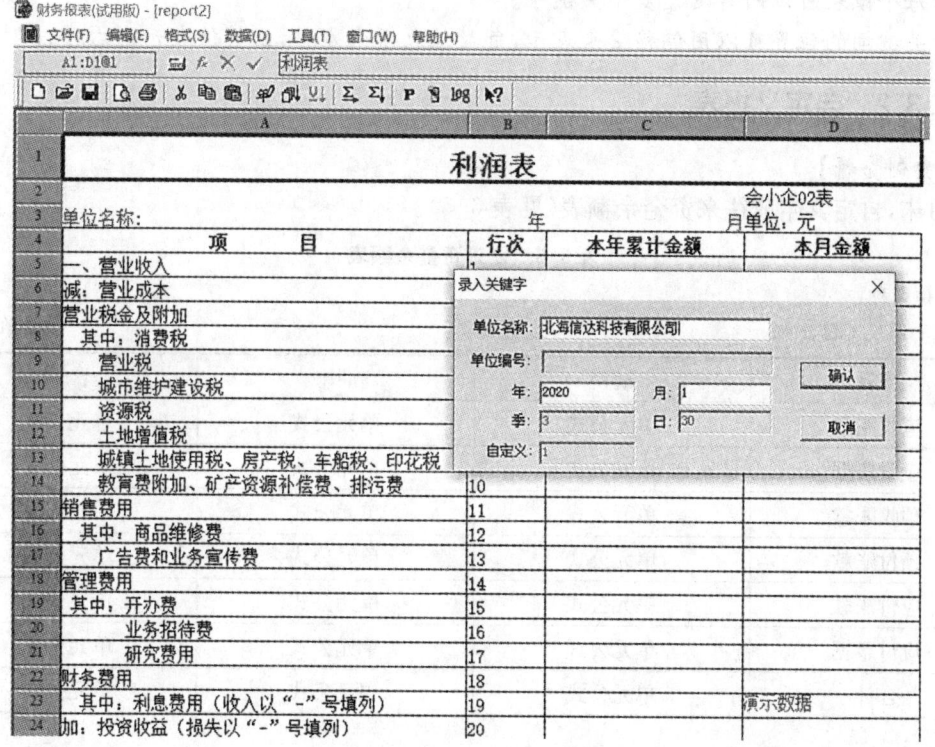

图 6-6 录入关键字界面

(3) 在弹出的"是否重算数据"对话框中，单击【是】按钮，再执行【文件】|【另存为】命令，选择保存的位置和文件名，将利润表的数据保存，相关界面如图 6-7 所示。

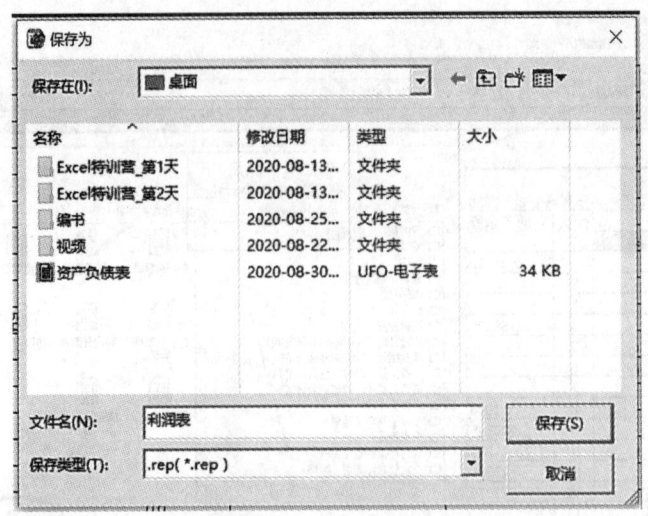

图 6-7　保存报表界面

【关键知识点】

● 关键字在"格式"状态下定义,关键字的值则在"数据"状态下录入。

● 如果关键字的位置设置错误,可以执行【数据】|【关键字】|【取消】命令,取消后再重新设置。

● 每个报表可以同时定义多个关键字。

● 关键词的位置可以用偏移量来表示,负数值表示向左移,正数值表示向右移。

6.3.2　自定义报表

【案例资料】

月末,自定义生成往来资金余额表(见表 6-5)。

表 6-5　往来资金余额表

单位名称:

年　　月　　日　　　　　　　　　　　　　　　　　　　　　　　　　　　单位:元

项目	期初	期末	合计
应收账款	单元公式	单元公式	单元公式
应收票据	单元公式	单元公式	单元公式
预收账款	单元公式	单元公式	单元公式
预付账款	单元公式	单元公式	单元公式
应付账款	单元公式	单元公式	单元公式
应付票据	单元公式	单元公式	单元公式
合计	单元公式	单元公式	单元公式

说明:编制单位和年、月、日应设为关键字。

【操作指引】

(1) 31 日,以账套主管郑通的身份登录 T3,执行【财务报表】|【文件】|【新建】命令,选择模板分类为"常用|空报表",相关界面如图 6-8 所示。

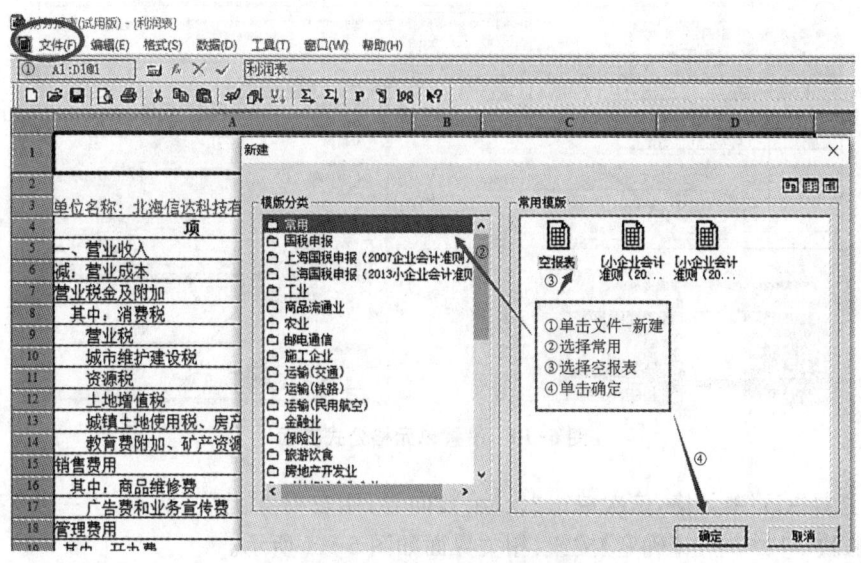

图 6-8 选择报表模板界面

（2）选择 A1：D1 区域，依次单击"格式│合并单元│按行组合"；选择 A2，依次单击"格式│合并单元│按行组合"，再依次单击"数据│关键字│设置│单位名称│确定"；选择 A3，依次单击"数据│关键字│设置│年│确定"；选择 B3 设置关键字为"月"；选择 C3 设置关键字为"日"；录入文字后，选择 A1：D11 区域单击【合并】按钮，选择 A1：D11 区域，依次单击"格式│区域画线│网线│确认"，相关界面如图 6-9 所示。

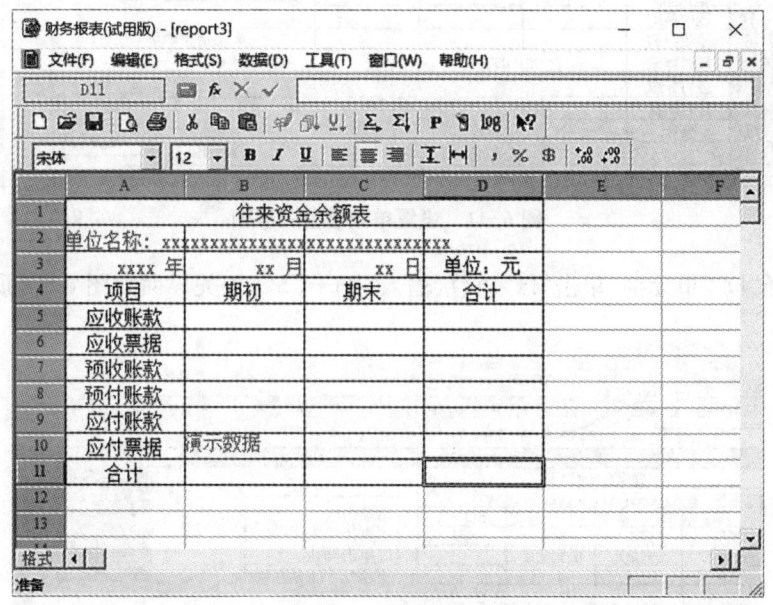

图 6-9 设置单元格界面

（3）选择"B5"单元格，依次单击"fx│函数向导│用友财务函数│期初│下一步│参照"，选择"应收账款"科目，单击【确定】按钮，相关界面如图 6-10 所示。

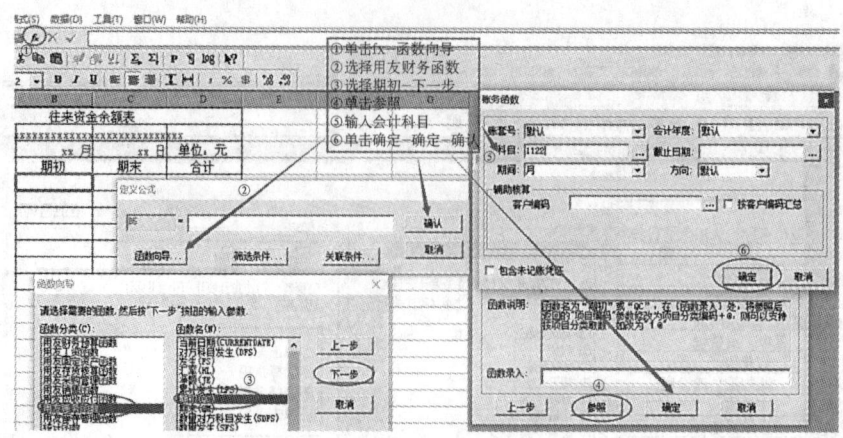

图 6-10　设置单元格公式界面

（4）选择"C5"单元格，依次单击"fx|函数向导|用友财务函数|期末|下一步|参照"，选择"应收账款"科目，单击【确定】按钮，相关界面如图 6-11 所示。

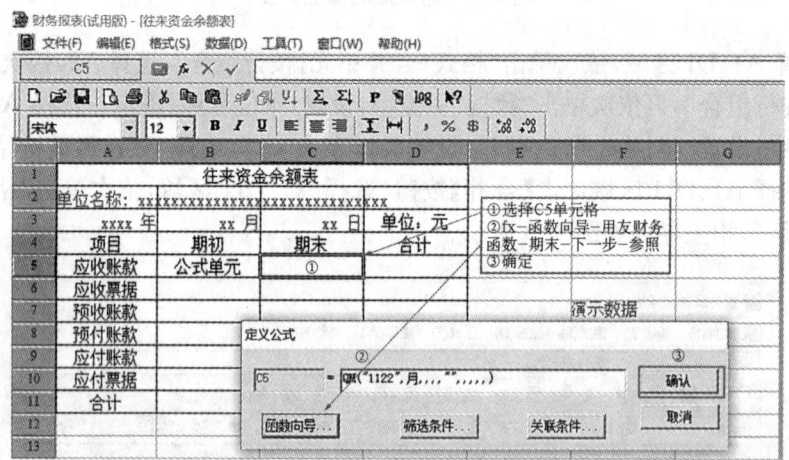

图 6-11　设置单元格公式界面

（5）选择"D5"单元格，单击"fx"，直接输入"B5＋C5"，相关界面如图 6-12 所示。

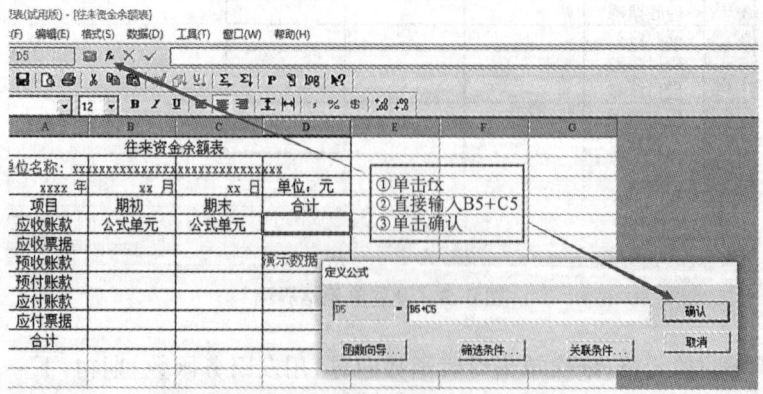

图 6-12　设置单元格公式界面

（6）依此方法，输入其他单元格的公式，结果如图 6-13 所示。

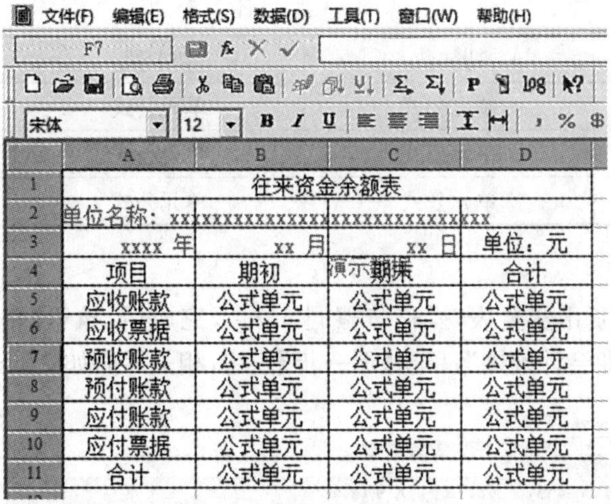

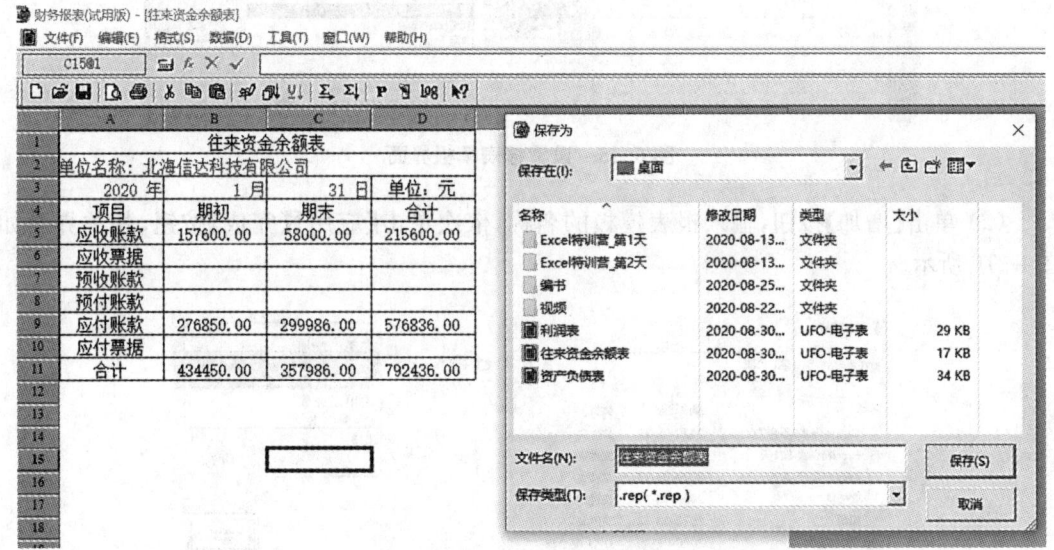

图 6-13 生成报表界面

（7）在"往来资金余额表"中单击左下角的【格式】按钮后，变为"数据"状态，执行【数据】|【关键字】|【录入】命令，输入公司名称和日期，再执行【文件】|【另存为】命令，选择保存的位置和文件名，将往来资金余额表的数据保存，相关界面如图 6-14 所示。

图 6-14 保存报表界面

6.3.3 生成报表模板

【案例资料】

月末，自定义生成货币资金表的报表模板（见表 6-6）。

表6-6   货币资金表

单位名称：

年　月　日

单位:元

项目	期初数	期末数	合计
现金	单元公式	单元公式	单元公式
银行存款	单元公式	单元公式	单元公式
合计	单元公式	单元公式	单元公式

【操作指引】

（1）自定义生成货币资金表，操作步骤同6.3.2，完成后，执行【格式】|【自定义报表模板】命令，选择"小企业会计准则"，单击【下一步】按钮，相关界面如图6-15所示。

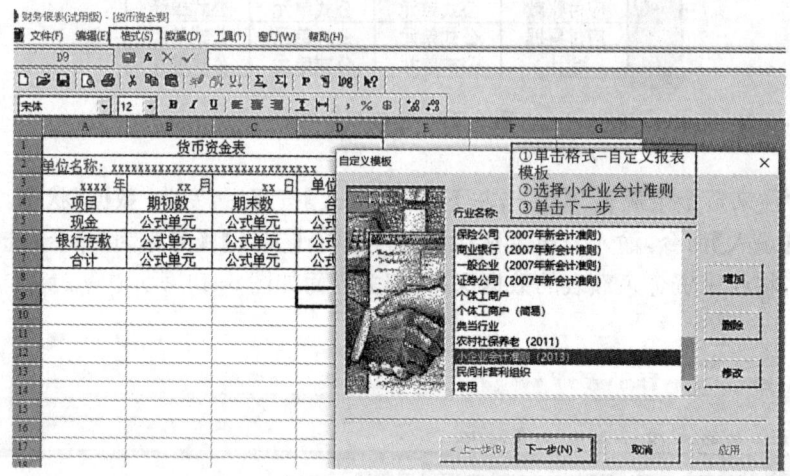

图6-15   设置报表模板界面

（2）单击【增加】按钮，输入报表模板的名称，依次单击【应用】【完成】按钮，相关界面如图6-16所示。

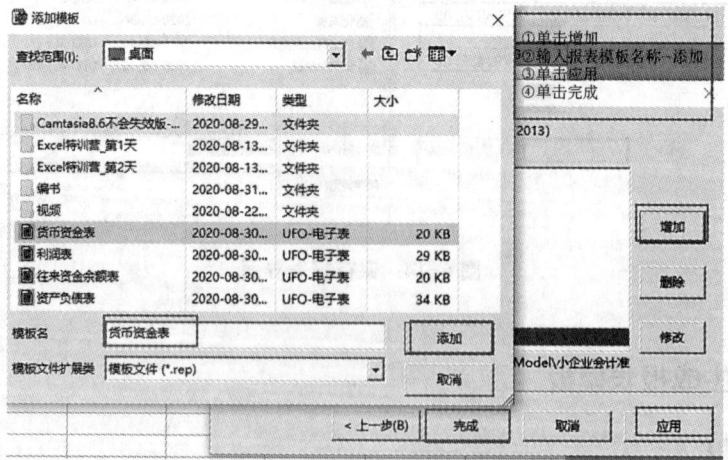

图6-16   生成报表模板界面

【关键知识点】

● 若要取消所定义的组合单元,可以在"组合单元"对话框中,单击【取消组合】按钮实现。

练一练

会计报表

(1) 利用报表模板生成资产负债表和利润表。

(2) 利用 UFO 报表自定义往来资金余额表(见表 6-7)。

表 6-7 往来资金余额表

编制单位: 年 月 日   单位:元

项目	期初	期末
应收账款	单元公式	单元公式
应收票据	单元公式	单元公式
预付账款	单元公式	单元公式
应付账款	单元公式	单元公式
应付票据	单元公式	单元公式
预收账款	单元公式	单元公式
合计	单元公式	单元公式

制表人:

想一想

1. UFO 报表管理系统的主要功能有哪些?

2. 在报表的"格式"状态下能完成哪些工作?

3. 如何调整关键字的位置?

4. 可以对报表模板中的公式进行修改吗?

5. 生成报表数据应具备哪些条件?

第7单元 工资管理

知识目标

1. 能解释典型工资业务核算处理
2. 能复述工资系统流程
3. 能描述工资系统的功能和内容
4. 能解释工资项目
5. 能阐述工资计算公式
6. 能描述工资分摊设置具体内容

技能目标

1. 能熟练完成单工资类别初始化设置
2. 能熟练完成单工资类别日常处理
3. 能熟练完成单工资类别期末处理
4. 能熟练完成多工资类别初始化设置
5. 能熟练完成多工资类别日常处理
6. 能熟练完成多工资类别期末处理
7. 能查询各种工资报表

知识导图

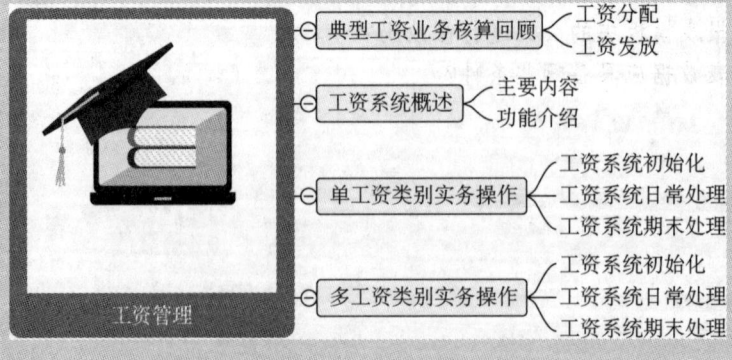

情景导入

　　随着经济的发展,企业员工、职称等与工资管理有关的信息急剧增加。在这种情况下单靠人工来处理员工工资不但显得力不从心,而且极容易出错。小型企业只需要一个操作方便,功能实用,能同时满足财务部门、单位其他相关部门及代发单位三方对数据的管理及需求的工资数据库管理系统,由计算机代替人工执行一系列诸如增加新员工、删除旧员工、工资查询、统计等操作,使办公人员可以轻松快捷地完成工资管理的任务。该系统可供财务人员对本单位的人员以及工资进行增加、删除、修改、查询,对人事的管理及工资发放中的应发工资合计等项目由系统自动进行计算;同时系统还可对人事及工资管理情况进行多角度查询。利用小型软件对小型企业的工资进行管理,不仅可以节省开支,而且还可以节省时间。

　　正是在此背景下,北海信达科技有限公司决定使用 T3 平台软件的工资管理系统。公司基本账户开户银行为中国工商银行北海分行中关村分理处,人员构成包括合同正式工和临时人员,职工工资由基本工资、奖励工资、交通补贴三项构成。由单位承担并缴纳的养老保险、医疗保险、失业保险、工伤保险、生育保险、住房公积金分别按本人基本工资和奖励工资合计的 16%、10%、0.8%、0.2%、0.8%、12%计算;由职工个人承担的养老保险、医疗保险、失业保险、住房公积金分别按本人基本工资和奖励工资合计的 8%、2%、0.2%、12%计算。

　　鉴于公司业务特点,运用该软件平台进行公司工资系统业务处理,请你为贺敏出谋划策:

　　1. 单独工资类别如何处理?

　　2. 多种工资类别如何处理?

　　3. 如何进行工资分配?

　　4. 发放工资和结转代扣款项在哪个功能模块处理?

7.1　典型工资业务核算回顾

　　应付职工薪酬是指企业为获得职工提供的服务而给予各种形式的报酬以及其他相关支出,包括职工在职期间(如工资)和离职后提供给职工的全部货币性薪酬和非货币性福利。企业提供给职工配偶、子女或其他被赡养人的福利等,也属于职工薪酬。应付职工薪酬的主要内容包括:

　　(1) 职工工资、奖金、津贴和补贴。

　　(2) 职工福利费。

　　(3) 医疗保险费、养老保险费、失业保险费、工伤保险费和生育保险费等社会保险费。

　　(4) 住房公积金。

　　(5) 工会经费和职工教育经费。

（6）非货币性福利。

（7）因解除与职工的劳动关系给予的补偿（辞退福利）。

（8）其他职工薪酬，如职工的股份支付、离职职工的待遇等。

应付职工薪酬核算的两个步骤：确认应付职工薪酬（工资分配），实际发放应付职工薪酬（工资发放）。

7.1.1 工资分配

1. 账户设置

"应付职工薪酬"属于负债类账户，用于核算企业根据有关规定应付给职工的各种薪酬。该账户应当按照工资、职工福利、社会保险费、住房公积金、工会经费、职工教育经费等应付职工薪酬项目设置明细账户，进行明细核算。

2. 账务处理

生产部门人员的职工薪酬，应记入"生产成本""制造费用""劳务成本"账户；管理部门人员的职工薪酬，应记入"管理费用"账户；销售人员的职工薪酬，应记入"销售费用"账户；由在建工程、研发支出负担的职工薪酬，应记入"在建工程""研发支出"等账户；因解除与职工的劳动关系给予的补偿，应记入"管理费用"账户。

账务处理如下：

借：生产成本（生产工人的薪酬）

  制造费用（车间管理人员的薪酬）

  劳务成本（提供劳务人员的薪酬）

  管理费用（行政管理和财务部人员的薪酬）

  销售费用（销售机构人员的薪酬）

  在建工程（在建工程人员的薪酬）

  研发支出（研发支出人员负担的职工薪酬）

  贷：应付职工薪酬——工资

    ——职工福利费

    ——工会经费

    ——职工教育经费

    ——社会保险费（企业负担部分）

    ——住房公积金等（企业负担部分）

【案例资料】查看 2020 年 1 月信达科技工资数据（见图 7-1、图 7-2），编制工资分配分录。

部门工资汇总表
2020 年 01 月

会计月份：一月

部门	人数	基本工资	奖励工资	交补	应发合计	请假天数	请假扣款	应付工资	社保	住房公积金	社保及公积金扣款合计	税前工资	代扣税	实发合计
企管办	2	9,000.00	450.00	300.00	9,750.00			9,750.00	963.90	1,134.00	2,097.90	7,652.10		7,652.10
财务部	3	11,500.00	900.00	450.00	12,850.00			12,850.00	1,264.60	1,488.00	2,752.60	10,097.20		10,097.20
采购部	2	8,000.00	450.00	400.00	8,850.00	5.00	100.00	8,750.00	861.90	1,014.00	1,875.90	6,874.10		6,874.10
销售部	2	16,000.00	1,600.00	800.00	18,400.00			16,400.00	1,795.20	2,112.00	3,907.20	14,492.80		14,492.80
销售一部	2	8,000.00	700.00	400.00	9,100.00			9,100.00	887.40	1,044.00	1,931.40	7,168.60		7,168.60
销售二部	2	8,000.00	900.00	400.00	9,300.00			9,300.00	907.80	1,068.00	1,975.80	7,324.20		7,324.20
生产部	2	8,000.00	850.00	400.00	9,250.00			9,200.00	902.70	1,062.00	1,964.70	7,285.30		7,285.30
仓储部	2	8,000.00	800.00	400.00	9,200.00			9,200.00	897.60	1,056.00	1,953.60	7,246.40		7,246.40
合计	15	60,500.00	5,050.00	2,750.00	68,300.00	5.00	100.00	68,200.00	6,686.10	7,866.00	14,552.10	53,647.90		53,647.90

图 7-1 部门工资汇总表

图 7-2　工资变动数据

【案例解析】查询部门工资表,销售部门应付工资合计 18 400 元,记入"销售费用"账户;企管办、财务部、采购部和仓储部应付工资合计 40 550 元,记入"管理费用"账户;生产部生产工人应付工资合计 4 200 元,记入"生产成本"账户;生产部经理人员应付工资合计 5 050 元,应记入"制造费用"账户。编制会计分录如下:

借:生产成本	4 200
制造费用	5 050
管理费用	40 550
销售费用	18 400
贷:应付职工薪酬——工资	68 200

7.1.2　工资发放

企业按照有关规定向职工支付工资、奖金、津贴等,借记"应付职工薪酬"账户,贷记"银行存款""库存现金"等账户。

(1) 发放工资。

借:应付职工薪酬——工资(实发合计)
　　贷:银行存款

(2) 结转代扣款

借:应付职工薪酬——工资
　　贷:其他应付款——社保
　　　　　　　　——住房公积金
　　　应交税费——应交个人所得税

【案例资料】查看 2020 年 1 月信达科技工资数据(见图 7-3),编制工资发放及结转代扣款分录。

【案例解析】

查询工资表,应付工资合计 68 200 元,实发合计 53 674.90 元,代扣社保合计 6 686.10 元,代扣住房公积金合计 7 866 元。编制会计分录如下:

工资发放签名表

2020 年 01 月

部门：全部			会计月份：一月		□ 实发合计为0不显示			人数：15					

人员编号	姓名	账号	部门编码	基本工资	奖励工资	交补	应发合计	请假天数	请假扣款	应付工资	社保	住房公积金	社保及公积金扣款合计	税前工资	代扣税	实发合计
001	汪珏	20060010001	1	5,000.00	250.00	150.00	5,400.00			5,400.00	535.50	630.00	1,165.50	4,234.50		4,234.50
002	郑通	20060010002	2	4,500.00	300.00	150.00	4,950.00			4,950.00	489.60	576.00	1,065.60	3,884.40		3,884.40
003	贺敏	20060010003	2	3,500.00	450.00	150.00	4,100.00			4,100.00	402.90	474.00	876.90	3,223.10		3,223.10
004	孙倩	20060010004	2	3,500.00	150.00	150.00	3,800.00			3,800.00	372.30	438.00	810.30	2,989.70		2,989.70
005	魏大棚	20060010005	3	4,500.00	200.00	200.00	4,900.00	3.00	60.00	4,840.00	479.40	564.00	1,043.40	3,796.60		3,796.60
006	田晓青	20060010006	401	4,500.00	300.00	200.00	5,000.00			5,000.00	489.60	576.00	1,065.60	3,934.40		3,934.40
007	孟倩	20060010007	402	4,500.00	500.00	200.00	5,200.00			5,200.00	510.00	600.00	1,110.00	4,090.00		4,090.00
008	刘东	20060010008	5	4,500.00	350.00	200.00	5,050.00			5,050.00	494.70	582.00	1,076.70	3,973.30		3,973.30
009	潘小小	20060010009	6	4,500.00	400.00	200.00	5,100.00			5,100.00	499.80	588.00	1,087.80	4,012.20		4,012.20
010	刘磊	20060010010	1	4,000.00	200.00	150.00	4,350.00			4,350.00	428.40	504.00	932.40	3,417.60		3,417.60
011	张涛	20060010011	401	3,500.00	400.00	200.00	4,100.00			4,100.00	397.80	468.00	865.80	3,234.20		3,234.20
012	刘晨利	20060010012	402	3,500.00	400.00	200.00	4,100.00			4,100.00	397.80	468.00	865.80	3,234.20		3,234.20
013	吴强	20060010013	5	3,500.00	500.00	200.00	4,200.00			4,200.00	408.00	480.00	888.00	3,312.00		3,312.00
014	刘玲	20060010014	6	3,500.00	400.00	200.00	4,100.00			4,100.00	397.80	468.00	865.80	3,234.20		3,234.20
015	汪杨	20060010016	3	3,500.00	250.00	200.00	3,950.00	2.00	40.00	3,910.00	382.50	450.00	832.50	3,077.50		3,077.50
合计				60,500.00	5,050.00	2,750.00	68,300.00	5.00	100.00	68,200.00	6,686.10	7,866.00	14,552.10	53,647.90		53,647.90

图 7-3　工资发放签名表

（1）发放工资。

借：应付职工薪酬——工资　　　　　　　　　　　　　　　　　53 674.9
　　贷：银行存款　　　　　　　　　　　　　　　　　　　　　　　53 674.9

（2）结转代扣款。

借：应付职工薪酬——工资　　　　　　　　　　　　　　　　　14 552.1
　　贷：其他应付款——社保　　　　　　　　　　　　　　　　　6 686.1
　　　　　　　　　　——住房公积金　　　　　　　　　　　　　7 866

7.2　工资系统概述

工资管理系统（简称工资系统）的任务是以输入的职工工资原始数据为基础，计算应发工资、扣款和实发工资，计算代扣个人所得税，进行工资计提和分摊处理，形成各类工资结算表，方便用户按部门和人员类别等条件进行查询、汇总和分析。

7.2.1　主要内容

1. 工资类别管理

工资系统提供单个工资类别和多个工资类别的功能，如果单位中所有人员的工资统一管理，而人员的工资项目、工资计算公式完全相同，只需要建立单个工资类别进行管理，可以提高系统的运行效率。如果单位按周发工资或一个月内多次发放工资，或者单位内部有不同类别（部门）的人员，工资发放项目不同，计算公式也不相同，但又需要进行统一的工资核算和管理，则应该选择建立多个工资类别。

2. 人员基础信息管理

在人员基础信息管理功能中可以设置人员类别、人员附加信息、工资项目、部门、银行名称、人员档案等信息。

3. 工资数据管理

在工资数据管理功能中,可以根据不同用户的需要设置工资项目和计算公式,管理所有人员的工资数据,并对日常工资变动进行调整,自动计算个人所得税,结合工资发放形式向代发银行传输工资数据或进行扣零处理。能自动计算、汇总工资数据,通过工资计提和分摊设置自动完成工资系统转账业务。

4. 工资账表管理

工资系统为用户提供了丰富的多层次、多角度的账表查询和统计分析功能,能够满足用户各种查询需求。

新用户操作流程如图 7-4、图 7-5 所示。

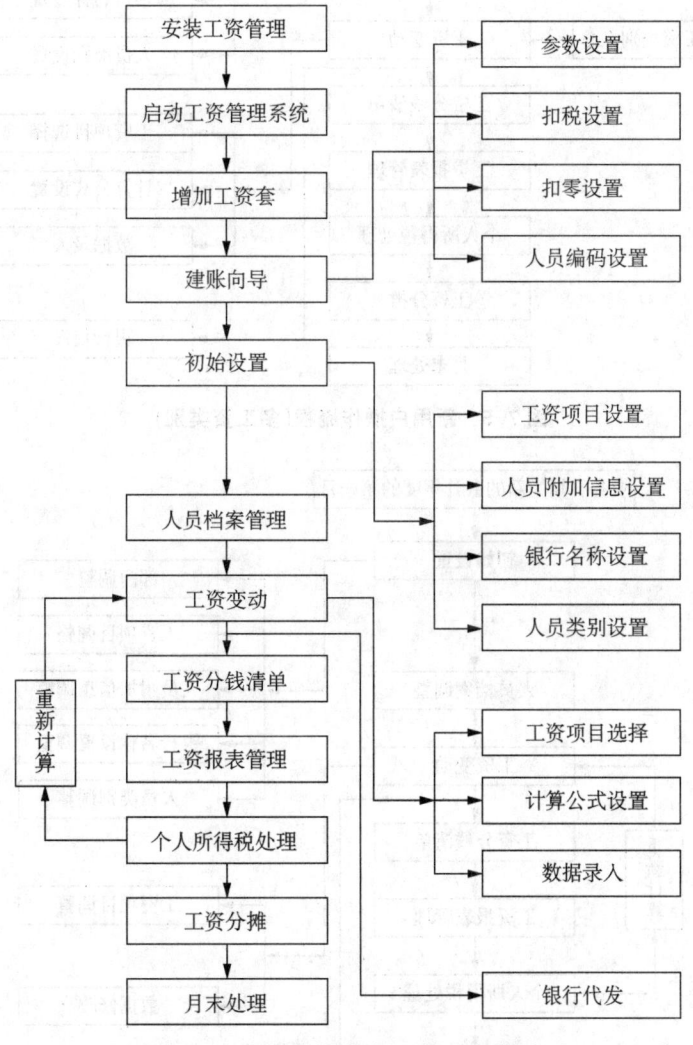

图 7-4　新用户操作流程(单工资类别)

老用户操作流程如图 7-6 所示。

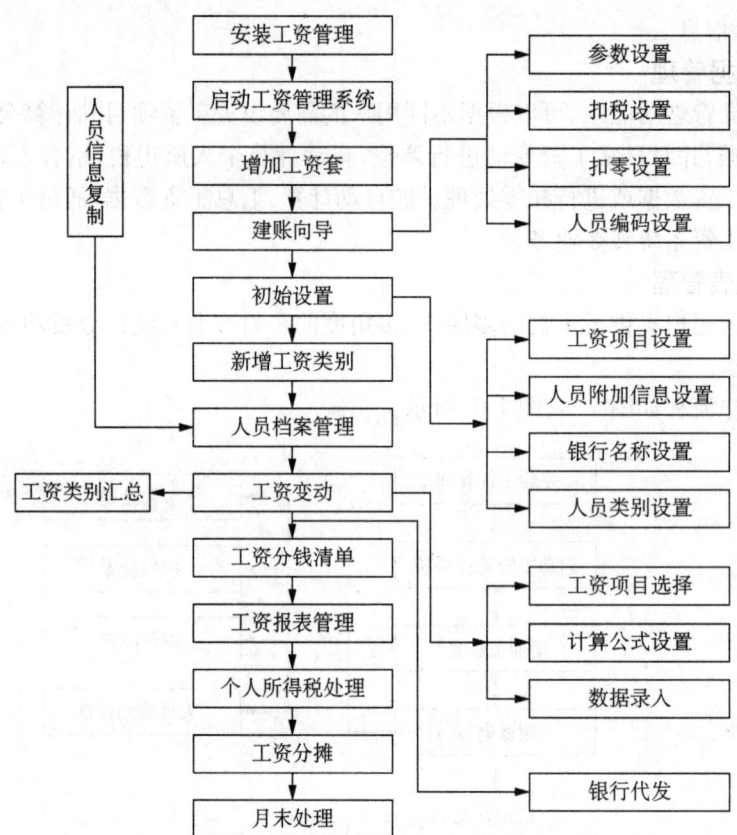

图 7-5 新用户操作流程(多工资类别)

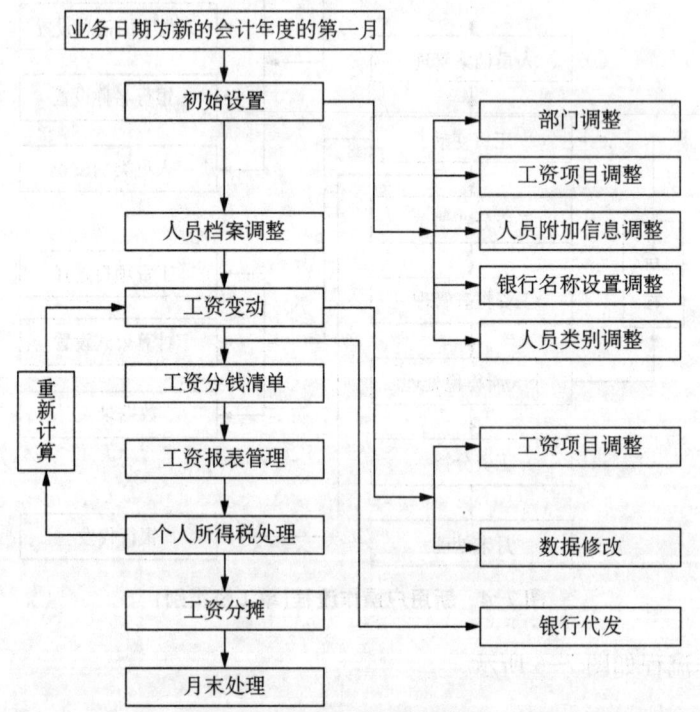

图 7-6 老用户操作流程

7.2.2 功能介绍

1. 工资系统初始设置

1) 建立工资账套

建立工资账套,是指用户根据本单位的需要,将通用工资管理系统设置为适合本单位需要的专用系统的过程。工资账套只管理工资系统数据,是单位账套的一部分。在系统提供的建账向导的引导下,依次进行参数设置(设置本账套工资类别数及工资核算币种)、扣税设置(是否计算并代扣个税)、扣零设置(可选择扣零至元,即十元以下的不发;扣零至角,一元以下的不发;扣零至分,一角以下的不发。)、人员编码长度设置(可自由定义,但总长不能超过 10 位字符)。

如果建账过程中选择多个工资类别,则建账完成后,应在【工资类别】菜单下【新建工资类别】窗口中,新建工资类别,也可通过该菜单下的相应功能,删除、关闭或打开某工资类别。

2) 初始设置

(1) 部门选择。若需对工资类别中管理的部门进行增加或删除,则可在【设置】菜单下【部门选择】中选择部门。已被使用的部门不能取消选择。

(2) 人员类别设置。在【设置】菜单下的【人员类别设置】中增加、删除人员类别。已经使用的人员类别不允许删除,人员类别只剩一个不能删除,其长度不得超过 10 个汉字或20 个字符。

(3) 人员附加信息设置。在【设置】菜单下的【人员附加信息设置】中增加、删除人员附加信息。已使用的人员附加信息不允许删除,其长度不得超过 5 个汉字或 10 个字符。

(4) 工资项目设置。工资项目是工资公式的组成要素,在【设置】菜单下的【工资项目设置】中定义工资项目的名称、类型、宽度、增减项等,除了系统依据工资参数自动生成的工资项目(不能删除)外,用户可根据工资计算需要,自定义工资项目,且在使用前可删除和修改。比如,可设置基本工资、岗位工资、伙食补贴、扣款合计等。

(5) 银行名称设置。银行名称设置中可设置多个发放工资的银行,以适应不同的需要。需要注意:银行名称长度不得超过 10 个汉字或 20 个字符;银行账号长度必须输入,且不能超过 30 个字;修改银行账号长度后,必须按回车键确认,否则,系统不接受;删除银行名称时,与此银行有关的所有设置(银行的代发文件格式的设置、磁盘输出格式的设置,及与此银行有关人员的银行名称和账号)将一并删除,因此,应谨慎删除。

(6) 人员档案设置。在【设置】菜单下的【人员档案】中设置使用工资系统进行工资核算的人员所属部门、人员编号、姓名、人员类别、账号等信息。当人员信息变动时必须在此功能中进行增加、删除和修改,以免数据错误。

2. 工资数据处理

1) 工资变动

打开【业务处理】菜单下【工资变动】功能,可以看到所有人员的工资数据,对于需要直接输入的工资数据,比如,水电费、缺勤天数等需要逐一输入;对于满足某类条件的一批人员的工资数据可灵活运用【定位】【筛选】【替换】等功能批量输入或调整。数据修改后,须执行【重新计算】或【汇总】命令,才能完成工资数据的变动。

2）工资分钱清单

工资分钱清单是按单位计算的工资发放分钱票面额清单，会计人员根据此清单从银行取款并发给各部门。在【业务处理】菜单下的【工资分钱清单】中，可以设置清单的票面额并可以查看、输出和打印部门分钱清单、人员分钱清单和工资发放取款单。

此功能应在所有人员的工资数据计算正确后再执行，如果其间修改了工资数据，则需要重新执行【工资分钱清单】命令，以保证数据无误。

3）扣缴所得税

如果工资建账参数中设置了代扣税，则需要在【业务处理】菜单下的【扣缴所得税】中调整"个人所得税扣缴申报表"栏目，选择所得项目和申报表中对应"收入合计"工资项目。在"个人所得税纳税申报表"窗口中可以修改栏目、税率表、人员定位和筛选及数据输出和打印。

4）银行代发

如果单位委托银行代发工资，则需要在【业务处理】菜单下的【银行代发】中设置银行文件格式，即根据银行的要求，设置提供数据中所包含的项目，以及项目的数据类型、长度和取值范围等。系统根据银行文件格式设置在窗口中显示"银行代发一览表"，用户可在此设置"银行代发文件"输出格式，进行数据输出、打印等操作。

5）工资分摊

工资分摊是指会计部门根据工资费用分配表，将工资费用按用途计入有关成本费用的过程，工资分摊通过【业务处理】菜单下的【工资分摊】完成。

在工资分摊界面，单击【工资分摊设置】按钮，进入"工资分摊类型设置"界面，在此依次增加（或删除、修改）分摊类型、设置分摊比例、分摊构成。在【分摊构成设置】中部门为人员所属部门，人员类别为人员所属类别，一般按人员类别设置分摊科目，相同类别人员，分摊科目相同。工资项目为计提分配工资项目，可以根据需要选择"应发合计""实发合计"等。借贷科目为对应选中的部门、人员类别应记借方科目或贷方科目。设置完成，单击【完成】按钮，也可单击【上一步】按钮返回修改。

月末，进入【业务处理】菜单下的【工资分摊】，在"工资分摊"窗口中，勾选计提费用类型，选择核算部门（参与工资分摊的部门）、计提会计月（系统默认当前月）、计提分配方式（分配到部门或分配到个人），以及是否明细到工资项目（选中则按工资项目明细列示分摊表）。确定后，在窗口中显示分配或计提"一览表"。在"类型"下拉列表框中选择本次的分摊类型，如勾选"制单时合并科目相同、辅助项相同的分录"，则相同科目合并分录，单击【制单】按钮，生成当前分摊类型对应的一张凭证。单击【批制】即批量制单，可一次生成所有分摊类型对应的凭证。通过【统计分析】菜单下的【凭证查询】功能，可查询到所有工资系统生成的凭证。

6）账表管理

通过【统计分析】菜单下的【账表】功能，可以查询"我的账表"、工资条、工资分析表、纳税所得申报表。

在"我的账表"中，用户可以看到系统自带的"工资表"和"工资分析表"账夹，分别存放了系统内置的各类工资汇总表和工资分析表，能够满足用户多样的工资数据查询需求。同时系统还为用户提供了"新建专用账夹"（专用账夹为建立它的操作员所专有，其他操作员无法看到）和"新建公用账夹"（公用账夹所有有工资操作权限的操作员都可以看到）的功能，用户可以将系统内置报表编辑、修改后保存在新建账夹中，方便随时查询、打印。

此外,系统还提供了工资报表自定义和编辑功能,在此不再详述。

3. 月末处理

月末处理是将当月数据经过处理后结转至下月。每月工资数据处理完毕后均可进行月末处理。在工资项目数据中,有些项目数据每月均不相同,需要在月末处理时将其清零,以便存放下月数据。

打开【业务处理】菜单下的【月末处理】功能,系统默认当前会计月为月末处理月份,确认后,根据系统提示选择"清零项目",确认后,系统进行月末数据结转,"清零项目"数据被清空,其他项目数据保留。

需要注意,月末结转只在会计年度的 1~11 月进行,年末结转需要通过系统管理模块,新建"年度账",执行【结转上年数据】命令来完成;需在当月工资数据处理完毕且数据汇总后,再进行月末处理;若工资账套包含多个工资类别,则需要打开每一类工资类别,分别进行月末处理。

反结账是指对于已经结账的月份,如果用户发现数据有错误,进行取消结账的操作。它是月末处理的逆操作,具体做法是:由账套主管于已结账月的次月登录系统,在工资系统中执行【业务处理】|【反结账】命令即可。

需要注意,反结账是有条件的,如果工资类别已生成凭证传至总账系统,则需要取消工资转账凭证在总账系统的所有后续处理:若已记账,则需要进行红字冲销、取消审核(出纳签字),删除工资凭证再反结账;若总账系统已结账,则需取消总账系统结账,再执行上述操作,否则,工资系统无法反结账。此外,反结账前必须关闭工资类别。

7.3 单工资类别实务操作

工资管理系统包括初始设置,录入工资数据,进行扣税处理,进行工资分摊等日常业务处理,进行查询凭证和账表,进行月末处理。用友 T3 提供了单工资类别和多工资类别账套管理,如果企业所有员工的工资项目,计算公式相同,可以选择单工资类别。

7.3.1 工资系统初始化

工资管理系统初始化的内容主要包括建立工资账套、设置工资项目、设置人员类别和计算公式等。

▶ 任务 1 建立工资账套

【案例资料】

(1)信达科技 1 月份开始需要对企业的工资进行管理,由账套主管郑通启用工资管理系统,启用日期为 2020 年 1 月。

(2)信达科技工资账套参数。

工资类别:单个   核算计件工资:否

核算币种:人民币   代扣个人所得税:是

扣零处理:否   人员编码长度:3

启用日期:2020 年 1 月 1 日   预置工资项目

【操作指引】

（1）启用工资系统。1 日，账套主管郑通登录系统管理，选择"账套|启用|工资管理"，启用会计期为"2020 年 1 月 1 日"，完成启用。

（2）建立工资账套。1 日，账套主管郑通登录 T3，进入建立工资套窗口，选择"单个工资类别"，勾选"是否从工资中代扣个人所得税"复选框；将人员编码长度修改为"3"；将本账套的启用日期修改为"2020-01-01"；勾选"预置工资项目"复选框，完成工资账套建立，相关界面如图 7-7 所示。

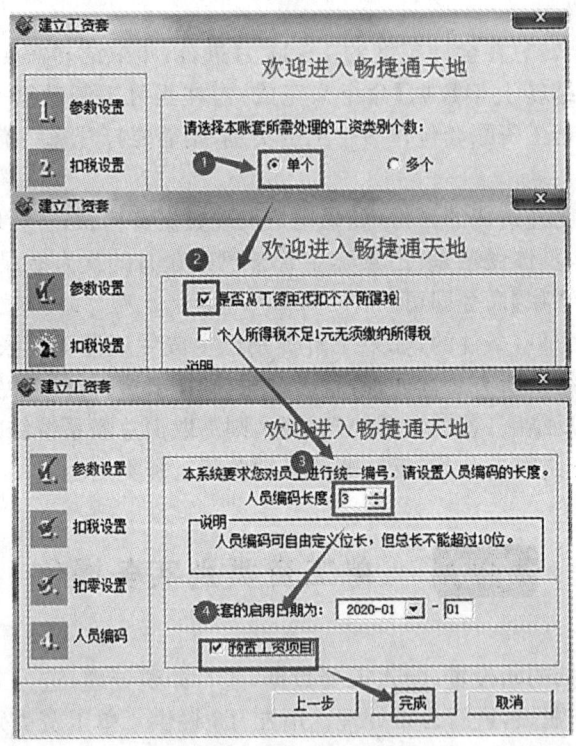

图 7-7　设置账套参数界面

【关键知识点】

● 工资账套是企业核算账套的一个组成部分

● 如果企业所有员工的工资项目，计算公式相同，可以选择单工资类别。如果企业员工工资项目，计算公式不同或者每月多次工资发放，则应选择多工资类别。

● 扣零设置通常在发放现金工资时使用，如果采用银行代发则很少做此设置。

● 工资系统启用日期应在企业账套启用之后。

● 通过执行【设置】|【选项】命令，可以修改工资账套信息。

▶ 任务 2　设置公用参数

【案例资料】

信达科技公司人员类别有经理人员，行政管理人员，销售人员和生产工人。开户行为中国工商银行中关村分理处，长度为 11 位，自动带出 9 位。需要增加性别和婚否附加信息。人员档案资料如表 7-1 所示。

表 7-1 人员档案

部门名称	人员编号	人员姓名	人员类别	账号	中方人员	是否计税
企管办	001	汪涵	经理人员	20060010001	是	是
财务部	002	郑通	经理人员	20060010002	是	是
财务部	003	贺敏	行政管理人员	20060010003	是	是
财务部	004	孙娟	行政管理人员	20060010004	是	是
采购部	005	魏大鹏	采购经理	20060010005	是	是
销售一部	006	田晓宾	经理人员	20060010006	是	是
销售二部	007	孟倩	经理人员	20060010007	是	是
生产部	008	刘东	生产经理	20060010009	是	是
仓储部	009	潘小小	仓储经理	20060010008	是	是
企管办	010	刘流	行政管理人员	20060010010	是	是
销售一部	011	张涛	销售人员	20060010011	是	是
销售二部	012	刘凯利	销售人员	20060010012	是	是
生产部	013	吴强	生产人员	20060010013	是	是
仓储部	014	刘玲	行政管理人员	20060010014	是	是
采购部	015	汪扬	行政管理人员	20060010015	是	是

【操作指引】

指引 1：设置人员类别

（1）增加人员类别。1 日,以账套主管郑通的身份登录 T3,执行【工资管理】|【人员类别设置】|【增加】"命令,录入人员类别名称,完成所有类别设置,单击【返回】按钮,相关界面如图 7-8 所示。

（2）删除无类别。选中"无类别",单击【删除】按钮,如图 7-9 所示。

图 7-8 增加人员类别界面

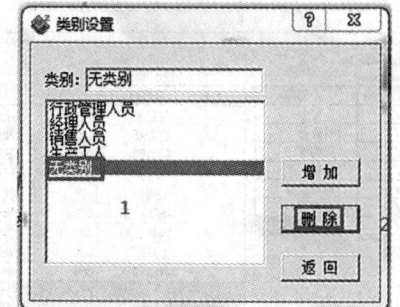
图 7-9 删除无类别界面

指引 2：设置银行名称

（1）增加开户银行。1 日,以账套主管郑通的身份登录 T3,执行【工资】|【设置】|【银行

名称设置】|【增加】命令,录入银行名称和自动带出的账号长度,单击【返回】按钮,相关界面如图7-10所示。

（2）删除开户银行。选中需删除的银行名称,单击【删除】按钮即可。

指引3:设置人员附加信息

（1）增加人员附加信息。1日,以账套主管郑通的身份登录T3,选择【工资】|【设置】|【人员附加信息设置】|【增加】命令,单击"参照"栏,选择需增加的附加信息,相关界面如图7-11所示。

（2）删除人员附加信息。选中需删除的人员附加信息,点击【删除】按钮即可。

指引4:设置人员档案

（1）增加人员档案。1日,以账套主管郑通的身份登录T3,执行【工资】|【设置】|【人员档案】命令。

方法一:单击【增加】按钮,录入人员编号,姓名等相关信息,单击【确认】按钮。

方法二:单击【批增】按钮,选择所有部门,单击【确定】按钮,相关界面如图7-12所示。

（2）修改人员档案。选中人员档案所在行,单击【修改】按钮,修改完成后,单击【确认】即可,相关界面如图7-13所示。

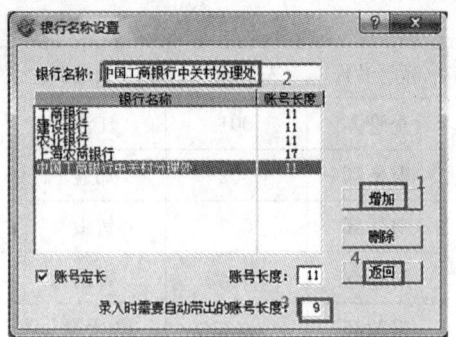

图7-10 设置银行名称界面

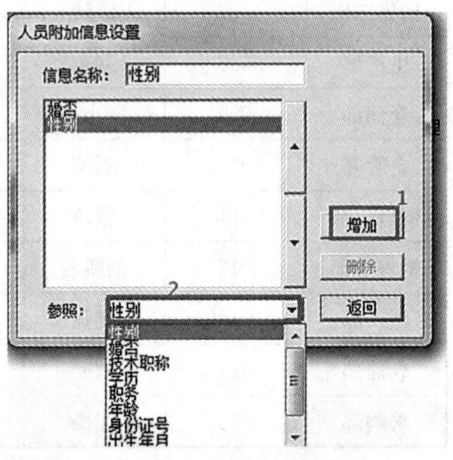

图7-11 增加人员附加信息设置

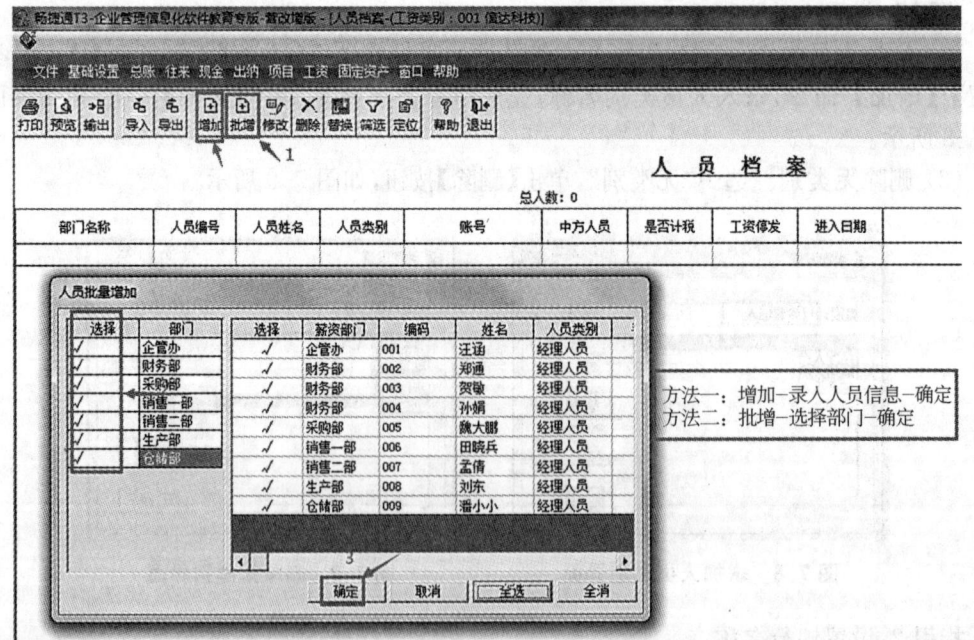

图7-12 增加人员档案界面

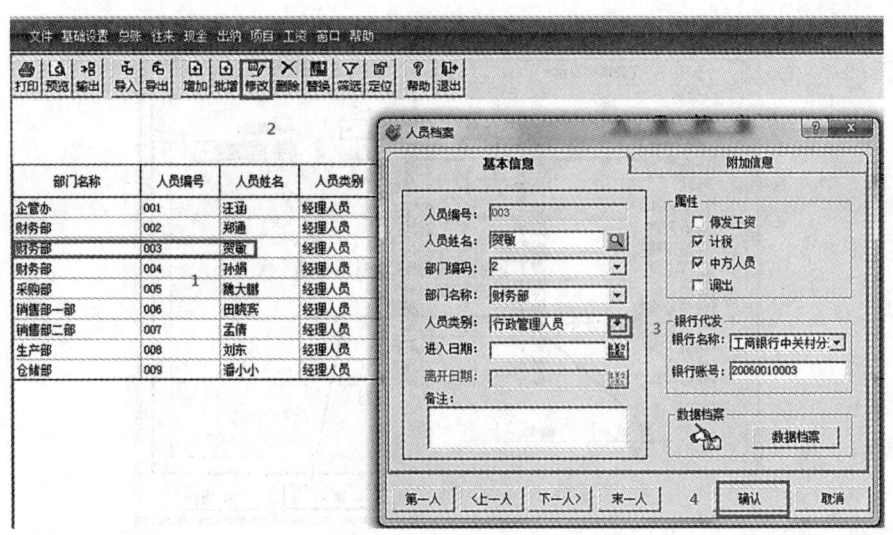

图 7-13　修改人员档案界面

（3）删除人员档案。选中人员档案所在行，单击【删除】按钮，系统弹出"是否删除当前人员信息？"对话框，单击【是】按钮。

【关键知识点】

● 如果在总账基础设置已经录入了职员档案，可以采用批增的方法，但是人员类别、银行名称和账号需要修改或补充。

● 录入人员档案后方可设置计算公式。

● 人员类别、银行名称、人员附加信息、人员档案在后续未使用的情况下可以删除。

▶ 任务 3　设置工资项目

【案例资料】

工资项目如表 7-2 所示。

表 7-2　工资项目表

工资项目名称	类型	长度	小数	增减项
基本工资	数字	8	2	增项
奖励工资	数字	8	2	增项
交补	数字	8	2	增项
请假天数	数字	8	2	其他
请假扣款	数字	8	2	减项
社保	数字	8	2	减项
住房公积金	数字	8	2	减项

【操作指引】

（1）增加工资项目。1 日，以账套主管郑通的身份登录 T3，选择【工资】|【设置】|【工资项目设置】命令，单击【增加】按钮，可以直接录入名称，也可以从参照中选择工资项目，补充类型、长度、小数、增减项等信息，相关界面如图 7-14 所示。

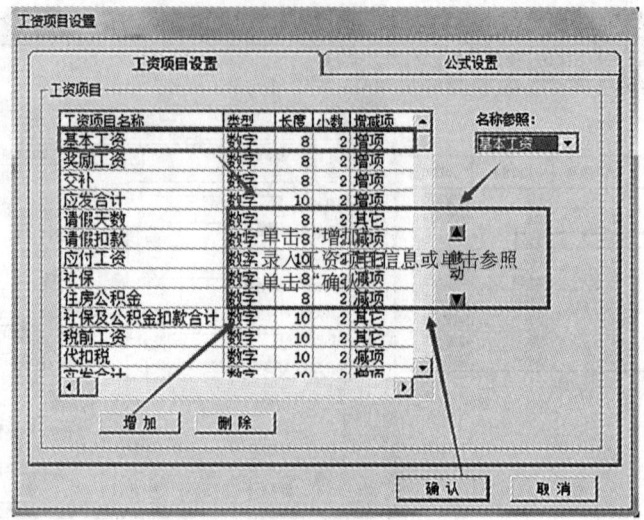

图 7-14　增加工资项目界面

（2）调整工资项目顺序。单击【移动】上下三角按钮,将每个工资项目移动到合适的位置。

【关键知识点】

● 选择预置工资项目,系统提供应发合计,缺勤扣款合计,应付工资,社保及公积金扣款合计,其他代扣款合计,其他代发款合计,实发合计。

● 建账时选择了"代扣个人所得税",系统提供代扣税项目。

● 工资项目可以从名称参照中选择,也可以录入新的工资项目。

▶ 任务4　设置计算公式

【案例资料】

（1）基本工资:企管部经理人员 5 000 元,其他 4 000 元;其他部门经理人员 4 500 元,其他人员 3 500 元。（iff 公式）

（2）请假扣款＝请假天数 ＊ 20

（3）社保＝（基本工资＋奖励工资）＊ 10.2％

（4）住房公积金＝（基本工资＋奖励工资）＊ 0.12

（5）交补:企管办及财务部 150 元,其他 200 元。

（7）自设:应发合计、缺勤扣款合计,应付工资,社保及公积金合计,税前工资。

【操作指引】

（1）设置计算公式。1 日,以账套主管郑通的身份登录 T3,执行【工资】|【设置】|【工资项目设置】|【公式设置】命令。

方法一:直接录入。单击【增加】按钮,选择需要定义的工资项目,在"公式定义"栏内直接录入公式,单击【公式确认】按钮。

方法二:函数向导。点击【增加】按钮,选择工资项目,单击【函数公式向导输入】按钮,根据提示完成公式定义。

具体操作界面如图 7-15、图 7-16 所示。

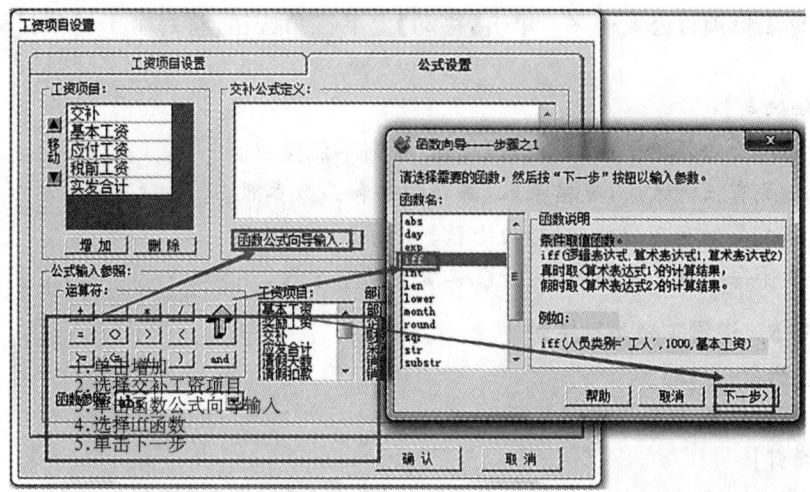

图 7-15　函数向导-步骤之 1 界面

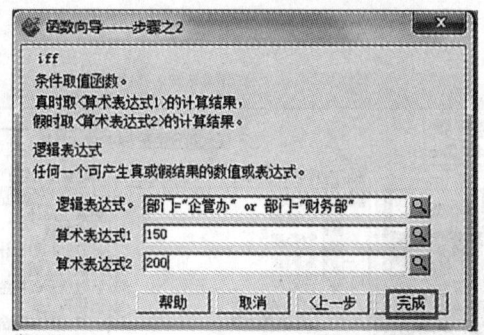

图 7-16　函数公式-步骤之 2 界面

　　方法三：函数参照。点击【增加】按钮，选择工资项目和需用的函数，在"公式定义"栏内补充公式即可，相关界面如图 7-18 所示。

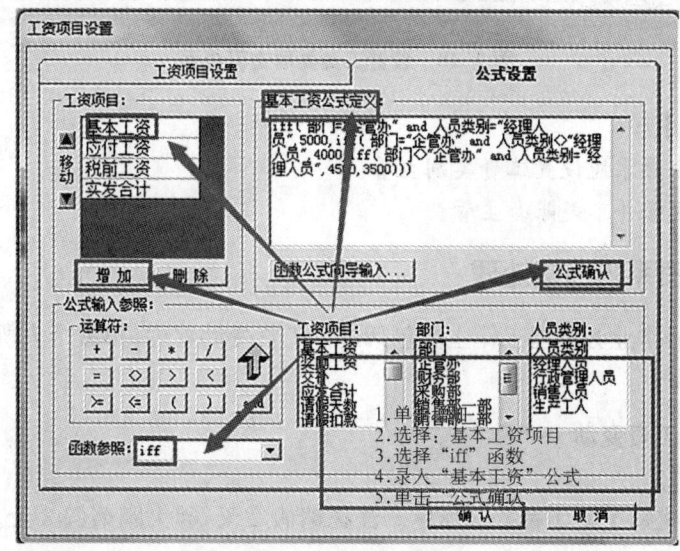

图 7-17　函数参照界面

（2）调整工资项目公式顺序。单击【移动】上下三角按钮，将每个工资项目移动到合适的位置。

【关键知识点】

● 设置公式后必须单击【公式确认】按钮，否则不能保存。

● 设置公式有三种方法，直接录入，函数向导和函数参照。

● 设置公式是如有百分数，应转为小数。

● 奖励工资每个员工金额不同，应在工资变动中录入。

▶ 任务5 设置工资类别主管

【案例资料】

将会计贺敏设置为工资类别主管。

【操作指引】

1日，以账套主管郑通的身份登录 T3，执行【工资】|【设置】|【权限设置】命令，选中"2贺敏"，单击【修改】按钮，勾选工资类别主管复选框，最后单击【保存】按钮，相关界面如图 7-18所示。

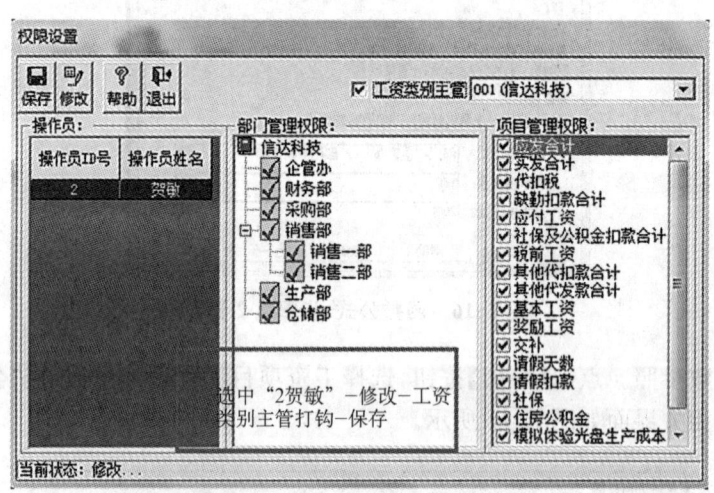

图 7-18 设置工资类别主管界面

【关键知识点】

● 只有账套主管才能设置工资类别主管。

● 工资类别主管并不是账套主管。

7.3.2 工资系统日常处理

工资系统的日常业务处理工作主要包括进行工资变动管理，扣缴个人所得税，工资分摊设置以及生成凭证。

▶ 任务1 工资变动

【案例资料】

2020 年 1 月奖励工资如表 7-3 所示。汪扬请假 2 天，魏大鹏请假 3 天。其他数据由公式自动生成。

表 7-3　奖励工资表

人员姓名	金额	人员姓名	金额
汪涵	250	潘小小	400
郑通	300	刘流	200
贺敏	450	张涛	400
孙娟	150	刘凯利	400
魏大鹏	200	吴强	500
田小宾	300	刘玲	400
孟倩	500	汪扬	250
刘东	350		

【操作指引】

(1) 录入工资数据。31 日,以工资类别主管贺敏的身份登录 T3,执行【工资】|【业务处理】|【工资变动】命令,录入奖励工资和请假天数,依次单击【保存】|【汇总】按钮,完成数据录入,相关界面如图 7-19 所示。

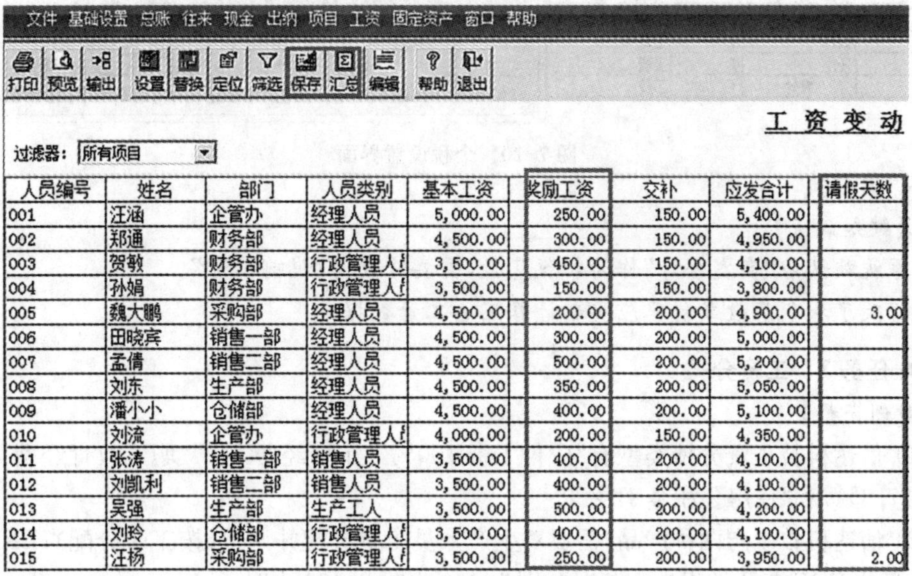

人员编号	姓名	部门	人员类别	基本工资	奖励工资	交补	应发合计	请假天数
001	汪涵	企管办	经理人员	5,000.00	250.00	150.00	5,400.00	
002	郑通	财务部	经理人员	4,500.00	300.00	150.00	4,950.00	
003	贺敏	财务部	行政管理人	3,500.00	450.00	150.00	4,100.00	
004	孙娟	财务部	行政管理人	3,500.00	150.00	150.00	3,800.00	
005	魏大鹏	采购部	经理人员	4,500.00	200.00	200.00	4,900.00	3.00
006	田晓宾	销售一部	经理人员	4,500.00	300.00	200.00	5,000.00	
007	孟倩	销售二部	经理人员	4,500.00	500.00	200.00	5,200.00	
008	刘东	生产部	经理人员	4,500.00	350.00	200.00	5,050.00	
009	潘小小	仓储部	经理人员	4,500.00	400.00	200.00	5,100.00	
010	刘流	企管办	行政管理人	4,000.00	200.00	150.00	4,350.00	
011	张涛	销售一部	销售人员	3,500.00	400.00	200.00	4,100.00	
012	刘凯利	销售二部	销售人员	3,500.00	400.00	200.00	4,100.00	
013	吴强	生产部	生产工人	3,500.00	500.00	200.00	4,200.00	
014	刘玲	仓储部	行政管理人	3,500.00	400.00	200.00	4,100.00	
015	汪杨	采购部	行政管理人	3,500.00	250.00	200.00	3,950.00	2.00

图 7-19　录入工资数据界面

【关键知识点】

● 工资数据可以在录入人员档案时直接录入,也可以在工资变动里录入。

● 数据变化较大时可以使用替换功能进行替换。

● 如果修改了数据,重新设置了计算公式,进行了数据替换等涉及数据变动时,必须调用"保存"和"汇总"功能对数据进行重新计算,保证数据正确。

▶ 任务2　扣缴个人所得税

【案例资料】

2020年1月,按照最新的个税新政计算个人所得税。

【操作指引】

31日,以工资类别主管贺敏的身份登录T3,选择【工资】|【业务处理】|【扣缴所得税】命令,对应工资项目选择"税前合计",单击【税率】按钮,修改扣税基数、税率、速算扣除数等信息,重新计算个人所得税,相关界面如图7-20所示。

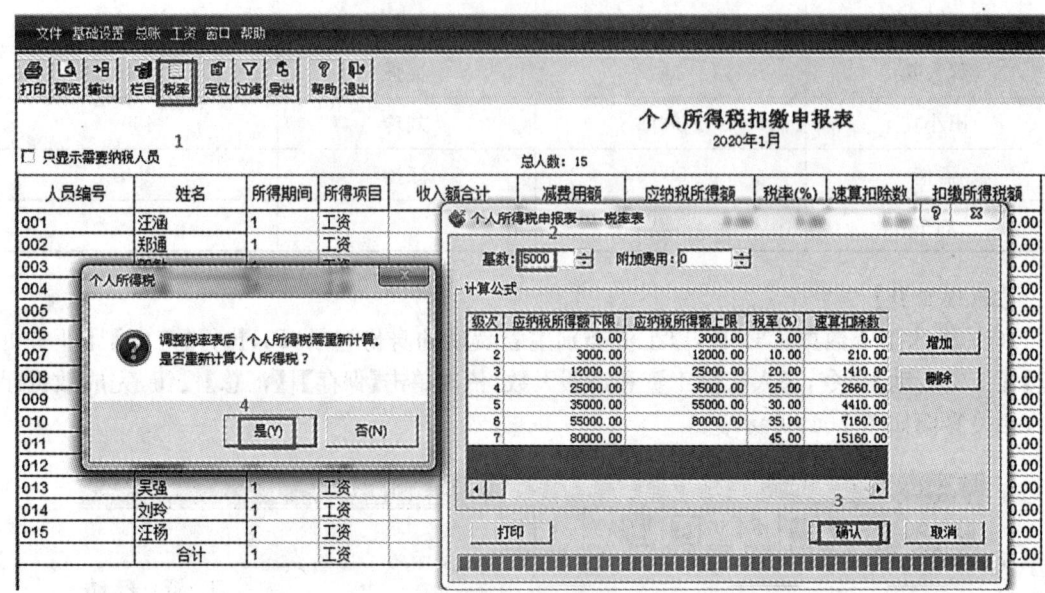

图7-20　个税设置界面

【关键知识点】

● 系统默认以"实发合计"作为扣税基数,需要修改为"税前工资"。

● 修改了扣税基数或税率应重新计算汇总工资数据。

▶ 任务3　工资分摊

【案例资料】

(1) 信达科技工资分摊类型有"应付工资100%""工费经费2%""职工教育经费1.5%""社保27.8%"和"住房公积金12%"。

(2) 信达科技生产两种产品,需要对生产人员工资分配并调整(按工时分配);ERP模拟体验光盘及ERP普及教程生产工时分别为600小时和400小时。

【操作指引】以应付工资为例。

指引1:工资分摊设置

(1) 增加分摊类型。31日,以工资类别主管贺敏的身份登录T3,执行【工资】|【业务处理】|【工资分摊】|【工资分摊设置】|【增加】命令,录入计提类型名称和计提比例,相关界面如图7-21所示。在分摊构成设置窗口,选择分摊构成的各项目内容,相关界面如图7-22所示。

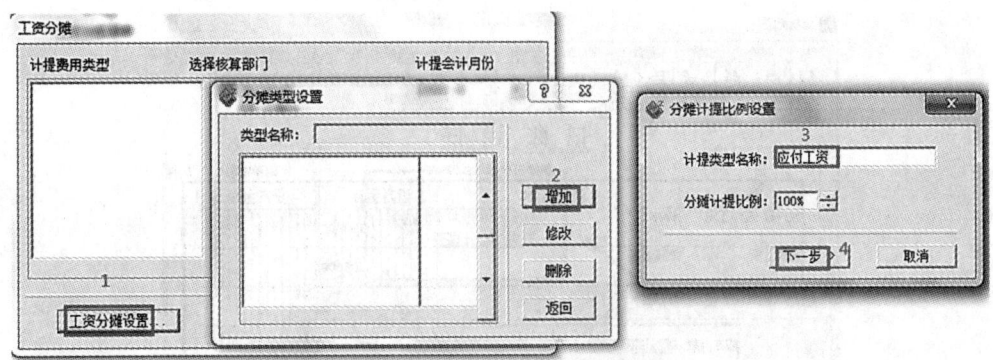

图 7-21　增加分摊类型界面

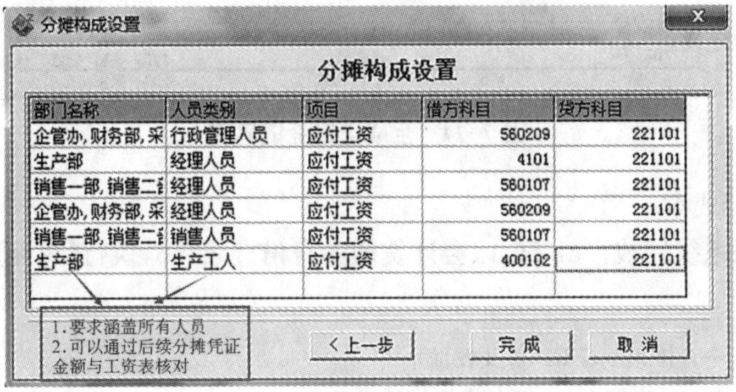

部门名称	人员类别	项目	借方科目	贷方科目
企管办,财务部,采	行政管理人员	应付工资	560209	221101
生产部	经理人员	应付工资	4101	221101
销售一部,销售二部	经理人员	应付工资	560107	221101
企管办,财务部,采	经理人员	应付工资	560209	221101
销售一部,销售二部	销售人员	应付工资	560107	221101
生产部	生产工人	应付工资	400102	221101

图 7-22　分摊构成设置界面

（2）修改分摊类型。选中需要修改的分摊类型,单击【修改】按钮,修改后单击【完成】完成。

指引 2:生成凭证

（1）生成凭证。31 日,以工资类别主管贺敏的身份登录 T3,执行【工资】|【业务处理】|【工资分摊】命令,打开工资分摊窗口,选择费用类型、部门,勾选"明细到工资项目"复选框,单击【确定】,相关界面如图 7-23 所示。打开"应付职工薪酬一览表",单击【制单】按钮,生成工资分摊凭证,相关界面如图 7-24 所示。

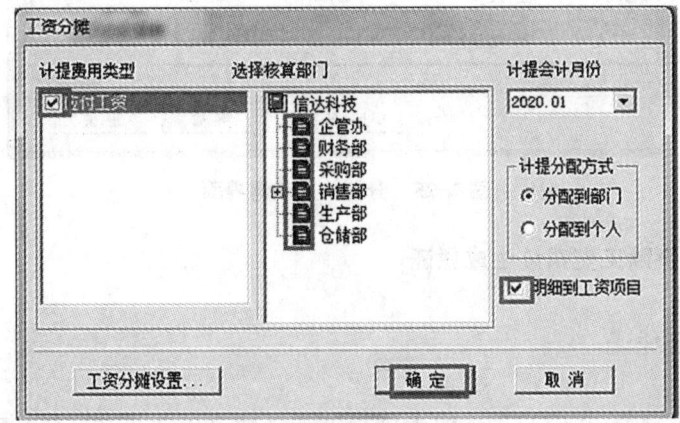

图 7-23　选择费用类型界面

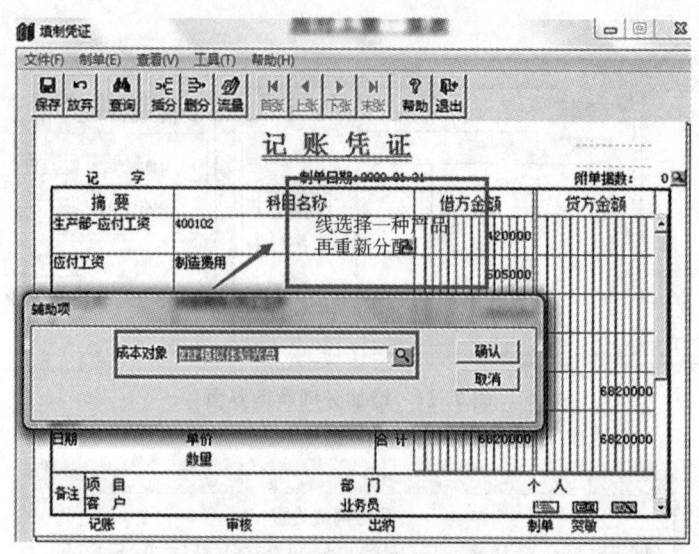

图 7-24　生成记账凭证界面

（2）分配生产成本。

方法一：总账系统完成。31 日，以会计贺敏的身份登录 T3，执行【总账】|【凭证】|【填制】命令，录入凭证。

借：生产成本——直接人工（ERP 普及教程）　　　　　　　　　　　　　　　1 680

　　贷：生产成本——直接人工（ERP 模拟体验光盘）　　　　　　　　　　　　1 680

方法二：工资系统完成。31 日，以工资类别主管贺敏的身份登录 T3，增加工资项目"模拟体验光盘生产成本"和"普及教程生产成本"；定义公式分别为"0.6＊应付工资"和"0.4＊应付工资"；修改分摊构成设置；最后完成工资分摊生成凭证，相关界面如图 7-25 所示。

图 7-25　分摊构成设置界面

▶ **任务 4　删除工资系统生成凭证**

【案例资料】

删除计提工资凭证。

【操作指引】

（1）工资系统删除。31 日，以工资类别主管贺敏的身份登录 T3，执行【工资】|【统计分

析】|【凭证查询】命令,选中凭证所在行,单击【删除】按钮,相关界面如图 7-26 所示。

（2）总账删除。31 日,以会计贺敏的身份登录 T3,执行【总账】|【凭证】|【填制凭证】命令,选中作废凭证,依次单击"制单|整理凭证",单击【确定】按钮即可,相关界面如图 7-27 所示。

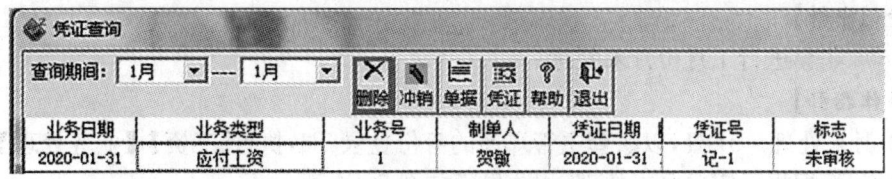

图 7-26 工资系统删除界面

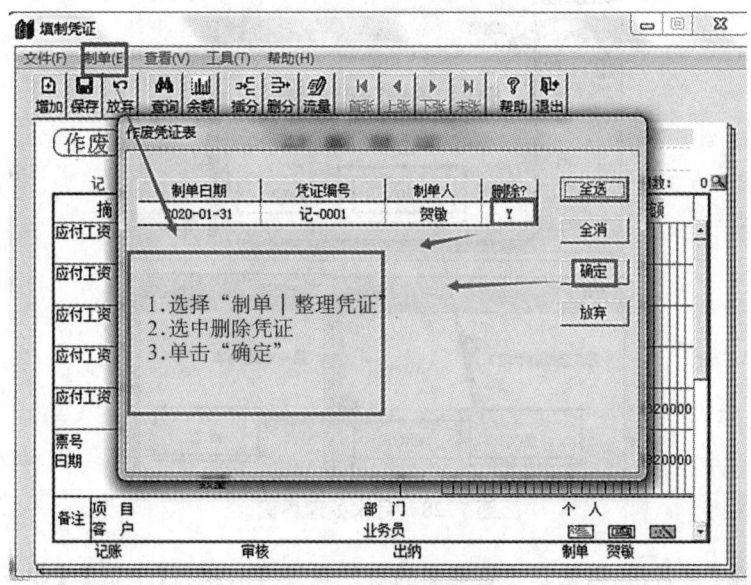

图 7-27 总账删除界面

【关键知识点】

● 不同部门、相同人员类别在设置时,可以一次选择多个部门。

● 生成凭证的操作员应为会计人员。

● 工资分摊凭证如已经在总账审核,应取消审核才能在工资系统删除。

7.3.3 工资系统期末处理

▶ 任务 1 账表查询

【案例资料】

查看 2020 年 1 月信达科技的工资发放签名表,并做生成发放工资和结转工资代扣款凭证。

【操作指引】

（1）查询工资发放签名表。31 日,以工资类别主管贺敏的身份登录 T3。

方法一:执行【工资】|【统计分析】|【账表】|【工资表】命令,选择工资发放签名表。

方法二:直接单击"工资发放签名表"。

(2) 生成发放工资和结转代扣款凭证。31 日,以会计贺敏的身份登录 T3,执行【总账】|【凭证】|【填制凭证】命令,录入发放工资凭证和结转代扣款凭证。

▶ 任务2 月末处理

【案例资料】

将 606 账套进行 1 月份月末处理。

【操作指引】

(1) 月末处理。31 日,以账套主管郑通的身份登录 T3,执行【工资】|【业务处理】|【月末处理】命令,根据提示完成月末处理,相关界面如图 7-28 所示。

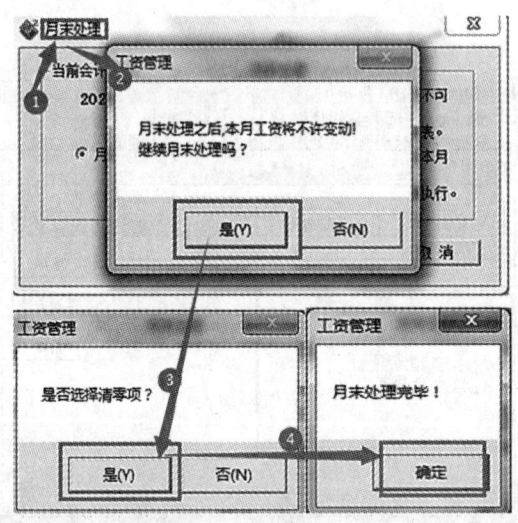

图 7-28　月末处理界面

(2) 反结账。2 月份,以账套主管郑通的身份登录 T3,执行【工资】|【业务处理】|【反结账】命令,单击【确定】按钮,系统提示"反结账已成功完成!",相关界面如图 7-29 所示。

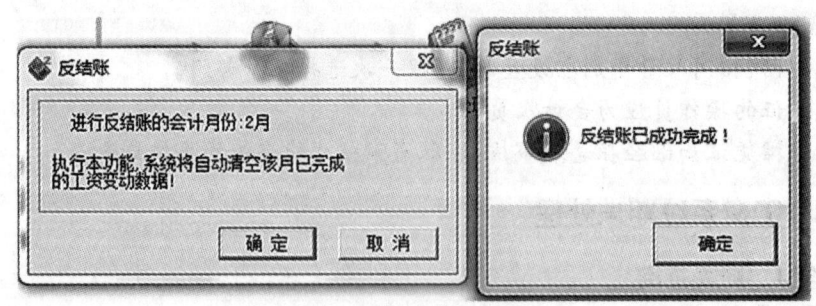

图 7-29　反结账界面

【关键知识点】

● 月末处理操作员应为账套主管。

● 月末处理后,如果发现还有一些业务或其他事项要在已进行月末处理的月份进行账务处理,账套主管可以在结账后的下月进行反结账。

7.4　多工资类别实务操作

用友 T3 提供了单工资类别和多工资类别账套管理,如果企业所有员工的工资项目,计算公式相同,可以选择单工资类别。如果企业员工工资项目或计算公式有不同,需要启用多工资类别。多工资类别实务操作也包括初始设置、日常处理和月末处理。

7.4.1　工资系统初始化

多工资类别初始化包括建立多工资类别账套,设置人员类别、工资项目、人员附加信息等公用参数,同时还需打开各个工资类别完成人员档案和计算公式的设置。

▶ **任务 1　建立工资账套**

【案例资料】

信达科技工资账套参数如下:

工资类别:多个　　　　　　　　　核算计件工资:否

核算币种:人民币　　　　　　　　代扣个人所得税:是

扣零处理:否　　　　　　　　　　人员编码长度:3

启用日期:2020 年 1 月 1 日　　　预置工资项目

【操作指引】

以账套主管郑通的身份登录系统管理,在建立工资账套-参数设置工资类别选择"多个",扣税设置、扣零设置、人员编码设置与单工资类别操作相同。

【关键知识点】

● 多工资类别可以设置多个工资类别主管。

● 建立工资账套操作员为账套主管郑通。

▶ **任务 2　新建工资类别**

【案例资料】

信达公司有两种工资类别,分别是正式人员(对所有部门核算,选择下级部门)和临时人员(生产部)。

【操作指引】

(1) 新建工资类别。1 日,以账套主管郑通的身份登录 T3,执行【工资】|【工资类别】|【新建工资类别】命令,录入工资类别名称、选择部门,单击【完成】按钮。

(2) 打开工资类别。1 日,以账套主管郑通的身份登录 T3,执行【工资】|【工资类别】|【打开工资类别】命令,选中需打开的工资类别,即可打开。

(3) 关闭工资类别。1 日,以账套主管郑通的身份登录 T3,执行【工资】|【工资类别】|【关闭工资类别】命令,即可关闭。

(4) 删除工资类别。1 日,以账套主管郑通的身份登录 T3,执行【工资】|【工资类别】|【删除工资类别】命令,选中"临时人员",即可删除。

【关键知识点】

● 关闭所有工资类别状态下,才能删除工资类别。

● 工资类别已经使用,不能删除。

▶ **任务3 设置公用参数**

【案例资料】

(1) 信达科技公司人员类别有经理人员,行政管理人员,销售人员和生产工人。

(2) 开户行为工商银行中关村分理处,长度为11位,自动带出9位。

(3) 需要增加性别和婚否附加信息。

(4) 正式人员档案资料如表7-4所示。

表7-4 正式人员档案

部门名称	人员编号	人员姓名	人员类别	账号	中方人员	是否计税
企管办	001	汪涵	经理人员	20060010001	是	是
财务部	002	郑通	经理人员	20060010002	是	是
财务部	003	贺敏	行政管理人员	20060010003	是	是
财务部	004	孙娟	行政管理人员	20060010004	是	是
采购部	005	魏大鹏	采购经理	20060010005	是	是
销售一部	006	田晓宾	经理人员	20060010006	是	是
销售二部	007	孟倩	经理人员	20060010007	是	是
生产部	008	刘东	生产经理	20060010009	是	是
仓储部	009	潘小小	仓储经理	20060010008	是	是
企管办	010	刘流	行政管理人员	20060010010	是	是
销售一部	011	张涛	销售人员	20060010011	是	是
销售二部	012	刘凯利	销售人员	20060010012	是	是
生产部	013	吴强	生产人员	20060010013	是	是
仓储部	014	刘玲	行政管理人员	20060010014	是	是
采购部	015	汪扬	行政管理人员	20060010015	是	是

(5) 临时人员档案资料如表7-5所示。

表7-5 临时人员档案

部门名称	人员编号	人员姓名	人员类别	账号	中方人员	是否计税	核算计件工资
生产部	016	罗江	生产人员	20060010016	是	是	是
生产部	017	刘青	生产人员	20060010017	是	是	是

【操作指引】

(1) 增加人员类别、银行名称和人员附加信息。以账套主管郑通的身份登录工资系统,增加人员类别、银行名称和人员附加信息。步骤与单工资类别相同。

（2）增加正式人员档案。打开"正式人员"，增加人员档案。步骤与单工资类别相同。

（3）增加临时人员档案。打开"临时人员"，增加人员档案。步骤与单工资类别相同。

【关键知识点】

● 不同工资类别共享人员类别、银行名称和人员附加信息等公用参数。

● 人员档案需打开相应工资类别才能增加。

▶ 任务 4　设置工资项目

【案例资料】

正式人员工资项目如表 7-6 所示。

表 7-6　正式人员工资项目

工资项目名称	类型	长度	小数	增减项
基本工资	数字	8	2	增项
奖励工资	数字	8	2	增项
交补	数字	8	2	增项
请假天数	数字	8	2	其他
请假扣款	数字	8	2	减项
社保	数字	8	2	减项
住房公积金	数字	8	2	减项

临时人员工资项目如表 7-7 所示。

表 7-7　临时人员工资项目

工资项目名称	类型	长度	小数	增减项
基本工资	数字	8	2	增项
请假天数	数字	8	2	其他
请假扣款	数字	8	2	减项
社保	数字	8	2	减项
住房公积金	数字	8	2	减项

【操作指引】

（1）增加工资项目。以账套主管郑通的身份登录工资系统，增加基本工资、奖励工资、交补、请假天数、请假扣款、社保、住房公积金等工资项目。步骤与单工资类别相同。

（2）增加正式人员工资项目。打开"正式人员"，执行【工资项目】|【增加】命令，从名称参照选择"基本工资"，点击【确定】按钮即可。依此方法增加其他工资项目，相关界面如图 7-30 所示。

（3）增加临时人员工资项目。打开"临时人员"，执行【工资项目】|【增加】命令，从名称参照选择"基本工资"，单击【确定】按钮即可。依此方法增加其他工资项目。

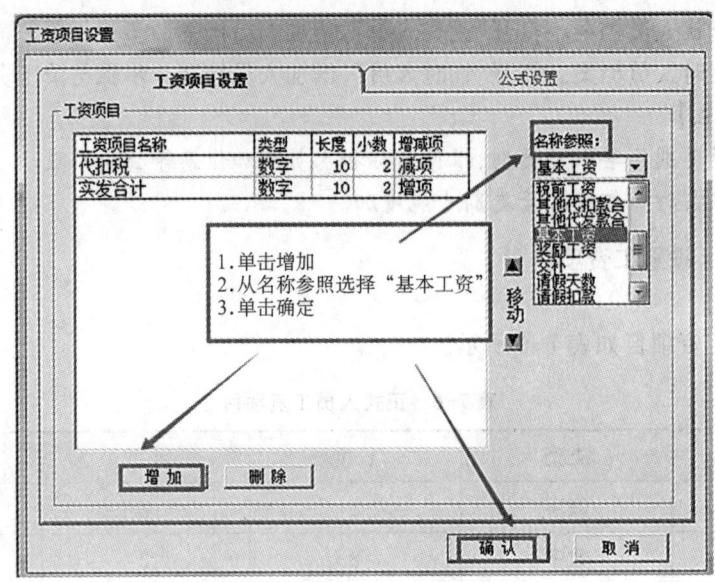

图7-30 增加工资项目界面

【关键知识点】

● 打开某一工资类别时,增加工资项目只能从参照中进行选择,类型、长度、小数位的增减项不能修改。

▶ 任务5 设置计算公式

【案例资料】

正式人员:

(1) 基本工资:企管部经理人员5 000元,其他4 000元;其他部门经理人员4 500元,其他人员3 500元。(iff 公式)

(2) 请假扣款=请假天数 * 20

(3) 社保=(基本工资+奖励工资) * 10.2%

(4) 住房公积金=(基本工资+奖励工资) * 0.12

(5) 交补:企管办及财务部150元,其他200元。

(7) 自设:应发合计、缺勤扣款合计,应付工资,社保及公积金合计,税前工资

临时人员:

(1) 请假扣款=请假天数 * 20

(2) 自设:应发合计、缺勤扣款合计,应付工资,社保及公积金扣款合计,税前工资

【操作指引】

(1) 设置正式人员计算公式。以账套主管郑通的身份登录工资系统,打开"正式人员",执行【工资项目】|【公式设置】命令,步骤与单工资类别相同。

(2) 设置临时人员计算公式。以账套主管郑通的身份登录T3,打开"临时人员",执行【工资项目】|【公式设置】命令,步骤与单工资类别相同。

【关键知识点】

● 打开某一工资类别时,增加人员档案后才能设置计算公式。

▶ **任务6 设置工资类别主管**

【案例资料】

将会计贺敏设置为正式人员和临时人员工资类别主管。

【操作指引】

1日,以账套主管郑通的身份登录T3,执行【工资】|【设置】|【权限设置】命令。选中"2 贺敏",单击【修改】按钮,选中工资类别,勾选"工资类别主管"复选框,单击【保存】按钮。

【关键知识点】

● 打开或关闭工资类别都可设置工资类别主管。

7.4.2 工资系统日常处理

工资系统的日常业务处理工作主要包括工资变动管理、扣缴个人所得税、工资分摊设置以及生成凭证。

▶ **任务1 工资变动**

【案例资料】

2020年1月奖励工资如表7-8所示。汪扬请假2天,魏大鹏请假3天。其他数据由公式自动生成。

表7-8 正式人员奖励工资表

人员姓名	金额	人员姓名	金额
汪涵	250	潘小小	400
郑通	300	刘流	200
贺敏	450	张涛	400
孙娟	150	刘凯利	400
魏大鹏	200	吴强	500
田晓宾	300	刘玲	400
孟倩	500	汪扬	250
刘东	350		

2020年1月份临时人员工资数据如表7-9所示。

表7-9 临时人员工资数据表

人员姓名	基本工资	请假天数
罗江	2 500	3
刘吉	2 400	

【操作指引】

(1) 录入正式人员工资数据。31日,以工资类别主管贺敏的身份登录T3,打开"正式人员",录入奖励工资和请假天数,依次单击【保存】【汇总】按钮。步骤与单工资类别相同。

（2）录入临时员工资数据。31 日，以工资类别主管贺敏的身份登录 T3，打开"临时人员"，录入奖励工资和请假天数，依次单击【保存】【汇总】按钮。步骤与单工资类别相同。

▶ 任务2　扣缴个人所得税

【案例资料】

2020 年 1 月，按照最新的个税新政计算个人所得税。

【操作指引】

步骤与单工资类别相同。

▶ 任务3　工资分摊

【案例资料】

正式人员：工资分摊类型为"应付工资 100％""工费经费 2％""职工教育经费 1.5％""社保 27.8％"和"住房公积金 12％"

临时人员：工资分摊类型为"应付工资 100％""工费经费 2％""职工教育经费 1.5％"。

【操作指引】

（1）正式人员工资分摊设置。31 日，以工资类别主管贺敏的身份登录 T3，打开"正式人员"，设置步骤与单工资类别相同。

（2）临时人员工资分摊设置。31 日，以工资类别主管贺敏的身份登录 T3，打开"临时人员"，设置步骤与单工资类别相同。

7.4.3　工资系统期末处理

▶ 任务1　账表查询

【案例资料】

对不同工资类别查询应付工资、实发工资和代扣款项，并做生成发放工资和结转工资代扣款凭证

【操作指引】

（1）查询正式人员工资发放签名表。31 日，以工资类别主管贺敏的身份登录 T3，打开"正式人员"，执行【工资】|【统计分析】|【账表】|【工资表】|【工资发放签名表】命令。总账完成发放工资和结转工资代扣款凭证。步骤与单工资类别相同。

（2）查询临时人员工资发放签名表。31 日，以工资类别主管贺敏的身份登录 T3，打开"临时人员"，执行【工资】|【统计分析】|【账表】|【工资表】|【工资发放签名表】命令。总账完成发放工资凭证。

【关键知识点】

● 临时人员没有社保和住房公积金项目，不涉及代扣款凭证。

▶ 任务2　月末处理

【案例资料】

将 606 账套进行 1 月份月末处理。

【操作指引】

31 日，以账套主管郑通的身份登录工资系统，分别打开"正式人员""临时人员"，完成月末处理。步骤与单工资类别相同。

练一练

1. 工资期初数据

(1) 选项设置：单类别、不扣零、扣税、预制工资项目、RMB、人员编码 3 位、启用日期 (2020-06-01)。

(2) 银行名称及账号：中国工商银行西安三桥支行。

(3) 人员类别：管理人员、销售人员、变速箱生产工人、传动齿轮生产人员、保管人员、采购员、销售人员。

(4) 设置工资项目（见表 7-10）。

表 7-10　工资项目

项目	性质	小数位数	数字位数
基本工资	增项	2	8
奖金	增项	2	8
应发合计	其他	2	8
缺勤扣款	减项	2	8
应付工资	其他	2	8
养老保险	减项	2	8
失业保险	减项	2	8
医疗保险	减项	2	8
住房公积金	减项	2	8
社保及公积金扣款合计	其他	2	8
代扣税	减项	2	8
税前工资	其他	2	8
其他代发款合计	其他	2	8
其他代扣款合计	其他	2	8
实发工资	其他	2	8

(5) 公式设置：养老保险＝计提基数 ＊ 3％；医疗保险＝计提基数 ＊ 2％；失业保险＝计提基数 ＊ 1％；住房公积金＝计提基数 ＊ 5％；基本工资、奖金、津贴全部以公式输入。

(6) 设置张娜为工资主管；代扣税以税前确定。

2. 输入各项工资数据（见表 7-11）

表 7-11　工资数据变动

姓名	职员类别	部门	基本工资	奖金	缺勤扣款
王进	管理人员	行政部	4 000	300	
郭小毛	管理人员	行政部	3 700	300	

（续表）

姓名	职员类别	部门	基本工资	奖金	缺勤扣款
李飞	管理人员	财务部	3 600	300	
李嘉	管理人员	财务部	3 700	300	
王孙成	管理人员	财务部	3 600	300	
王勇	管理人员	财务部	3 800	300	
赵敏	管理人员	财务部	3 600	300	
王凤	管理人员	人事部	3 700	300	
王亚南	管理人员	仓储部	3 600	300	
木柱	管理人员	仓储部	3 600	300	
张慧洁	管理人员	采购部	3 600	300	
张悦	管理人员	采购部	3 600	300	
王一飞	销售人员	销售部	3 600	300	
赵雅	销售人员	销售部	3 600	300	
郭鹏飞	销售人员	销售部	3 600	300	
张景	销售人员	销售部	3 600	300	
陈晨	变速箱生产人员	生产车间	3 370	300	50
李亚妮	变速箱生产人员	生产车间	3 220	300	
王泽宁	变速箱生产人员	生产车间	3 270	300	50
王伟嘉	变速箱生产人员	生产车间	3 240	300	
赵一卓	变速箱生产人员	生产车间	3 300	300	
李晨	变速箱生产人员	生产车间	3 420	300	
王楠	变速箱生产人员	生产车间	3 320	300	
鹿小阳	变速箱生产人员	生产车间	3 520	300	
山腾	变速箱生产人员	生产车间	3 560	300	
陈晓晓	变速箱生产人员	生产车间	3 540	300	
周圆圆	变速箱生产人员	生产车间	3 540	300	
李龙	变速箱生产人员	生产车间	3 540	300	
赵晓亮	变速箱生产人员	生产车间	3 540	300	
张龙	变速箱生产人员	生产车间	3 320	300	
穆萧	传动齿轮生产人员	生产车间	2 100	300	
李颖	传动齿轮生产人员	生产车间	2 040	300	
郭旭东	传动齿轮生产人员	生产车间	2 040	300	
赵亮	传动齿轮生产人员	生产车间	2 070	300	
郭亚红	传动齿轮生产人员	生产车间	2 040	300	

（续表）

姓名	职员类别	部门	基本工资	奖金	缺勤扣款
霍李	传动齿轮生产人员	生产车间	1 990	300	
王罗	传动齿轮生产人员	生产车间	2 040	300	
陈凡	传动齿轮生产人员	生产车间	2 040	300	
强赝	传动齿轮生产人员	生产车间	2 025	300	
朱鸿儒	传动齿轮生产人员	生产车间	2 040	300	
张梓轩	传动齿轮生产人员	生产车间	2 055	300	
韩非	传动齿轮生产人员	生产车间	2 040	300	
范小浩	传动齿轮生产人员	生产车间	2 040	300	
王小建	传动齿轮生产人员	生产车间	1 940	300	
韩枫	管理人员	生产车间	3 600	300	
李享	管理人员	生产车间	3 600	300	
薛子仪	管理人员	生产车间	3 600	300	
陈轩	管理人员	生产车间	3 600	300	

要求：

1. 根据上述资料，完成工资初始设置，录入工资数据。

2. 进行工资分配（100%）、社保（27.8%）、公积金（12%）、工会经费（2%）和职工教育经费（2.5%）。

3. 工资系统月末处理。

想一想

1. 如何完成给每个职员增加 200 元"奖励工资"的操作？

2. 如果工会经费分摊凭证已在总账审核记账，怎么删除工会经费分摊凭证？

3. 如何在总账中对生产人员工资分配并调整（按工时分配）？（ERP 模拟体验光盘及 ERP 普及教程生产工时分别为 600 小时和 400 小时。）

4. 工资系统日常处理内容有哪些？

5. 关闭所有工资类别，可以设置哪些公用参数？

6. 能否把"3 孙娟"定为"临时人员"工资账套主管？怎么设置？

7. 什么情况需要反结账？怎么反结账？

8. 工资系统月末处理包括哪些内容？

第8单元　固定资产管理

知识目标

1. 能解释典型固定资产业务核算处理
2. 能复述固定资产系统的流程
3. 能描述固定资产系统的主要内容和功能

技能目标

1. 能熟练完成固定资产系统初始化设置
2. 能熟练完成固定资产增减、折旧等对应账户设置
3. 能熟练增减固定资产卡片
4. 能熟练完成固定资产系统日常处理
5. 能区分固定资产的期初余额和新增固定资产的卡片
6. 能熟练应用固定资产的卡片管理
7. 能熟练撤销固定资产减少
8. 能熟练操作工作量法和平均年限法计提折旧
9. 能熟练完成固定资产系统期末处理

知识导图

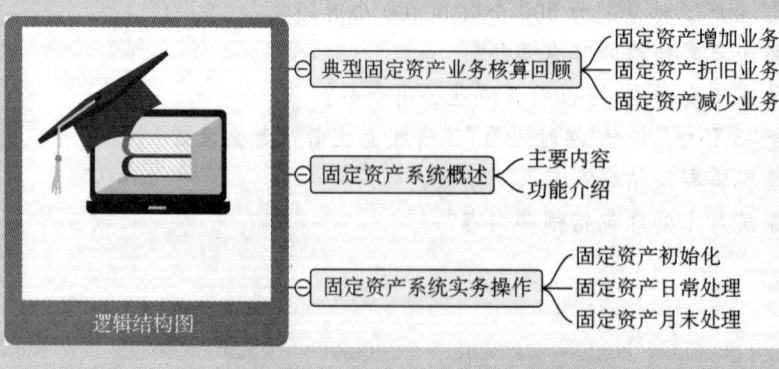

逻辑结构图

情景导入

　　北海信达科技有限公司自成立以来,随着企业的发展,需要管理的资产也越来越多,比如显示器、主机、打印机、传真机、复印机、电话,装订机空调、饮水机、文件柜、办公桌椅等固定资产。如果企业仍然依赖于手工记账的管理方式,不仅会占用大量的人力物力,而且固定资产的历史操作和资产统计会变得异常困难。若长期这样下去,会导致资产流失严重,影响企业的发展。从企业固定资产管理所存在的问题看,资产账目不清、数据不明以及盘点工作繁重,工作耗时耗力是主要问题。畅捷通 T3 固定资产管理系统就是使用现代计算机技术进行信息化管理固定资产的解决方案,是企业改变资产管理方式、提升资产利用价值的有力武器,企业可以通过实施固定资产管理系统方案来有效解决资产管理难题,更加轻松便捷地管理企业固定资产。固定资产管理系统通过克服传统管理模式下依赖纸面单据或通过手工方式录入原始数据而带来的低效及错误,解决了固定资产管理过程中的实物管理的问题,实现了信息流和实物流的统一,并且大大降低总部库管人员的工作强度,提高工作效率,是中小企业资产管理的利器,固定资产管理系统的优势体现在以下四个方面。

　　1. 强大的使用功能

　　固定资产管理系统包括资产增加、变更、报废、毁损、折旧、分配使用部门、使用部门变更、管理人员设定、资产在部门间调换、成批转移、条码打印、各类报表、组合查询、使用到期报警等。每件实物固定资产都可以对它的信息进行查询,包括采购、使用、使用部门、折旧等。

　　2. 独特的权限管理

　　固定资产管理系统的操作中考虑到操作员的职能不同,因此设定了相应的操作权限,通过身份认证和密码识别,保证操作者操作时的范围能够确定,保障系统的安全。

　　3. 自动计提折旧

　　4. 效益评估

　　(1) 提高资产管理的速度和准确性,使各种资产管理能真正落到实处。

　　(2) 固定资产管理更为便捷,只需在计算机上进行联网管理,方寸之间掌握固定资产信息,提高管理水平和效率。

　　(3) 系统数据准确为企业提供可靠的依据,便于决策者进行评估和决策。

　　(4) 推动企业资产重置、重组、融资、上市创造良好条件。

　　正是在此背景下,北海信达科技有限公司决定使用 T3 平台软件的固定资产管理系统。鉴于公司业务特点,运用该软件平台进行公司工资系统业务处理,请你为贺敏出谋划策:

　　(1) 固定资产管理系统对中小企业资产的管理相比于传统的手工记账到底有哪些优势?

　　(2) 使用固定资产管理系统进行资产信息化管理,需要哪些准备? 具体包括哪些操作?

　　(3) 使用固定资产管理系统进行资产信息化管理,流程如何?

8.1　　典型固定资产业务核算回顾

固定资产是指同时具有以下特征的有形资产:①为生产商品、提供劳务、出租或经营管理而持有(这一特征是固定资产区别于存货等流动资产的重要标志);②使用寿命超过一个会计年度。

8.1.1　固定资产增加业务

固定资产增加是指购置、改造、改良、受赠、调拨和划转等活动所引起的固定资产数量和价值量的变化。固定资产来源主要有购入、建造、资本转入、接受捐赠、盘盈及融资租入等方面。企业无论从哪方面取得的固定资产,都应办理验收手续,取得合法原始凭证,进行账务处理。

1. 科目设置

为了反映和监督固定资产的取得、计提折旧和处置等情况,企业应当设置"固定资产""累计折旧""在建工程""工程物资""固定资产清理"等账户进行核算。

2. 账务处理

(1) 购入。

借:在建工程/固定资产
　　应交税费——应交增值税(进项税额)
　　　贷:银行存款

(2) 投资。

借:固定资产
　　　贷:实收资本
　　　　　资本公积(差额)

(3) 捐赠。

借:固定资产
　　　贷:营业外收入

(4) 自建。

① 购入工程物资:

借:工程物资
　　应交税费——应交增值税(进项税额)
　　　贷:银行存款

② 领用工程物资:

借:在建工程
　　　贷:工程物资

③ 建造完工：

借：固定资产
　　贷：在建工程

【案例资料】

信达科技发生下列固定资产业务：

（1）2 日，财务部购买扫描仪一台，价值 1 500 元，增值税税额 195 元，净残值率 4％，运费 500 元，增值税税额 45 元。预计使用年限 5 年。工行付款，转账支票号 ZZR005。

（2）10 日，生产部购买打卡点到机器一台，价值 2 000 元，增值税税额 260 元，净残值率 4％，预计使用年限 5 年，采用年数总和法计提折旧。工行付款，转账支票号 ZZR006。

【案例解析】

（1）借：固定资产　　　　　　　　　　　　　　　　　　　　2 000
　　　　应交税费——应交增值税（进项税额）　　　　　　　　　240
　　　　贷：银行存款　　　　　　　　　　　　　　　　　　　　　　2 240

（2）借：固定资产　　　　　　　　　　　　　　　　　　　　2 000
　　　　应交税费——应交增值税（进项税额）　　　　　　　　　260
　　　　贷：银行存款　　　　　　　　　　　　　　　　　　　　　　2 260

8.1.2　固定资产折旧业务

固定资产折旧主要包括以下方法。

（1）年限平均法。年限平均法也称直线法，是将固定资产的折旧均衡地分配到各期的一种方法。

公式：年折旧率＝原值（1－预计净残值率）÷预计使用年限×100％
　　　　　　＝（原值－原值×残值率）÷预计使用年限×100％
　　　月折旧率＝年折旧率÷12
　　　月折旧额＝固定资产原价×月折旧率

（2）工作量法。工作量法是根据实际工作量计提折旧额的一种方法。

公式：每一工作量折旧额＝固定资产原价×（1－残值率）÷预计总工作量
　　　某项固定资产月折旧额＝该项固定资产当月工作量×每一工作量折日额

（3）双倍余额递减法。双倍余额递减法，是一种加速折旧法，其特点是在固定资产有效使用年限的前期多提折旧，后期则少提折旧，从而相对加快折旧的速度，以使固定资产成本在有效使用年限中加快得到补偿。这种方法是在不考虑固定资产残值的情况下，据每期期初固定资产账面余额和双倍的直线法折旧率计算。

公式：年折旧率＝2÷预计的折旧年限×100％
　　　月折旧率＝年折旧率÷12
　　　月折旧额＝固定资产账面净值×月折旧率

由于双倍余额递减法不考虑固定资产的残值收入,因此,在应用这种方法时必须注意不能使固定资产的账面折余价值降低到预计残值收入以下。实行双倍余额递减法计提折旧的固定资产,应当在其固定资产折旧年限到期以前两年内,将固定资产净值扣除预计净残值后的余额平均摊销。

(4)年数总和法。年数总和法也称合计年限法,将原值减去净残值后的净额乘以一个逐年递减的分数计算每年的折旧额,分数的分子代表尚可使用年数,分母代表使用年数的逐年数字总和。

公式:年折旧率＝尚可使用年数÷预计使用年限的年数总和×100%

月折旧率＝年折旧率÷12

月折旧额＝(固定资产原值预计净残值)×月折旧率

1. 科目设置

"累计折旧"属于资产类账户,是企业"固定资产"账户的调整账户,用于核算对固定资产计提的累计折旧。

2. 账务处理

借:制造费用/管理费用/销售费用

　　贷:累计折旧

8.1.3　固定资产减少业务

固定资产的出售、报废和毁损等业务会使固定资产的数量减少,从而转入清理。减少的固定资产,一方面,应按原价从"固定资产"账户的贷方转出;另一方面,还应将其已提折旧额从"累计折旧"账户的借方转出。同时,清理过程还会发生清理收支,并据以确定固定资产清理的损益。

1. 科目设置

我国《企业会计制度》规定,企业因出售、报废和毁损等原因转入清理的固定资产净值及其在清理过程中所发生的清理费用和清理收入,均应通过"固定资产清理"账户核算。"固定资产清理"账户的借方登记转入清理的固定资产净值和发生的清理费用,贷方登记清理固定资产的变价收入和保险公司或过失人承担的损失等。

2. 账务处理

(1)固定资产转入清理。

借:固定资产清理

　　累计折旧

　　固定资产减值准备

　　贷:固定资产

(2)清理过程中发生的费用。

借:固定资产清理

　　贷:银行存款

（3）收回出售固定资产的价款、残料价值和变价收入。

借：银行存款
　　原材料
　　贷：固定资产清理
　　　　应交税费——应交增值税（销项税额）

（4）应由保险公司或责任人赔偿的损失。

借：其他应收款
　　贷：固定资产清理

（5）结转净收益或损失。

借：固定资产清理
　　贷：资产处置损益/营业外收入——处置非流动资产净得
借：资产处置损益/营业外支出——处置非流动资产损失
　　贷：固定资产清理

8.2　固定资产系统概述

固定资产系统的主要任务是通过固定资产卡片来完成企业固定资产日常业务的核算和管理，按月反映固定资产的增加、减少、原值及其他变动等，按月计提折旧，生成折旧分配凭证，按月计提和分配费用，生成费用分摊凭证，辅助企业成本核算，同时输出与设备管理相关的账簿和报表。

8.2.1　主要内容

在正式使用固定资产系统前需要花费一定精力和时间整理固定资产管理和核算的手工资料，以便使用系统时将这些资料输入系统，保持管理和核算的正确性和连续性。需要整理的手工阶段的资料有：卡片项目和样式、折旧方法、资产类别、期初数据、报表和其他等。如果手工资料和系统默认的不一致，可通过修改参数或自定义等调整。

1. 初始设置

在固定资产系统初始化过程中，需要完成固定资产日常核算和管理所必需的各类系统参数与基本信息的设置，并输入固定资产管理系统的原始业务数据。初始设置主要包括建立固定资产账套，设置固定资产卡片项目、卡片样式、折旧方法、使用部门、使用状况、增减方式、资产类别等，以及录入固定资产原始卡片。

2. 日常业务处理

固定资产系统是通过固定资产卡片来管理固定资产的，固定资产发生增减变动时，需要相应增减固定资产卡片；固定资产发生原值、部门转移、类别调整、使用状况调整、折旧方法调整等变动时，通过保存变动单来更新固定资产卡片；固定资产评估时，通过保存评估单来更新固定资产卡片；并且可以根据用户设定的折旧计提方法，自动计提折旧，生成折旧清单和折旧分配表。

3. 凭证处理

固定资产系统通过使用状况和部门对应折旧科目的设置,对固定资产增加、计提折旧、各种变动、资产评估等业务处理,自动制单,生成相应的转账凭证传到总账系统。

4. 账表查询

固定资产系统日常业务处理形成的数据,可以通过卡片管理、变动单管理、账表和凭证查询等功能查询,可以查询的账表主要有固定资产明细账、总账、折旧计提明细表、汇总表、固定资产统计表等。

5. 月末处理

月末处理包括对账和结账。根据初始化或选项的设置,确定是否需要与账务系统对账,以及对账不平情况下是否允许固定资产系统结账。

企业第一次使用固定资产系统的操作流程如图 8-1 所示。

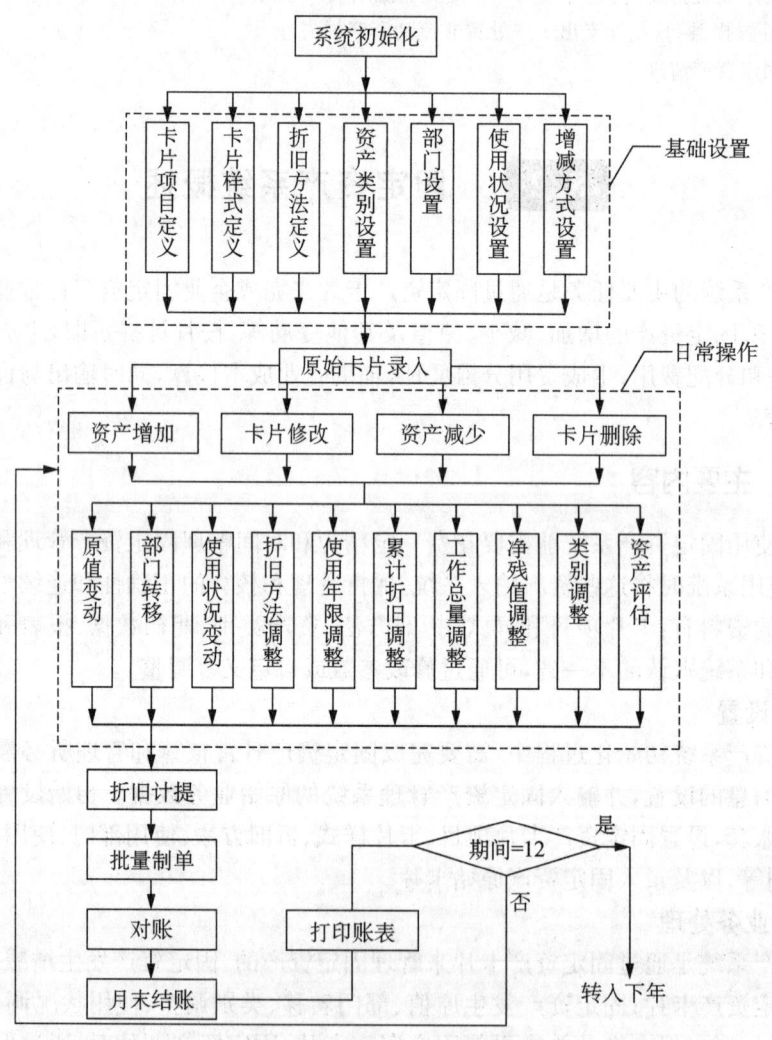

图 8-1 新用户(企业)操作流程

第一年结账后,以后年度使用流程如图 8-2 所示。

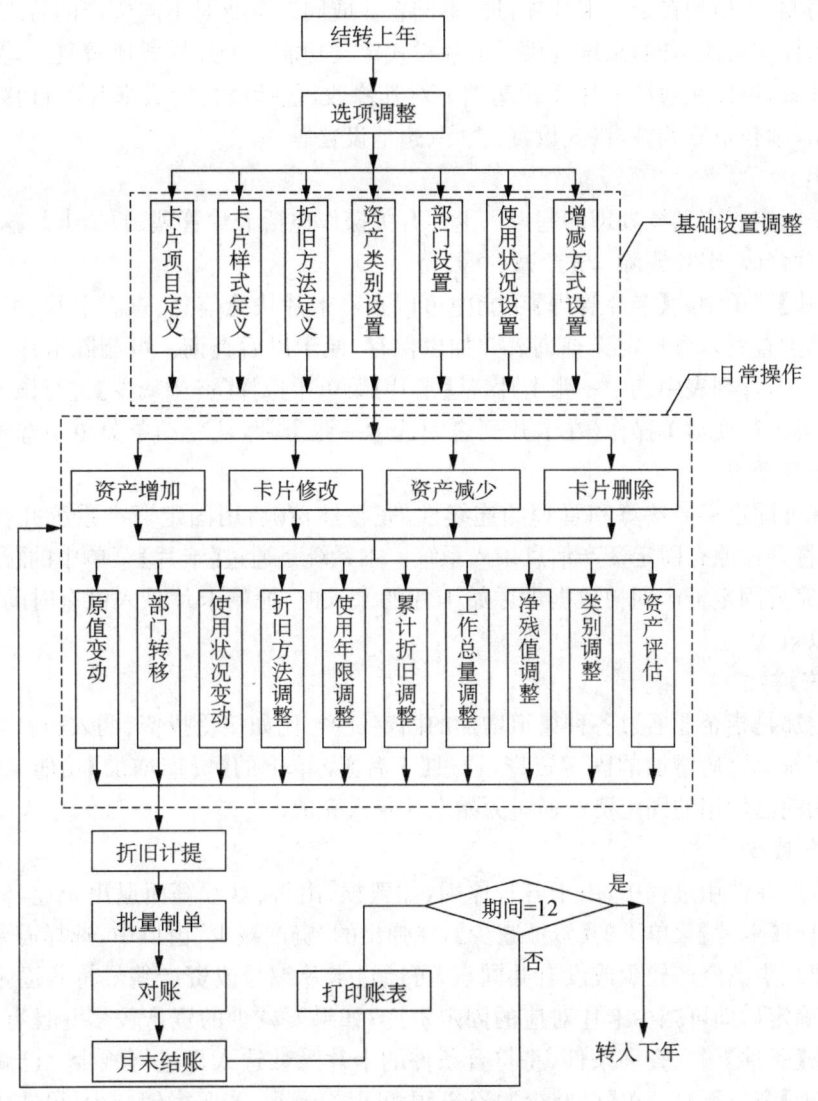

图 8-2　老用户(企业)操作流程

8.2.2　功能介绍

1. 初始设置

固定资产系统初始设置包含固定资产账套建立和基础信息设置两项内容,第一次使用固定资产系统,在固定资产初始化向导的引导下依次完成约定及说明、启用月份、折旧信息、编码方式、财务接口的设置,完成新账套的参数设置。之后,若要修改个别参数可通过执行【设置】|【选项】命令,进行修改。

基础信息设置可在【设置】或【卡片】中完成,在【设置】菜单中,依次进行部门档案、部门对应折旧科目、资产类别、增减方式、使用状况、折旧方法的设置,其中部门档案如果在基础设置模块中已设置,此处,只需修改,不必重新设置。

在【卡片】菜单中,可对卡片项目和卡片样式进行修改,如果系统的卡片项目不能满足用户管理的需要,可增加自定义卡片项目。不同企业或同一企业对不同资产的管理要求不同,需要的卡片样式可能不同,系统提供了卡片样式定义功能。卡片样式比较复杂,为了方便地定义卡片样式,可以在通用卡片样式基础上对其修改,包括将自定义卡片项目移入、已有卡片项目移出,项目位置调整,格式设置、文字、边框设置等。

2. 卡片

卡片是固定资产系统处理的起点。卡片有关操作包括卡片管理、原始卡片输入、新增卡片输入、卡片修改、卡片删除、资产减少等。

在【卡片】菜单中的【卡片管理】功能中可以查看卡片快捷信息、查看卡片(可按单张、部门或资产类别查看),可自定义查询表并加以保存,便于以后查询。可删除卡片、修改卡片、减少卡片(在卡片列表中选中一张卡片,从【卡片】菜单中选择【资产减少】进行该卡片资产减少操作)。可进行变动单操作(在卡片列表中选中一张卡片,从变动单菜单中选择任一变动单类型制作变动单)。

为了保证固定资产核算和管理的连续性、完整性,在启用固定资产系统并初始化完成后,用户应将企业原有固定资产信息录入系统。本系统是通过【卡片】菜单中的【录入原始卡片】功能来完成固定资产期初数据即原始卡片的录入的,原始卡片录入没有时间限制,任何时点都可以录入。

3. 资产增加

资产增加是指企业通过各种渠道增加的固定资产,比如接受投资、购入、新建等,企业启用固定资产账套之后增加的固定资产,通过【卡片】菜单下的【资产增加】功能来输入系统。本账套启用前已使用的固定资产通过原始卡片录入完成。

4. 资产减少

企业资产在使用过程中,由于各种原因,如毁损、出售、盘亏等而退出企业,称为资产减少。用户打开【卡片】菜单下的【资产减少】,在弹出的"资产减少"窗口中,选择需要减少的卡片。如果要减少的资产较少或没有共同点,可通过卡片编号或资产编号将其逐张选入到减少列表中,确定后即可减少卡片对应的固定资产;如果要减少的资产较多并且有共同点,则可通过点击【条件】输入查询条件,将符合条件的卡片悉数选入再进行减少。已减少的资产在【卡片管理】窗口下拉菜单【已减少的资产】中可以查看到,若要撤销减少,可选中已减少的资产,通过【卡片】菜单下的【撤销减少】功能可恢复已减少的卡片。

5. 资产变动

资产在使用过程中,可能会调整卡片上的一些项目。本系统将与计算和报表汇总有关项目的调整称为资产变动,此类变动必须留有痕迹,生成变动单。资产变动操作包括原值变动、部门转移、使用状况变动、使用年限调整、折旧方法调整、净残值(率)调整、工作总量调整、累计折旧调整、资产类别调整、计提固定资产减值准备、转回固定资产减值准备及变动单管理。其他项目的变动,通过直接修改卡片完成。

对于资产变动形成的变动单,可通过执行【卡片】|【资产变动】|【变动单管理】命令,来查看快捷信息,并可按各种条件进行查询和删除但不能修改。

6. 资产评估

资产评估是指企业在经营活动中,根据业务需要或国家要求对部分或全部资产价值进行评估和重估,固定资产评估是资产评估的重要内容。系统中资产评估主要通过两种方式完成：一是将评估机构的评估数据手工录入或定义公式录入到系统；二是根据国家要求，手工录入评估结果或根据定义的评估公式生成评估结果。可评估的资产项目包括原值、累计折旧、净值、使用年限、工作总量、净残值率，其中原值、累计折旧和净值只能且必须三选二，另一项由公式"原值－累计折旧＝净值"推得。

资产评估通过【卡片】菜单下【资产评估】功能，在打开的"资产评估"窗口中点击【增加】选择评估项目，手工或条件选择评估资产，直接录入或定义评估公式生成评估结果并保存。评估单可以删除或删除其中不参与评估的资产的评估记录，但不能修改评估数据，若要修改，只能取消评估后续操作，再删除评估记录，重新评估。

7. 折旧处理

在固定资产账套初始化过程中已经对是否计提折旧，折旧方法和折旧汇总分配周期等进行了设置，企业必须按期计提折旧。系统内置了平均年限法（一）、平均年限法（二）、工作量法和年数总和法、双倍余额递减法五种折旧方法供选择。对于采用工作量法计提折旧的固定资产，则每月计提折旧前必须录入本月工作量。

折旧一般按月计提，一个月可多次计提，每次计提系统会重新计算，不会出现重复累计的情况。系统提供了多种折旧汇总分配期间选择，用户可以根据核算需要自由选择，比如，一个月，一个季度等，系统则据此生成折旧清单、折旧分配表，并可通过【处理】菜单下的【折旧分配表】或【批量制单】功能，生成凭证。

8. 凭证处理

如果固定资产账套初始化过程中对"与账务系统接口"进行了设置，则固定资产系统即与总账系统存在着数据联系，在固定资产系统进行了资产增加、减少、卡片修改（涉及原值或累计折旧）、资产评估（涉及原值或累计折旧变化）、原值变动、累计折旧调整、折旧分配等操作后，即需要生成记账凭证（制单）传至总账系统。

如果在固定资产初始化过程中设置了"业务发生后立即制单"，则上述业务处理后，系统自动调出一张有部分缺省内容的记账凭证，用户对凭证完善后进行保存，即完成制单。如果没有设置"业务发生后立即制单"，则有以下方式完成制单：

方法一：找到需要制单的固定资产卡片或变动、评估等单据，执行【处理】|【凭证】命令，在调出的凭证中，完善信息，单击【保存】按钮，完成制单。

方法二：执行【处理】|【批量制单】命令，将一定时期内的若干需要制单的业务，依次或全部选中，设置借、贷科目和辅助项，单击【制单】按钮，在调出的凭证中完善信息，单击【保存】按钮，完成制单，可避免多次制单的烦琐。

本系统生成的凭证可通过【处理】菜单下的【凭证查询】功能进行查询、删除和修改，在总账系统中只能查看，不能修改和删除。

9. 月末结账

月末结账前，应将本月所有固定资产业务完成，结账后，本月数据将不可修改。通过【处理】菜单下的【月末结账】功能，系统将进行一系列自动操作：备份月末结账前固定资产账套状态，整理卡片数据，准备报表数据，对账和封账。

只有在固定资产初始化时设置了"与账务系统进行对账"，才可以使用【处理】菜单下的【对账】功能，随时与总账系统核对"固定资产""累计折旧"科目余额是否相等。在月末结账时，系统也会自动对账一次，给出对账结果，并根据固定资产初始化时是否勾选"在对账不平情况下允许固定资产月末结账",来判定是否月末结账。

如果月末结账后发现结账前数据有错误,则可以通过【处理】菜单下的【恢复月末结账前状态】功能(月末结账后才会出现),将账套恢复到结账前状态,对错误进行修改后再结账。【恢复月末结账前状态】是结账的逆操作,是系统提供的一个纠错功能,应在已结账当月操作。

如果在系统运行过程中发现错误太多或太乱,不方便"反结账"纠错,可以通过【维护】菜单下的【重新初始化账套】功能,将该账套内容全部清空,重新初始化账套。

10. 账表查询

固定资产系统可以为用户提供其日常业务处理所产生的各类数据的查询、打印等操作,主要有四类数据:分析表、统计表、账簿和折旧表,同时,系统还提供了自定义报表功能,以满足用户个性化需求。

固定资产分析表主要包括固定资产部门构成分析表、使用状况分析表、价值结构分析表和类别构成分析表。

固定资产统计表主要包括评估汇总表、评估变动表、固定资产统计表、逾龄资产统计表、役龄资产统计表、盘盈盘亏报告表和固定资产原值报告表。

固定资产账簿主要包括固定资产总账、固定资产明细账、固定资产登记簿等报表。

固定资产折旧表主要包括(部门)折旧计提汇总表、固定资产及累计折旧表、固定资产折旧计算明细表和固定资产折旧期间统计表。

通过【账表】主菜单下的【我的账表】功能,选中要打开的账表,双击或点击【打开】按钮进行查询、打印、图形分析等操作。

8.3　固定资产系统实务操作

固定资产系统实务操作包括建立固定资产账套,录入固定资产卡片等初始设置,对固定资产增加、减少、评估、变动、计提折旧等日常处理,账表查询和结账等月末处理。

8.3.1　固定资产初始化

固定资产初始化的内容主要包括建立固定资产账套、设置固定资产类别、设置折旧对应科目等。

▶ **任务 1　建立固定资产账套**

【案例资料】

信达科技 2020 年 1 月开始对企业的固定资产进行管理,现在需要启用并建立固定资产账套。控制参数信息如下:

(1) 约定与说明:我同意。

(2) 折旧信息:本账套计提折旧;折旧方法为平均年限法;折旧汇总分配周期为 1 个月;当"月初已计提月份＝可用月份－1"时,将剩余折旧全部计提。

(3) 编码方式:资产类别编码为 2112;固定资产编码方式为按"类别编码＋部门编码＋

序号"自动编码;序号长度为 3。

(4) 财务接口:与总账对账;固定资产对账科目为 1601,累计折旧对账科目为 1602;如果对账不平,则不允许结账。

(5) 补充参数:业务发生后立即制单;月末结账前一定要完成制单登账业务。

默认入账科目:固定资产 1601,累计折旧 1602。

带税方式:外购/接受投资/接受捐赠/融资租入等。

税金科目:22210101。

【操作指引】

(1) 启用固定资产系统。1 日,以账套主管郑通的身份登录系统管理,执行【账套】|【启用】命令,单击"固定资产",选择"2020 年 1 月 1 日"为启用会计期。完成启用固定资产系统的操作。

(2) 建立固定资产账套。1 日,以账套主管郑通的身份登录 T3,进入固定资产初始化向导窗口,输入相应的折旧信息、编码方式、财务接口信息,完成固定资产账套建立。

具体操作界面如图 8-3 所示。

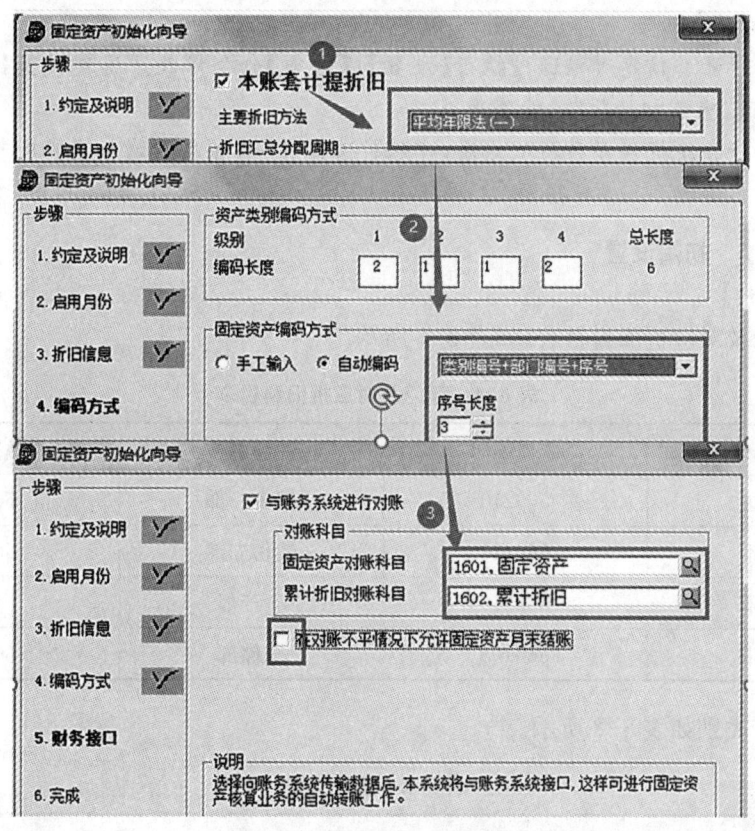

图 8-3　账套参数设置界面

(3) 补充参数。1 日,以账套主管郑通的身份登录 T3,执行【固定资产】|【设置】|【选项】命令,勾选"业务发生后立即制单""月末结账前一定要完成制单登账业务"复选框,补充可纳税调整的增加方式和科目信息,相关界面如图 8-4 所示。

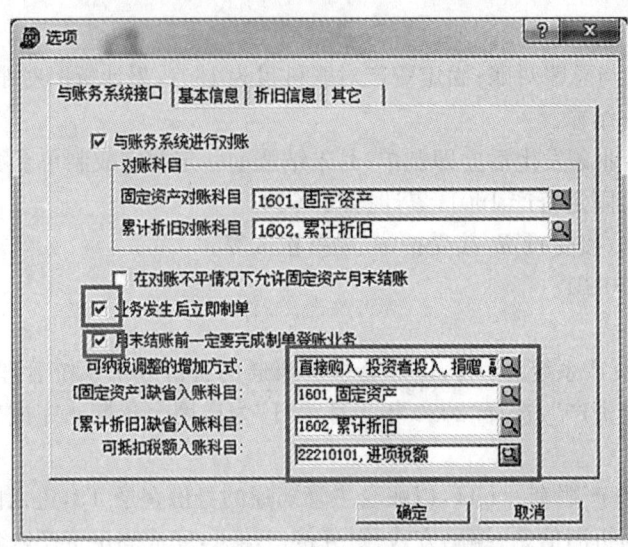

图 8-4　与账务系统接口界面

【关键知识点】

● 固定资产账套信息可以通过执行【设置】|【选项】命令修改。发现设置错误又不允许修改，可以通过"重新初始化"功能实现。

● 固定资产系统提供多种折旧方法，建账时选择其一，在后续增加资产时可以选择其他折旧方法。

▶ 任务 2　初始设置

【案例资料】

（1）部门及对应折旧科目表，如表 8-1 所示。

表 8-1　部门及对应折旧科目表

部门名称	科目编码	部门名称	科目编码
企管办	560210	销售一部	560108
财务部	560210	销售二部	560108
采购部	560210	生产部	4101
销售部	560108	仓储部	560210

（2）资产类别如表 8-2 所示。

表 8-2　资产类别

编码	类别名称	净残值率	单位	计提属性
01	交通运输设备	4%		正常计提
011	经营用设备	4%		正常计提
012	非经营用设备	4%		正常计提

（续表）

编码	类别名称	净残值率	单位	计提属性
02	电子设备及其他通信设备	4%		正常计提
021	经营用设备	4%	台	正常计提
022	非经营用设备	4%	台	正常计提

（3）增减方式的对应入账科目表，如表 8-3 所示。

表 8-3　增减方式的对应入账科目表

增方式目录	对应入账科目	减方式目录	对应入账科目
直接购入	100201	毁损	1606
投资者投入	3001	出售	1606
捐赠	5301	盘亏	1901
盘盈	1901	投资转出	1606
在建工程转入	1604	捐赠转出	1606
		报废	1606

【操作指引】

（1）设置折旧科目。1 日，以账套主管郑通的身份登录 T3，执行【固定资产】|【设置】|【部门对应折旧科目】命令，选中相应部门，单击【操作】按钮，录入折旧科目，最后单击【保存】按钮，相关界面如图 8-5 所示。

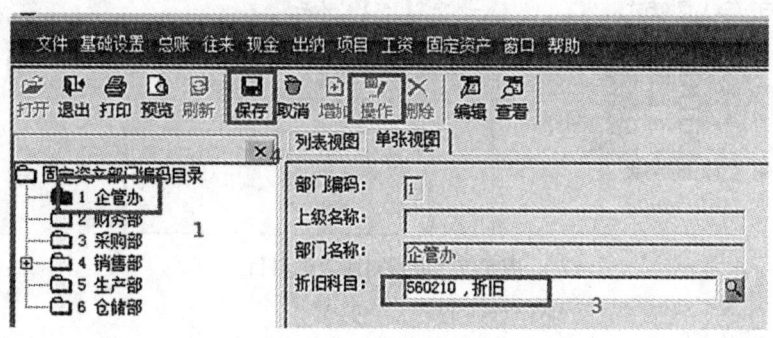

图 8-5　折旧科目设置界面

（2）设置资产类别。1 日，以账套主管郑通的身份登录 T3，执行【固定资产】|【设置】|【资产类别】|【增加】命令，录入资产类别相关信息，最后单击【保存】按钮，相关界面如图 8-6 所示。

（3）设置增减方式对应入账科目。1 日，以账套主管郑通的身份登录 T3，执行【固定资产】|【设置】|【增减方式】命令，选中增减方式，单击【操作】按钮，录入对应入账科目，最后单击【保存】按钮，相关界面如图 8-7 所示。

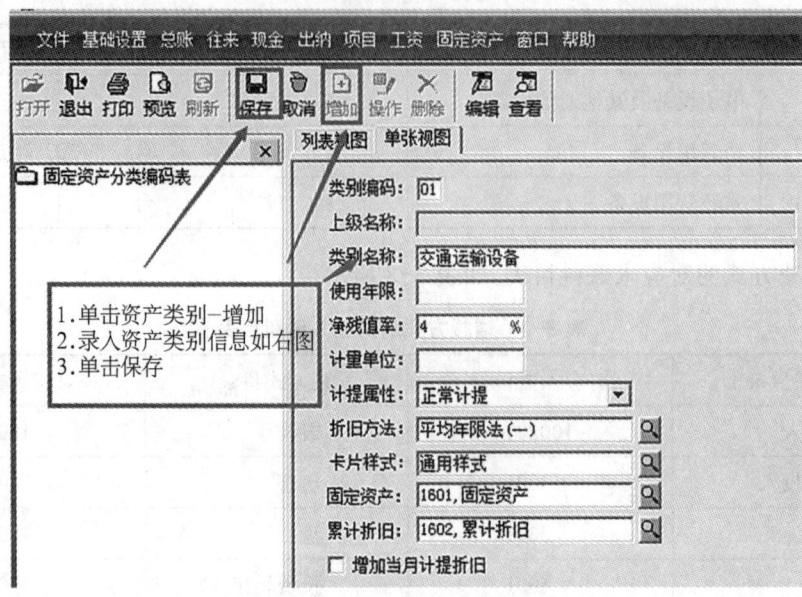

图 8-6 增加资产类别界面

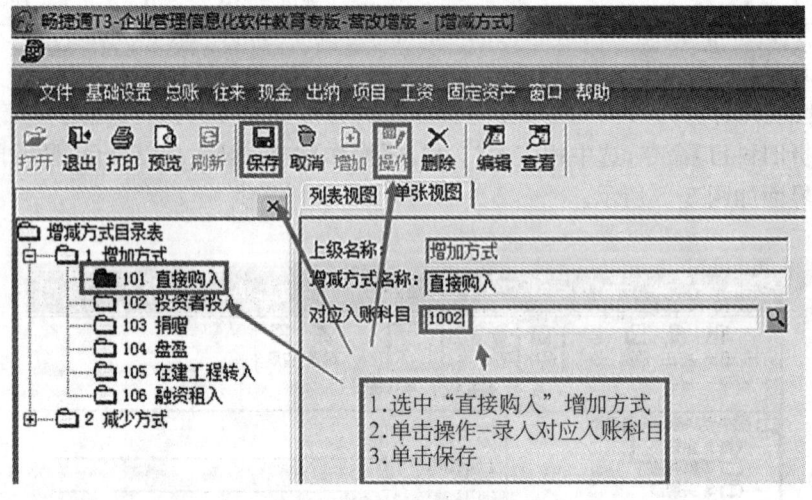

图 8-7 设置对应入账科目

【关键知识点】
- 资产类别编码不能重复。类别编码、名称、计提属性、卡片样式不能为空。
- 增加明细资产类别时,应先选中上级资产类别,单击【增加】按钮。
- 设置对应入账科目是为了进行增加及减少固定资产业务处理时直接生成凭证中的会计科目。
- 生成凭证时如果入账科目发生了变化,也可以手工修改。

▶ 任务 3 录入原始卡片
【案例资料】信息科技固定资产的原始卡片如表 8-4 所示。

表 8-4　原始卡片

资产名称	类别编号	部门	可使用年限	开始使用年限	原值	累计折旧
轿车	012	企管办	6	12.11.1	215 470	37 254.75
笔记本电脑	021	企管办	5	12.1.1	28 900	5 548.8
传真机	021	企管办	5	12.11.1	3 510	1 825.2
微机	021	销售一部	5	12.1.1	6 490	1 246.08
微机	021	财务部	5	12.1.1	6 490	1 246.08
合计					260 860	47 120.91

增加方式:直接购入;净残值率为 4%;使用状况为"在用";折旧方法为平均年限法(一)。

【操作指引】

(1) 录入原始卡片。1 日,以账套主管郑通的身份登录 T3,执行【固定资产】|【卡片】|【录入原始卡片】命令。先判断资产类别,录入卡片相关信息,最后单击【保存】按钮,相关界面如图 8-8 所示。

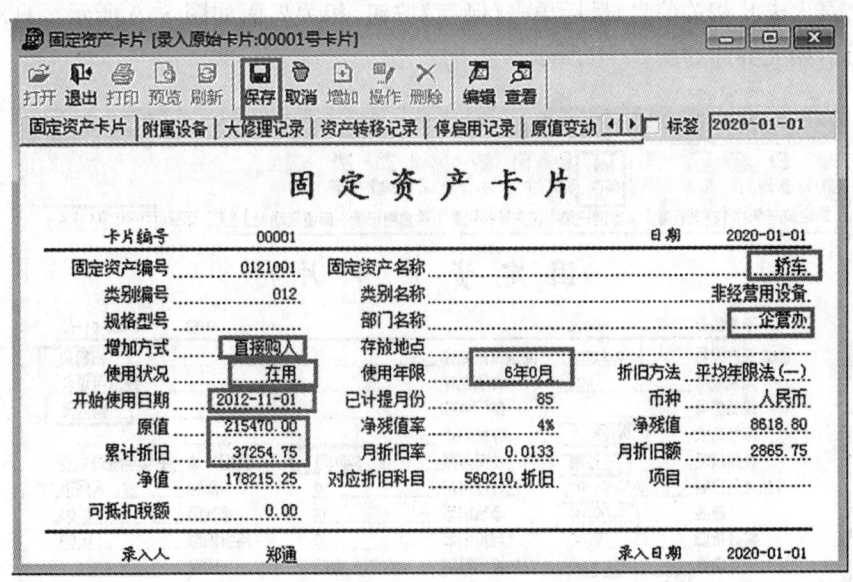

图 8-8　录入原始卡片界面

(2) 修改原始卡片。1 日,以账套主管郑通的身份登录 T3,执行【固定资产】|【卡片】|【卡片管理】命令,选中卡片,单击【操作】按钮,修改完成,最后单击【保存】按钮。

(3) 删除原始卡片。1 日,以账套主管郑通的身份登录 T3,执行【固定资产】|【卡片】|【卡片管理】命令,选中卡片,单击【删除】按钮。

【关键知识点】

● 固定资产系统严格序时,需特别注意登录日期。

● 录入原始卡片时,固定资产名称、部门名称、增加方式、使用状况、使用年限、原值、累计折旧不能为空。

● 开始使用日期,必须采用"YYYY-MM-DD"形式录入。其中,年和月对折旧计提有影响,日不会影响,但是也必须录入。

● 原始卡片录入当月可以修改,如果做过后续资产变动,只能删除变动单才能修改。

● 非本月录入的卡片不能删除。

8.3.2 固定资产日常处理

固定资产日常业务包括固定资产增减、变动和计提折旧。

▶ 任务1 固定资产增加业务

【案例资料】

(1) 2 日,财务部购买扫描仪一台,价值 1 500 元,增值税税额 195 元,净残值率 4%,运费 500 元,增值税税额 45 元。预计使用年限 5 年。工行付款,转账支票号 ZZR005。

(2) 10 日,生产部购买打卡点到机器一台,价值 2 000 元,增值税税额 260 元。净残值率 4%,预计使用年限 5 年,采用年数总和法计提折旧。工行付款,转账支票号 ZZR006。

【操作指引】

(1) 2 日,以会计贺敏的身份登录 T3,执行【固定资产】|【卡片】|【资产增加】命令,判断资产类别,录入卡片相关信息,最后单击【保存】按钮,相关界面如图 8-9 所示。自动生成资产增加凭证,相关界面如图 8-10 所示。

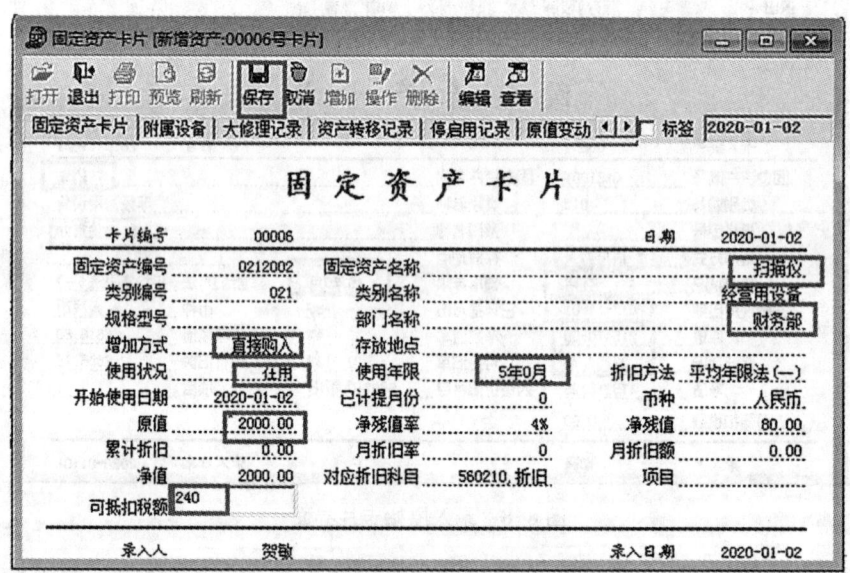

图 8-9 增加固定资产卡片界面

(2) 依此方法,录入 10 日购入打卡点到机器的固定资产卡片,生成凭证。

【关键知识点】

● 资产增加是日常处理,建账后新增加的资产。原始卡片录入是初始设置,录入建账前已有的固定资产资料。

● 资产增加登录日期应为业务日期。

● 在建立资产账套时选择了"业务发生后立即制单",卡片保存后会自动生成凭证。如

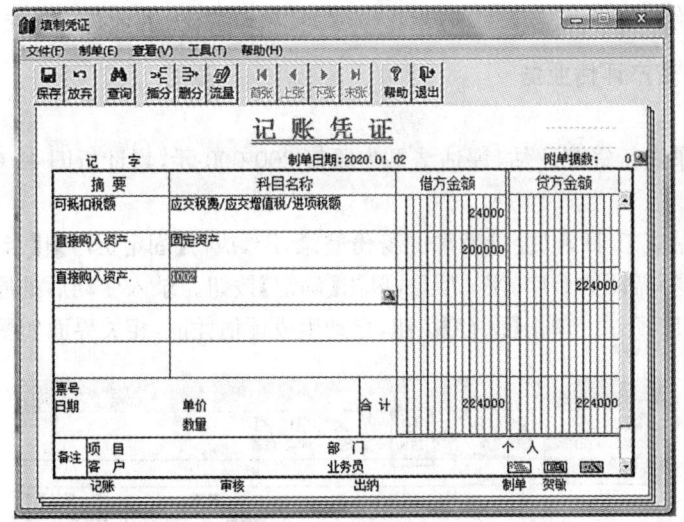

图 8-10　生成凭证界面

果未选择"业务发生后立即制单",也可以在"批量制单"完成。

● 资产增加是日常业务,需要账务处理,操作员以会计"2 贺敏"登录。

▶ 任务 2　固定资产变动业务

固定资产变动业务包括原值增加、原值减少、部门转移、使用状况变动、折旧方法调整、累计折旧调整、使用年限调整、净残值率调整、类别调整等。

【案例资料】累计折旧调整

15 日,将轿车的折旧方法由平均年限法改为工作量法。工作总量为 100 000 公里,累计工作量为 55 000 公里。本月工作量 500 公里。

【操作指引】

15 日,以会计贺敏的身份登录 T3,执行【固定资产】|【变动单】|【折旧方法调整】命令,选择需调整卡片,录入变动后折旧方法、工作总量、累计工作量、工作量单位、变动原因,最后单击【保存】按钮,相关界面如图 8-11 所示。

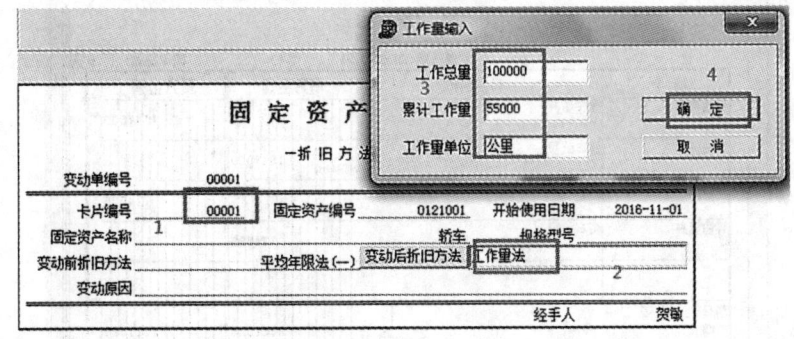

图 8-11　调整折旧方法界面

【关键知识点】

● 资产变动处理可在变动单管理查询和删除。

● 资产变动有些会涉及凭证生成,如原值增加、原始减少、累计折旧调整等。

▶ 任务 3　资产评估业务

【案例资料】

31 日,对轿车进行资产评估,评估结果为原值 200 000 元,累计折旧 45 000 元。

【操作指引】

(1) 资产评估。31 日,以会计贺敏的身份登录 T3,执行【固定资产】|【卡片】|【资产评估】|【增加】命令。选择需评估卡片、评估项目,单击【确定】按钮。录入变动后的原值和累计折旧,相关界面如图 8-12 所示。单击【保存】按钮,自动生成评估凭证,相关界面如图 8-13 所示。

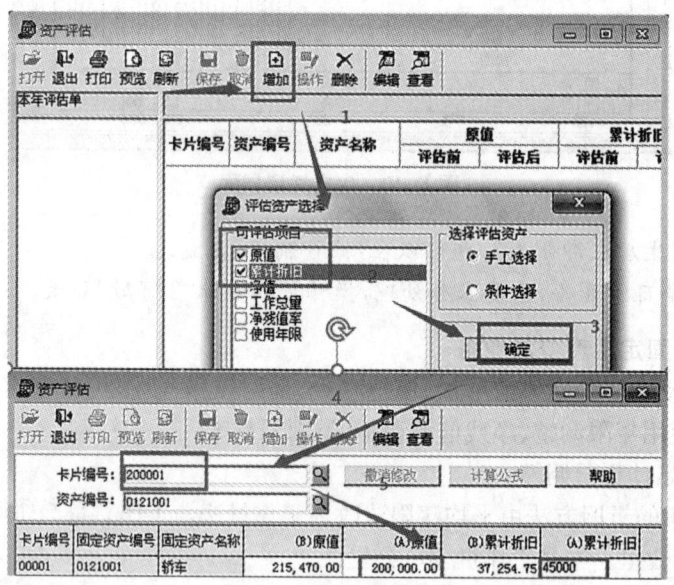

图 8-12　资产评估界面

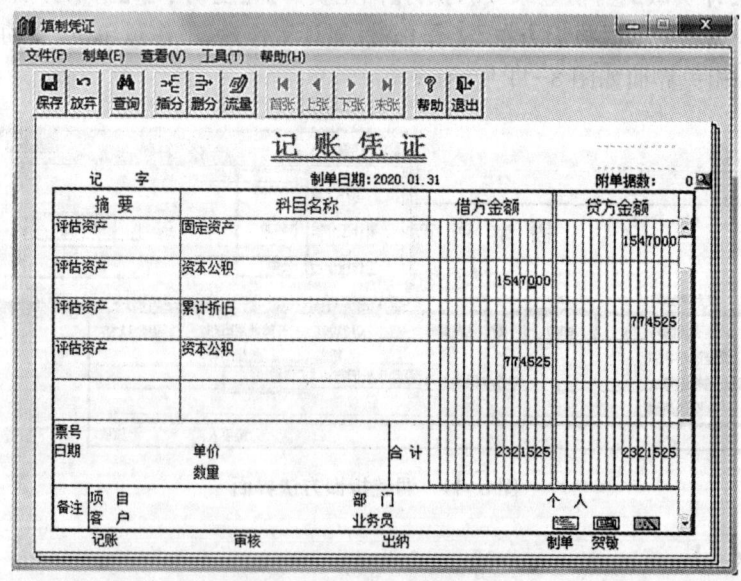

图 8-13　生成凭证界面

【关键知识点】

● 前面固定资产业务已在 15 日登录，固定资产系统严格序时，本案例资产评估登录日期应为 15 日以后。

● 如果要取消资产评估，应先删除资产评估生成的凭证，再删除资产评估单。

▶ 任务 4　计提折旧

【案例资料】

31 日，计提本月折旧费用。

【操作指引】

31 日，以会计贺敏的身份登录 T3，执行【固定资产】|【处理】|【工作量录入】命令，录入本月工作量；执行【固定资产】|【处理】|【计提本月折旧】命令，自动计提本月折旧，生成折旧凭证。具体操作界面如图 8-14 至图 8-16 所示。

图 8-14　录入工作量界面

折旧分配表 [01(2020.01-->2020.01)]

打印 预览 输出 凭证 退出　○ 按类别分配　◉ 按部门分配

01 (2020.01-->2020.01)

部门编号	部门名称	项目编号	项目名称	科目编号	科目名称	折旧额
1	企管办			560210	折旧	2,402.96
2	财务部			560210	折旧	103.84
401	销售一部			560108	折旧	103.84
合计						2,610.64

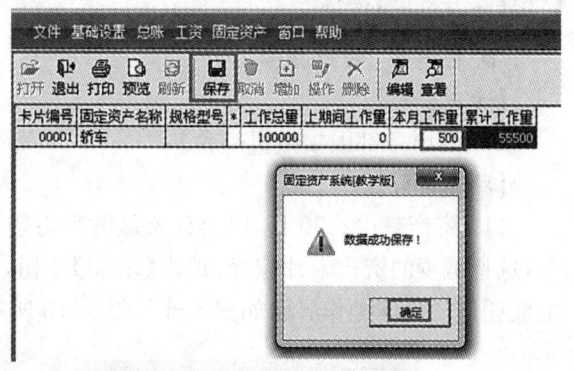

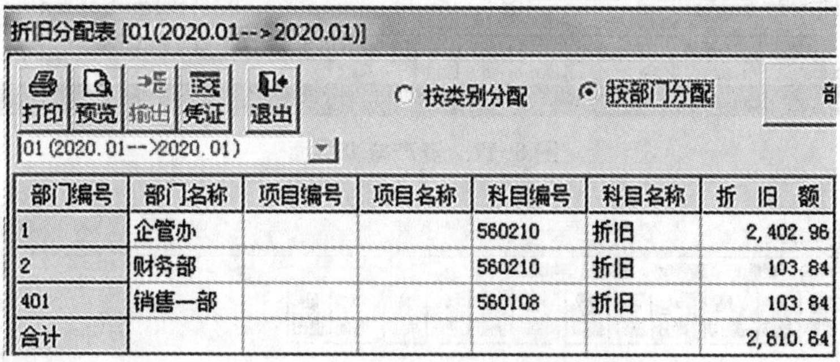

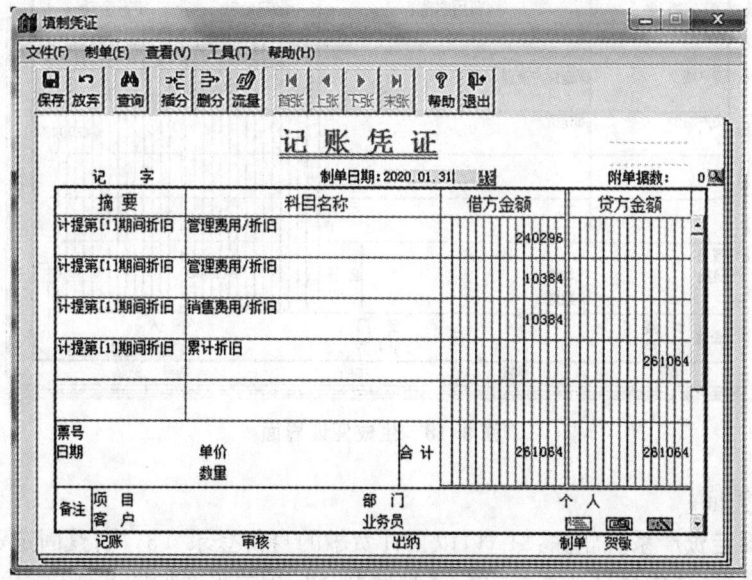

图 8-15　折旧分配表界面

图 8-16　生成凭证界面

【关键知识点】

● 一个月可以多次计提折旧。

● 如果计提折旧已生成凭证，必须删除凭证才能重新计提折旧。

● 固定资产折旧选用了工作量法，需先录入工作量。没有工作量法，则可以直接单击
【计提本月折旧】按钮。

▶ 任务5　资产减少

【案例资料】

20 日，财务部毁损微机一台。

【操作指引】

（1）资产减少。20 日，以会计贺敏的身份登录 T3，执行【固定资产】|【卡片资产减少】命
令，选择减少的资产卡片编号，单击【增加】按钮，选择减少方式，最后单击【确定】按钮，自动
生成凭证。具体操作界面如图 8-17、图 8-18 所示。

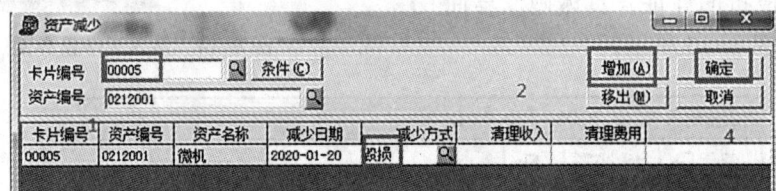

图 8-17　资产减少界面

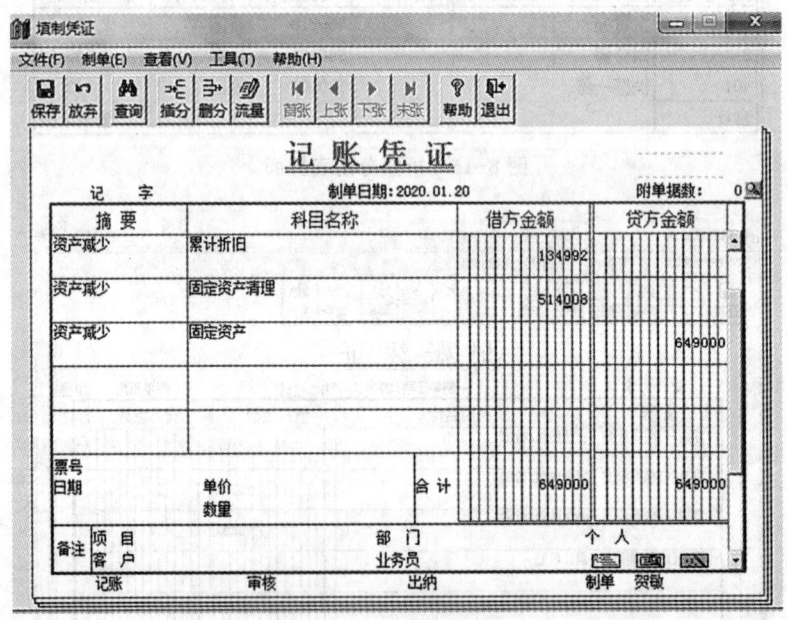

图 8-18　生成凭证界面

（2）删除凭证。

第一步，固定资产系统删除：31 日，以会计贺敏的身份登录 T3，执行【固定资产】|【处理】
|【凭证查询】命令，选中凭证所在行，单击【删除】按钮，相关界面如图 8-19 所示。

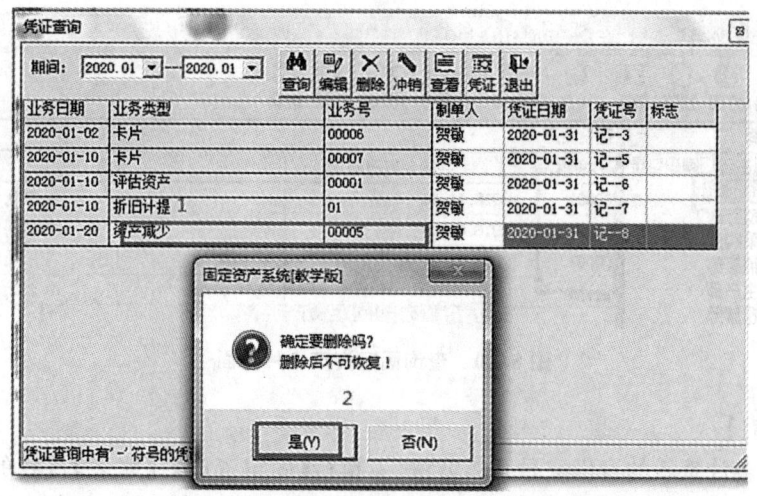

图 8-19　固定资产系统中删除凭证界面

第二步,总账删除:31 日,以会计贺敏的身份登录 T3,执行【总账】|【凭证】|【填制凭证】命令,选中作废凭证,依次单击"制单|整理凭证",再单击【确定】按钮即可。

【关键知识点】

● 生成凭证也可在批量制单完成。

● 固定资产系统生成凭证删除方法与工资相似,第一步在固定资产系统删除,第二步在总账作废整理。

● 固定资产减少当月需计提折旧,所以先计提折旧再做资产减少。

● 前面 31 日已计提折旧,固定资产系统严格序时,本案例资产减少的登录日期应为 31 日后。

8.3.3　固定资产月末处理

当固定资产系统完成了本月全部制单业务后,可以进行账表查询,月末结账。

▶ 任务 1　卡片管理

【案例资料】

查询、修改、删除固定资产卡片。

【操作指引】

(1) 查询固定资产卡片。31 日,以会计贺敏的身份登录 T3,执行【固定资产】|【卡片】|【卡片管理】命令,进入查询卡片界面。可以分部门查看固定资产卡片,相关界面如图 8-20 所示。

(2) 修改固定资产卡片。与修改原始卡片方法相同。

(3) 删除固定资产卡片。与删除原始卡片方法相同。

▶ 任务 2　账表查询

【案例资料】

系统提供分析表、统计表、账簿、折旧表查询。

图 8-20　查询固定资产卡片界面

【操作指引】

31 日,以会计贺敏的身份登录 T3,方法一:执行【固定资产】|【账表】|【我的账表】命令;方法二:直接单击需要查询的账表即可,相关界面如图 8-21 所示。

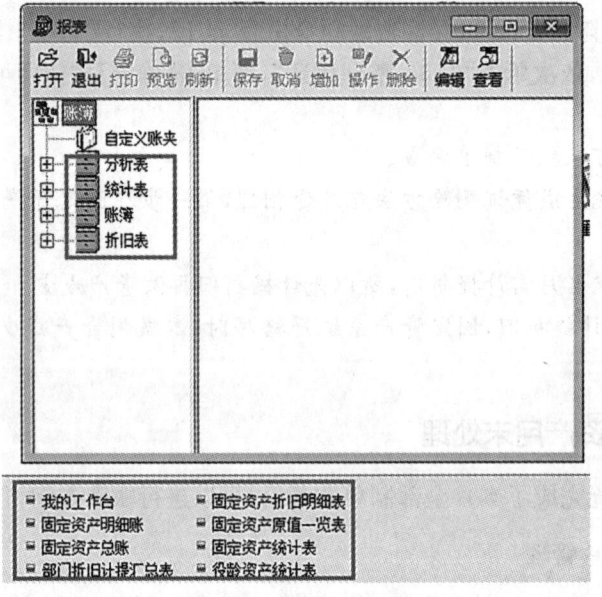

图 8-21　查询账表界面

▶ 任务 3　月末处理

【案例资料】

完成对账和结账。

【操作指引】

(1)对账。31 日,以账套主管郑通的身份登录 T3,执行【固定资产】|【处理】|【对账】命令即可。

(2)结账。31 日,以账套主管郑通的身份登录 T3,方法一:执行【固定资产】|【处理】|【月末结账】命令;方法二:直接单击【月末结账】按钮即可,直到出现结账成功的提示,相关界面如图 8-22 所示。

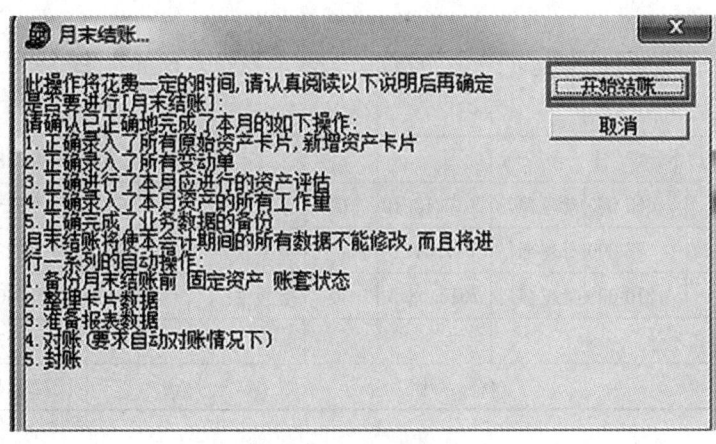

图 8-22　结账界面

【关键知识点】

● 固定资产系统结账后也可以反结账。

● 如果在建立账套时选择了"在对账不平情况下允许固定资产月末结账",即使总账和固定资产对账不平,固定资产系统也可以结账。

● 固定资产系统月末处理操作员应为账套主管。

 练一练

固定资产系统,固定资产折旧计算表如表 8-5 所示。

1. 固定资产期初数据

(1) 选项:启用日期 2020-06-01;平均年限法(一);折旧周期 1 个月;自动编码:部门十类别十编号;对账科目;立即制单;对账不平不许结账;默认科目设置;可抵扣方式与科目设置。

(2) 折旧对应科目设置。

(3) 固定资产增加方式设置。

(4) 固定资产卡片。

表 8-5　固定资产折旧计算表

固定资产名称	原值	使用部门	使用日期	可使用年限	折旧方法	残值率	本月折旧额	累计折旧额
厂房	5 400 000	生产部门	2010.9.20	30	直线法	4%	14 400	293 763.24
变速箱锥齿轮生产线	12 000 000	生产部门	2010.11.03	10	双倍余额递减法	5%	160 328.34	3 360 328.34
传动齿轮生产线	6 000 000	生产部门	2010.11.18	10	双倍余额递减法	5%	80 211.42	1 680 211.42
生产部门小计							254 939.76	
小汽车	240 000	销售部门	2010.12.10	10	直线法	5%	1 900	34 200
电脑	12 000	销售部门	2011.01.10	5	直线法	6%	188	3 384

（续表）

固定资产名称	原值	使用部门	使用日期	可使用年限	折旧方法	残值率	本月折旧额	累计折旧额
销售部门小计							2 088	
小汽车	660 000	管理部门	2010.12.10	10	直线法	5%	5 225	94 050
电脑	78 000	管理部门	2011.01.10	5	直线法	6%	1 222	21 996
办公楼	3 210 000	管理部门	2010.08.5	30	直线法	4%	8 560	154 080
管理部门小计							15 007	
合　计							272 034.76	

2. 6月28日，外购电脑1台，价值5 000元，增值税税额650元，已交付仓储部使用，采用直线法折旧，残值率6%，寿命期5年。

3. 固定资产折旧计算表，如表8-5所示。

要求：

（1）完成固定资产初始设置。

（2）外购电脑处理。

（3）计提本月折旧。

（4）完成固定资产结账。

想一想

1. 什么情况下应录入固定资产原始卡片？在什么情况下应按固定资产增加业务处理？

2. 应如何完成计提固定资产折旧并制单的操作？

3. 2月5日，购入需要安装生产线设备一台，买价200 000元，增值税税额26 000元，预计使用20年，预计净残值率4%，同时申请银行汇票一张，面值234 000元，采用银行汇票付款。请问这笔业务在固定资产系统完成还是总账系统完成。

4. 2月8日，将企管办笔记本电脑交付卖家升级，并以支票支付升级费2 000元。28日，笔记本电脑升级完毕，交付使用。应如何操作？